KB111308

명언,

거인의
어깨 위에 서다

명언, 거인의 어깨 위에 서다

발행일 2019년 12월 20일

지은이 오영훈
펴낸이 손형국
펴낸곳 (주)북랩
편집인 선일영
편집 오경진, 강대건, 최예은, 최승헌, 김경무
디자인 이현수, 김민하, 한수희, 김윤주, 허지혜
제작 박기성, 황동현, 구성우, 장홍석
마케팅 김회란, 박진관, 조하라, 장은별
출판등록 2004. 12. 1(제2012-000051호)
주소 서울시 금천구 가산디지털 1로 168, 우림라이온스밸리 B동 B113~114호, C동 B101호
홈페이지 www.book.co.kr
전화번호 (02)2026-5777 팩스 (02)2026-5747

ISBN 979-11-6299-620-1 03190 (종이책) 979-11-6299-621-8 05190 (전자책)

이 도서의 국립중앙도서관 출판예정도서목록(CIP)은 서지정보유통지원시스템 홈페이지(http://seoji.nl.go.kr)와 국가자료공동목록시스템(http://www.nl.go.kr/kolisnet)에서 이용하실 수 있습니다.
(CIP제어번호: CIP2019052242)

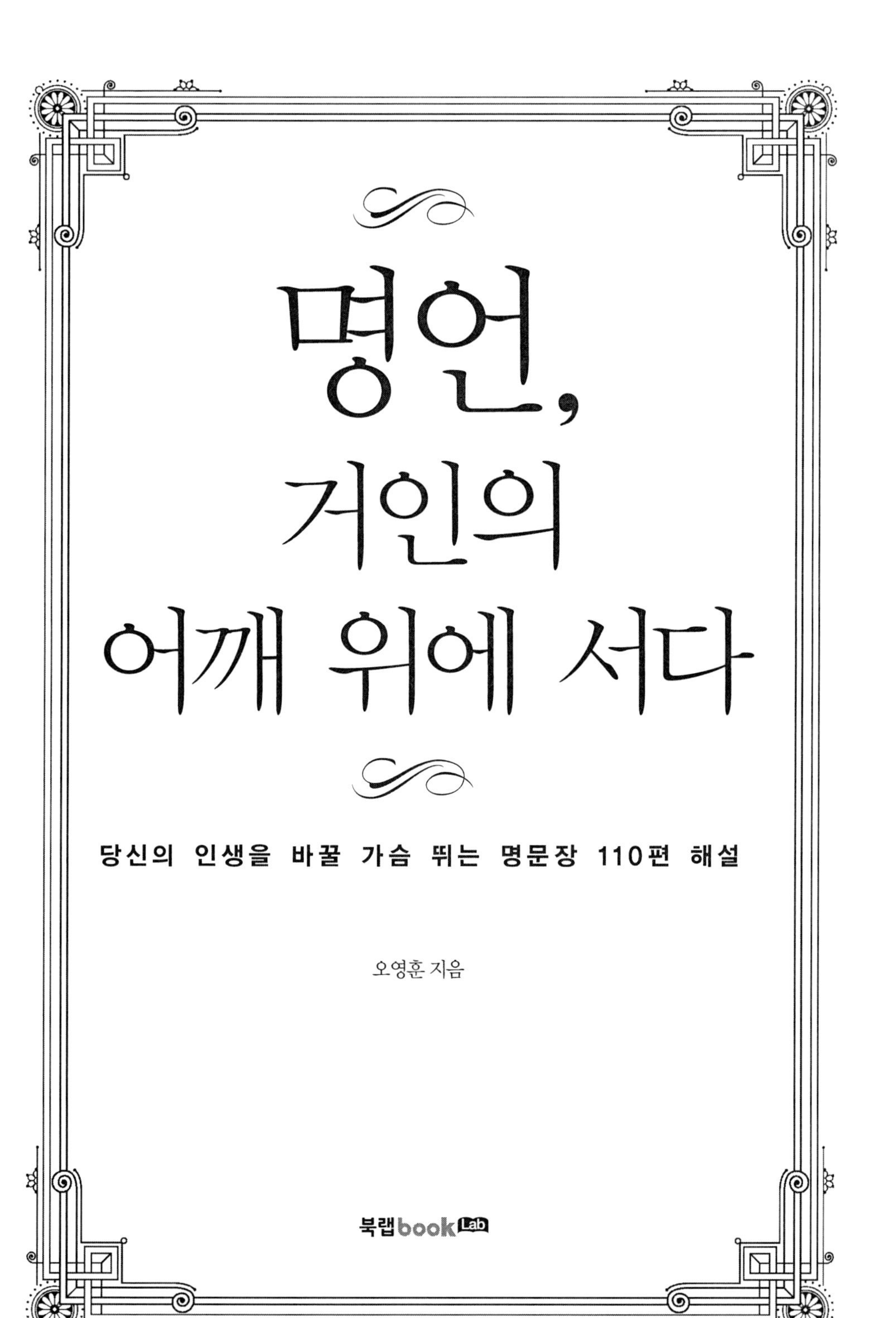

명언, 거인의 어깨 위에 서다

당신의 인생을 바꿀 가슴 뛰는 명문장 110편 해설

오영훈 지음

북랩 book Lab

머리말

명언에는 힘이 있습니다. 평소 무심하게 지나쳤던 한 줄 명언이 어느 날 문득 가슴을 내려칠 때가 있습니다. 시대를 대변하는 위인들의 세상의 본질을 꿰뚫는 명언은 우리 안에 엄청난 힘으로 밀고 들어와 작동합니다. 그들의 파란만장한 인생이 고스란히 농축되어 있기 때문입니다. 지난한 역사의 풍설을 견디어내고 지금까지 살아남았기에 더욱 그렇습니다.

"내가 더 멀리 보았다면 이는 거인들의 어깨 위에 올라서 있었기 때문이다."

뉴턴의 명언으로 알려져 있지만 사실은 플라톤의 사상을 연구·발전시킨 샤르트르 학파의 베르나르 드 샤르트르의 말에서 빌린 것이라 합니다. 여기서의 거인이란 선인들의 축적된 발견(성과나 지식)이며 거인 위에 올라선다는 것은 그에 기초하여 무언가 새로운 것을 발견하는 것을 지칭합니다. 이 명언은 구글이 논술 학술지를 제공하는 구글 스콜라(google scholar)의 톱 페이지에 'Stand on the shoulders of giants'로 함축해서 기재되어 있습니다.

흔히 명언이라 하면 대개 한 줄 명언을 소개하는 데에 그치는 경우가 많았습니다. 간혹 해석을 하는 경우에도 각 명언의 탄생에 얽힌 시대적, 사회적, 개인적인 환경 등에 대한 이해가 충분하지 않은 채로 제각기 다른 시선으로 보기 일쑤였습니다. 이에 필자는 가능한 한 그들의 인생을 살펴보고, 명언이 실린 작품이나 명언 전후의 전문을 찾아보면서, 명언에 얽힌 에피소드나 배경 등을 알아보았습니다. 그러한 과정을 거치는 동안 위인들의 남다른 삶이 때때로 깊은 감동을 주기도 하였고, 무릎을 '탁' 치게 하는, 시대를 관통하는 인간의 본성에 대한 깨우침도 있었습니다. 이전에는 느끼지 못했던 명언의 의미가 깊고 진하게 전해졌고, 불확실한 시대를 살아가는 지혜를 얻을 수 있었으며, 덤으로 고전에 가깝게 다가가는 기쁨도 함께 맛보았습니다.

본서에 소개하는 명언은 필자의 블로그에 2013년 1월부터 2019년 8월까지 게재한 '오늘의 명언' 연재물 400개 중에서 독자들의 클릭 수가 높거나 필자에게 정신적 지주가 되었거나 위로가 되었던 명언 110개를 엄선해서 가필 수정한 것들입니다. 아울러 보다 쉽게 명언을 찾아볼 수 있도록 주제별로 10개 챕터로 구분하여 편집하였고, 가능한 한 명언의 영역(英譯)을 찾아 주석으로 실었습니다.

지금과 같이 한 치 앞을 내다볼 수 없는 VUCA[1] 시대를 살고 있는 독자들이 명언을 통해 거인의 어깨 위에서 세상을 더 많이 더 멀리 바

1 4차 산업혁명 시대의 세계관으로 변동성(Volatility), 불확실성(Uncertainty), 복잡성(Complexity), 모호성(Ambiguity)의 앞 글자를 따서 만든 신조어.

라보면서 지혜롭고 현명한 삶을 살아가시는 데 본서가 일조가 되었으면 좋겠습니다.

특히 명언을 읽고 댓글이나 공감으로 필자와 대화를 해 준 독자들의 조언이 없었더라면 지금까지 명언 연재를 지속하는 것은 불가능했을 겁니다. 지면을 통해 감사드립니다. 아울러 본서의 초고 작업부터 발간에 이르기까지 꼼꼼히 교정은 물론 윤필까지 돌보아 준 아내에게 무한한 감사를 표하는 바입니다.

2019년 12월

오영훈

차례

CHAPTER 7. 처세

CHAPTER 8. 관계

CHAPTER 9. 자유

CHAPTER 10. 행복

CHAPTER 1.

지혜

1.

인간은 생각하는 갈대이다

Man is a thinking reed

– 블레즈 파스칼 –

『팡세』의 단장 391에 나오는 일부 구절이다. 원래는 '인간은 한 줄기 갈대에 지나지 않으며 자연 가운데에서 가장 나약한 존재이다. 그러나 생각하는 갈대이다(Man is only a reed, the weakest in nature, but he is a thinking reed)'인데 이를 축약한 것이다.

흔히들 '인간은 물리적으로 약하지만 대신에 생각할 수 있는 능력을 갖고 있다'는 정도의 의미로만 알고 있다. 나도 그랬다. 그러나 다음의 명언을 접하니, 파스칼의 '사고의 힘'에 대한 신념이 온몸으로 전해 오는 듯하다.

> 공간에 의해 우주는 나를 감싸고 하나의 점으로써 나를 삼킨다. 그러나 사고의 힘으로 나는 우주를 감싼다.

단장 391은 다음과 같이 이어진다.

> 우리의 모든 존엄성은 사유(思惟)로 이루어져 있다. 우리가 스스로를 높여야 하는 것은 여기서부터이지, 우리가 채울 수 없는 공간과 시간에서가 아니다. 그러니 올바르게 사유하도록 힘쓰자. 이것이 곧 도덕의 원리이다.

파스칼은 올바르게 생각하는 것을 강조하고 깨어 있는 자세를 가지라고 말한다. 당시는 과학이 진보하고 인간의 이성이 세상의 진실을 밝힐 수 있다는 사상이 급속하게 번지던 시대였다. 그는 사유의 양면성에 착안하여 '사유란 그 본성에서 보면 놀라울 정도로 위대하지만 그 결점에서 보면 놀라울 정도로 비천하다'고 하면서 '인간은 교만하면 안 된다'고 경고하여 인간의 유약함을 깨닫게 하도록 노력하였다.

그런데 나는 수학이나 윤리학의 대우(對偶)[2]라는 개념에 마음이 쏠린다. 즉, 'A이면 B이다'라는 명제가 사실이라면 'B가 아니면 A가 아니다'는 명제도 진실이라는 것이다. 즉, '인간은 생각하는 갈대'가 진실이면 '생각하지 않는다면 인간이 아니다'도 진실이다.

파스칼의 조언대로 인간인 이상, 생각해야 한다. 단, 앞에서 말한 대로 올바르게 생각하는 것이 인간으로서 주체성을 잃지 않고 살아갈 수 있는 것이라 하겠다.

그럼에도 불구하고 요즘은 우리들의 삶은 생각할 틈이 없는 것 같다. 리얼타임으로 주위에서 시시각각으로 들어오는 정보를 처리하느라 생각할 겨를이 없고 모처럼 시간이 나면 스마트폰으로 정보를 검색하느라 여념이 없는 것이 우리 일상의 모습이 아닌가?

인간이 광대한 우주를 품을 수 있다고 파스칼이 말한 것은 생각하는 능력에서 기인하는 것인데 이처럼 생각 자체를 하지 않는다면 요즘처럼 창조나 아이디어를 강조하고 있는 시대에 우리의 경쟁력은 약화됨이 자명하지 않겠는가.

---

2 대우법: 두 개의 사물을 대응하게 하여 대립의 미(美)를 나타내는 수사법.

창조적 사고이든 번뜩이는 아이디어든 일상에서 생각하지 않고서는 도무지 얻을 수 없는 것이다.

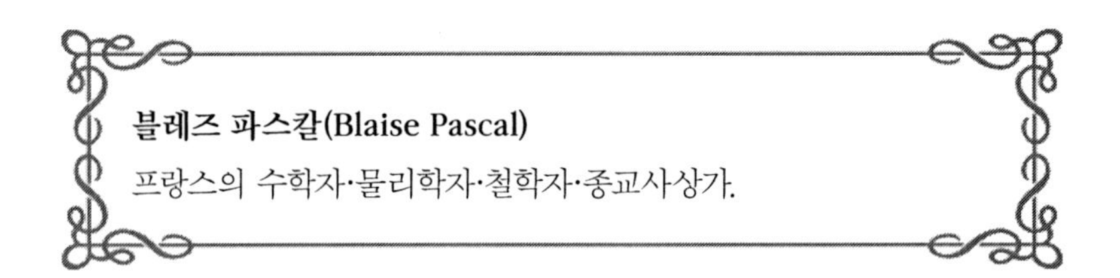

블레즈 파스칼(Blaise Pascal)

프랑스의 수학자·물리학자·철학자·종교사상가.

2.

시간은 사람을 기다리지 않는다

Time and tide wait for no man

– 영어 속담 –

'Time and tide wait for no man'의 tide는 원래 '조류, 조수'이었는데 이 속담이 등장할 무렵 영어권에서 tide는 time과 같은 의미로 springtide(=springtime, 봄), eventide(=evening, 저녁) 등으로 사용되기 시작하여 time and tide라고 한 것은 음률에 맞추는 목적으로 사용되었다고 알려진다. 그래서 번역 또한 '시간은 사람을 기다려 주지 않는다' 또는 '세월은 사람을 기다려 주지 않는다'로 되고 있다.[3]

속담 출처의 최초 기록은 1225년 마허(Maher)[4]이며 1368년 제프리 초서(Geoffrey Choucer),[5] 1596년 토머스 내시(Thomas Nashe), 1822년 월터 스콧 경(Sir Walter Scott), 1844년 찰스 디킨스(Chales Dickens) 등으로 이어지고 있다.[6]

속담의 의미는 'Things will not wait for you when you are late' 또는 'Action should be undertaken without delay'처럼 '시간과 시류는 지나가 버리므로 행동을 일으킬 기회를 놓치지 마라. 호기(好機)

---

3 와타나베 쇼이치 지음, 김욱 옮김, 『지적으로 나이 드는 법』, 위즈덤하우스, 2012.

4 출처: The phrase Finder(www.phrases.org.uk/meanings/time-and-tide-wait-for-no-one.html).

5 출처: 마마리사(www.mamalisa.com/blog/time-and-tide-wait-for-no-man-is-it-the-tides-or-noontide/).

6 출처: Edge Capital Group(edgecappartners.com/time-and-tide-wait-for-no-man).

가 오면 재빨리 결단하고 행동에 옮기라'는 의미로, 'The day after the fair(사후 약방문)'가 되지 않도록 호기(好機)를 올바르게 판단하여 활용하자는 의미로 사용되고 있다.

"If an opportunity presents itself, decide quickly and act promptly."

- 영어 속담

"If an opportunity is neglected it may not come again for a long time."

- 영어 속담

도연명(陶淵明)의 시구(詩句)와의 차이는?

중국의 시인 도연명(陶淵明, 365~427)의 대표 시(詩) 중엔 잡시12수(雜詩12首)라는 것이 있다. 그 첫 번째 시구 '세월은 사람을 기다리지 않는다(歲月不待人)' 역시 21세기 현대인에게 후회 없는 삶을 살도록 모든 젊은 이들에게 경종을 울리고 있다.

人生無根蒂　飄如陌上塵
分散逐風轉　此已非常身
落地爲兄弟　何必骨肉親
得歡當作樂　斗酒聚比鄰
盛年不重來　一日難再晨
及時當勉勵　歲月不待人

‘청춘은 다시 오지 않으며(성년부중래盛年不重來) 하루에 새벽은 두 번 있기 어려우니(일일난재신一日難再晨) 때가 오면 마땅히 힘써 노력하라(급시당면려及時當勉勵)[7] 세월은 사람을 기다리지 않는다(세월부대인歲月不待人)’라는 글귀가 다소 비슷한 것 같으나, ‘머뭇거리지 마라. 호기(好機)를 놓치지 말라’는 의미로 상대적으로 가볍게 사용하고 있는 영어 속담 ‘Time and tide wait for no man’과는 사뭇 뉘앙스가 다르다는 것을 알 수 있다. 오히려 ‘세월부대인(歲月不待人)’에 걸맞은 영어 속담은 ‘Art is long, life is short’이다. ‘Time and tide wait for no man’에 가까운 의미의 속담은 ‘Opportunity seldom knocks twice(호기는 두 번 다시 오지 않는다)’, ‘He who hesitates is lost(머뭇거리면 실패한다)’가 있다.

7 일부에서는 급시당면려(及時當勉勵)의 면려(勉勵)를 ‘(뜻있게) 놀이에 힘쓰는 것’으로 받아들여 ‘즐길 수 있을 때 실컷 즐기라’는 의미로 쓰고 있다. (출처: matome.naver.jp/odai/2144592318617142701)

3.

교육이란 학교에서 배운 모든 것을 잊어버린 후에 남는 것이다

Education is what remains
after one has forgotten everything he learned in school

– 알베르트 아인슈타인 –

아인슈타인이 발표한 논문, 평론 및 강연 등을 수록한 『만년의 회상』에 나오는 내용으로, '나의 신조 교육' 편에 소개된 연설문[8]에 나온다.

교육이란 학교에서 배운 모든 것을 잊어버린 후에 남는 것이다.

그리고 학습이나 인생에 있어 가장 중요한 동기는 일과 그 결과에 대한 기쁨과 그 결과가 사회에 대한 가치를 갖는다는 것을 깨닫는 것이다.

Education is what remains after one has forgotten everything he learned in school.

The aim must be the training of independently acting and thinking individuals who see in the service of the community their highest life problem.

아인슈타인은 교육이란 사실을 가르치는 것이 아니라 교육을 통해 사회가 직면하고 있는 고도의 문제 해결에 도움이 되도록, 스스로 행

8 1936년 10월 15일에 미국 고등교육 300년제를 기념하여 뉴욕주립대학 제72회 회의에서 행한 연설.

동하고 사고할 수 있는 인간을 만드는 것에 목적을 두어야 한다고 하였다. 학교라는 곳이 성장하고 있는 세대에게 단순히 지식을 전달하는 역할에 치중하는 것은 옳지 못하며 지식은 살아 있는 것이 아니므로 학교는 살아 있는 것을 제공하여야 하는데 그것은 바로 국가 사회에 기여할 가치 있는 능력을 각 개인에게서 끌어내는 것이라는 것이 그의 교육관이다.

그가 학습이나 인생에 있어 가장 중요한 동기는 일과 그 결과에 대한 기쁨과 그 결과가 사회에 대한 가치를 갖는다는 것을 깨닫는 것이라고 강조하는 이유는 개인의 독창성이나 개인의 목표가 획일적으로 이루어진 사회는 발전할 가능성이 없는 빈약한 사회로 전락하기 때문이다. 그러므로 "교육의 궁극적 목표는 독립적으로 활동하고 사고하면서 공동체를 위해 일하는 것을 가장 고귀한 업적으로 여기는 개인을 육성하는 데에 중점을 두어야 한다"고 하였다. 그러기 위해서는 통상의 성공, 즉 승진이나 보수 등 외적인 보상을 인생의 목적으로 하는 것이 아니라, 배우고 일하는 데에서 오는 기쁨과 사회에 기여하는 가치에 대한 기대(공헌감) 등 내적인 보수를 중시하도록 가르쳐야 한다는 것이다.

그의 교육관이 잘 드러난 일화가 있다. 아인슈타인을 취재하던 어느 기자가 광속도를 물어보자 그 자리에서 바로 답을 못했다. 그때 기자가 "어떻게 그걸 모르시는가?" 하고 의아해하자 그는 "책이나 노트에 있는데 외워야 하는 이유가 있는가?" 하고 되물었다.

수학력을 예를 들어보자.

중고등학교에 나오는 방정식이나 벡터, 수열 등은 논리력을 향상시키는 도구에 불과하다. 공식을 외우는 것과 해법을 많이 알고 있는 것은 수학력과는 무관하다. 그것은 전부 잊어버려도 남는 것은 바로 '문제 해결을 위한 어프로치 방법'으로 그러한 '발상 기술'이야말로 수학력의 본래의 모습이라고 할 수 있겠다. 철학자 칸트가 '나에게서 철학을 배우지 말고 철학하는 법을 배우라'고 한 것과 같은 맥락이다.

> "교육의 효과는 외웠던 것을 다 잊어버리고 남아서 자신의 몸에 체화(體化)된 사고력, 협동력, 소통하는 능력이다."
>
> - 이혜정 , 교육과 혁신 연구소장, KBS <명견만리 20회> 중

교육 방식에 'Learning by teaching'이란 것이 있다.

자신이 배운 것을 다른 사람에게 가르치는 것이 가장 훌륭한 배움의 방식이다. 가르치기 위해서는 가르치는 내용에 대한 이해는 물론, 상대방이 이해할 수 있도록 돕는 전달 방식이나 기술이 필요하다. 그에 대비해 철저하게 준비하고 모르는 부분은 추가로 조사해야 하는데 이런 행동이 '지식의 정착'에 도움이 된다.

그래서 유대인들은 그들의 정통 학습법, 하브루타 '질문과 대답을 통해 토론식으로 대화를 주고받는 대화법'을 통해 자연스럽게 생각하는 습관을 몸에 배게 한다. 탈무드를 공부하면서 질문을 주고받고 논쟁을 벌이는 하브루타는 부모자식, 친구나 동료, 낯선 사람들, 스승과 제자 사이에서 일상적인 삶이다. 이러한 상호 대화법을 통해 사고력과 논리성을 키우고 자신의 의견을 표현하는 기술을 체득하는 것이야말로 유대인이 노벨상 수상자의 23%를 점유하는 이유이기도 하다.

아인슈타인은 '만년의 회상'에서 청년들이 학교를 떠날 때에는 전문가가 아니라 균형 잡힌 인격의 소유자가 되도록 학교교육이 이루어져야 한다고 주장한다. 심지어 전문학교처럼 학생들이 전념해야 할 직업

이 뚜렷한 학교에서도 필요하다고 강조한다. 경쟁체제를 인식하여 사회에서 당장 쓰일 수 있는 전문적 지식을 너무 일찍부터 교육하는 것은 삶의 근간이 되는 정신뿐만 아니라, 진정한 전문 교육을 저해하는 것이라고 한다. 그는 말년인 1952년 10월 5일 《뉴욕 타임즈》 벤저민 파인과의 인터뷰에서 다음과 같이 그의 교육관을 피력하고 있다.

> 사람들에게 전문적인 것을 가르치는 것만으로는 충분하지 않다. 그런 교육은 사람이 유용한 기계는 될지언정 조화로운 인간으로 성장하지는 못한다. 학생들은 세상의 다양한 가치에 대한 이해력과 민감한 감수성을 습득해야 한다. 아름다운 것과 도덕적인 선(善)에 대한 생생한 감각을 습득하지 않으면 안 된다. 그렇지 않으면 전문적인 지식만 갖춘 사람은 조화롭게 성장한 인간이라기보다는 잘 훈련된 개에 가까울 것이다. 각자가 사람들과 공동체와의 올바른 관계를 구축해 나가기 위해서는 인간의 동기, 환상 고통을 이해하는 법을 배워야 한다. 소중한 배움은 교과서보다는 가르치는 측과의 긴밀한 접촉을 통해 젊은 세대로 전해지는 것이다. 이런 방식으로 문화는 구성되고 보전되는 것이다. 이것이 내가 인문학이 사학, 철학 분야에서의 단순한 전문 지식이 아니라고 강조하고 장려하는 이유이다.[9]

싱가폴 남양(南洋)공과대학 산하 국립교육연구소(NIE)에서 발표한 보고서 「복잡한 환경하에서의 교사 교육에 대한 싱가폴의 생각」에 나오는 21세기형 인재를 위한 '바람직한 교육 결과'에 대한 싱가폴의 비전을 참조하면서 우리나라도 싱가폴처럼 아인슈타인의 교육관이 반영된 교

9 'Education for Independent Thought' in Ideas and Opinions, 66, Einstein Archives에 재수록됨.

육체계가 하루빨리 실현되기를 기대해 본다.

바람직한 교육 결과(NIE: National Institute Education)

초등교육 종료 시	중등교육 종료 시	대학 입학 전
선악을 구별할 수 있다	양심 있는 행동을 한다	굽히지 않고 의연하다
서로 나누고 타인을 우선하는 것을 배우고 있다	타인에 대한 배려와 염려하는 마음을 가지고 있다	건전한 사회적 책임감을 가지고 있다
타인과 우정을 쌓을 수 있다	팀으로 작업하고 공헌을 평가할 수 있다	타인의 마음을 움직여 의욕을 갖게 하기 위해서 무엇이 필요한지를 안다
활발한 호기심을 가지고 있다	진취적이고 혁신적인 자세를 가지고 있다	진취적이고 창조성 넘치는 자세를 가지고 있다
스스로 생각하고 자신의 생각을 표현할 수 있다	금후의 교육을 위한 폭넓은 기초를 닦는다	자주적이며 창조적으로 생각할 수 있다
자신의 학습 성과에 대해 자부심이 있다	자신의 능력을 믿는다	탁월함을 위해 노력한다
건전한 습관이 몸에 배 있다	미적 감각을 갖고 있다	인생에 대한 열정이 있다
싱가폴을 사랑한다	싱가폴을 알고 신뢰한다	싱가폴을 이끌어가기 위해 무엇이 필요한지를 알고 있다

"같은 방식을 반복하면서 결과가 달라지기를 기대하는 것만큼 확실한 정신 나간 짓은 없다. 우리들은 새로운 눈으로 세상을 바라보는 법을 배워야 한다."

- 아인슈타인

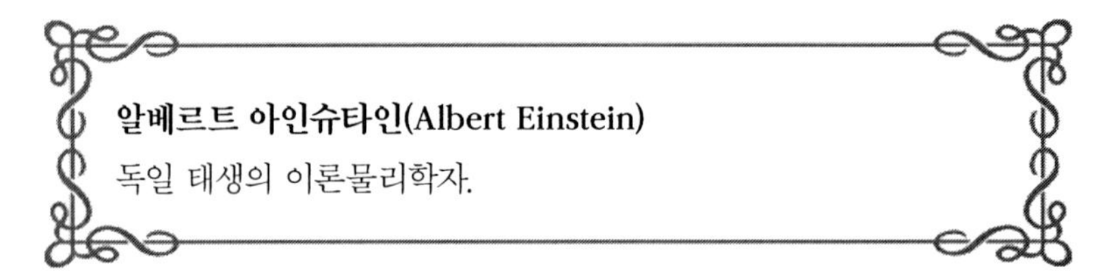

알베르트 아인슈타인(Albert Einstein)

독일 태생의 이론물리학자.

4.

내가 멀리 보았다면 그건 거인들의 어깨 위에 올라서 있었기 때문이다

If I have seen futher, it is by standing upon the shoulders of giants

– 아이작 뉴턴 –

이 명언은 아이작 뉴턴의 위대함과 겸손함을 동시에 표현할 때 곧잘 인용된다. 뉴턴은 이 문장을 1676년 그의 경쟁자였던 과학자 로버트 후크와 공로에 관해 언쟁을 벌이는 편지에서 사용했다. 그러나 사실 이 문장은 뉴턴이 처음 한 말이 아니고 1651년 조지 허버트가 말한 "거인의 어깨 위에 올라선 난쟁이는 거인보다 멀리 본다"는 이야기를 빌린 것이라 한다. 허버트는 이 말을 로버트 버튼에게서 빌려왔고, 버튼은 1159년 존 솔즈베리[10]를, 존 솔즈베리는 1130년 프랑스 샤르트르 대성당의 부속학교에서 활약하던 샤르트르 학파(플라톤 철학을 연구한 학파)의 중심인물 베르나르 드 샤르트르(Bernard de Chartres)의 말을 빌린 것이라 한다.

베르나르는 "우리는 거인들의 어깨 위에 올라선 난장이들과 같기 때문에 고대인들보다 더 많이 그리고 더 멀리 볼 수 있다"고 했는데, 이 말은 고대문화의 위대함을 인정하고 계승한 후 진보를 의식하는 12세

10 문헌상 첫 출전으로 존 솔즈베리의 저서 『Metalogicon』에 실려 있다. "우리는 거인들의 어깨 위에 올라탄 난쟁이들이다. 그러므로 우리는 그들(거인들)보다 더 멀리 더 잘 볼 수 있으나, 이는 우리의 시각이 더 예민하거나 우리의 키가 더 크기 때문이 아니라, 그들이 우리를 공중에 들어 올려 그들의 거대한 키만큼 높여주기 때문이다."(출처: 위키피디아)

기 르네상스의 인문주의에서의 온건한 진보사상을 상징한다.[11] 베르나르가 이 문장을 어디서 인용했는지는 알려지지 않았지만 이처럼 너도 나도 거인을 언급하는 이유는 그리스 신화 속의 이야기 때문이 아닐까 생각한다.

다음은 거인 오리온과 난장이 케달리온의 신화이다.

> 포세이돈의 아들인 거인 오리온은 뛰어난 사냥꾼이었는데 키오스 왕 오이노피온의 딸 메로페에게 반해 청혼을 한다. 왕은 오리온에게 섬의 주민들을 괴롭히는 야수를 없애 주면 두 사람의 결혼을 허락하겠다고 말한다. 이에 오리온은 솜씨 있게 야수를 죽이지만 왕은 약속과 달리 결혼을 차일피일 미루며 오리온을 달가워하지 않는다. 오리온은 화가 나 메로페를 납치하여 겁탈하고 만다. 이에 왕은 복수심에 불타 독한 술로 오리온을 만취시킨 후 두 눈을 파내고 궁에서 쫓아버린다. 대장장이 신 헤파이토스는 장님이 된 오리온을 측은하게 생각해 난쟁이였던 제자 케달리온으로 하여금 수행하도록 한다. 케달리온은 오리온의 어깨 위에 올라타 그가 가는 길을 안내했다.

이처럼 '거인의 어깨 위에서 보았다'라는 문장은 오랜 역사를 가지고 있다.

중세 유럽에서 로마 가톨릭 교회가 절대적인 힘을 가질 수 있었던 것은 교회가 아니고서는 거인의 어깨 위에 올라설 기회가 없었기 때문이다. 교회는 요즘의 AI 같은 존재였다. 중세 유럽의 서민은 읽고 쓸 수 없었지만, 성직자는 라틴어로 쓰인 성경을 읽어내고 쓸 수 있었다.

---

11 출처: 위키피디아.

그리하여 교회는 성경의 가르침을 전파하였고 신학뿐만 아니라, 철학, 문학, 음악, 회화, 의학, 천문학 등 학문과 예술의 중심지가 되었다.

만권의 책과 지식을 교회가 독점하던 시대는 먼 과거가 되고, 다행히도 지금은 모두가 책을 자유롭게 읽을 수 있는 시대가 되었다. 책에는 우리가 평생에 걸쳐도 도달할 수 없는 지식과 지혜가 응축되어 있다. 이전 세대가 거인의 어깨 위에 올라서서 저술한 것을 읽고 그다음 세대가 다시 어깨 위에 올라서서 차세대를 위하여 도서를 써서 남기는 셈이다.

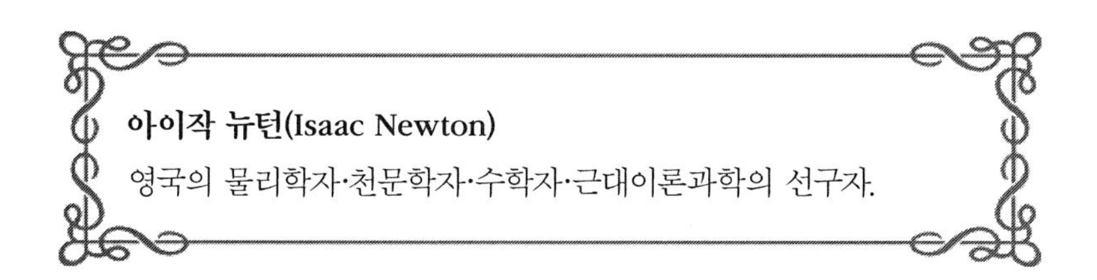

아이작 뉴턴(Isaac Newton)

영국의 물리학자·천문학자·수학자·근대이론과학의 선구자.

5.

내가 인생을 알게 된 것은 사람을 접해서가 아니라 책을 접했기 때문이다

– 아나톨 프랑스 –

통계청의 '한국인의 생활시간 변화상'에 따르면 현재 10세 이상 국민의 평일 하루 독서 시간은 1999년 9분에서 2014년에는 6분으로 감소했다고 한다. 하루 10분 이상 독서자도 9.7%로 감소하는 추세다.

에미레이트 항공 지사장은 한 기고문에서 자신이 봉사 차원에서 지도하는 학교의 학생들 대다수가 과제를 인터넷 검색으로 해결하는 세태를 개탄하였다. 문제는 요즈음의 학생들이 책을 거의 읽지 않고 있음은 물론 책을 읽기 위해 노력하지도 않고 그런 사실을 부끄러워하지도 않는다는 사실이다. 학생들은 오히려 스마트폰으로 언제 어디서나 필요한 정보를 얻을 수 있는데 굳이 돈과 시간을 들여 책을 사 읽을 필요가 있느냐고 반문한다고 한다.

인터넷과 스마트폰이 우리들의 삶의 질을 높인 것은 분명하다. 그러나 그것들은 자기가 보고 싶은 것만 보고 알고 싶은 것만 알게 하는 심각한 부작용이 따른다.

> 지금 사람들은 안다는 것, 배운다는 것에 대해 자신이 변하는 것이라고는 꿈에도 생각하지 않는다. 정보를 처리하는 것이라고 생각하는 것 같다. … 자신의 외측에서 처리하여 자신의 내면과는 관계없다고 생각하는 것에서 여러

문제가 발생한다.

- 요로다케시, 『바보의 벽』

"미지의 세계를 여행하려고 하지 않는 사람에게 인생은 아주 한정된 경치밖에 보여 주지 않아요."

- 시드니 포이티어

'학문이란 스스로 하는 것'이라는 말처럼 어른이 되면 교사나 부모로부터 독립하기 때문에 양서나 멘토가 중요하다. 양서를 읽는다는 것은 과거의 위인들의 사고와 행동을 보고 익히는 것으로 독서의 최고 수확이 아닐 수 없다. 아나톨의 아버지는 서점상을 하였기 때문에 어렸을 적부터 책에 둘러싸여 책에 대한 사랑을 키울 수 있었다.

"양서를 읽는다는 것은 과거 가장 훌륭한 사람들과 대화를 주고받는 것이다."

- 데카르트

독서는 인생의 위기에서 좌절이나 실패를 딛고 일어설 수 있는 용기와 희망을 주기도 하고, 극단적인 생각에서 벗어나는 데에도 도움을 준다. 수잔 엘더킨은 『소설이 필요할 때』에서 "문학 애호가들은 지난 수세기 동안 의식적이든 아니든 상처에 연고를 바르듯 소설을 읽었다"고 하면서 책의 치유 능력을 주장하였다. 아리스토텔레스는 『시학』에서 "잘 빚은 문학작품은 인간의 감정을 카타르시스 한다"고 명시하였다.

"우울한 생각들에 사로잡혔을 때 내게는 책들에게 달려가는 것보다 더 나은 방법이 없다. 그러면 곧 나는 책에 빨려들고 곧 마음의 먹구름도 이내 사라진다."

- 몽테뉴

실제로 영국 성공회대학의 연구에 의하면 독서는 스트레스 완화 효과가 있는데, 독서 전과 후를 비교할 때 68% 감소 효과가 있다는 보고를 하였다. 책을 읽음으로써 뇌가 집중되어 근육의 긴장을 풀고 심박수를 안정시킨다는 것이다.

오프라 윈프리는 TV 프로그램 제작, 출판, 인터넷 사업을 총망라한 '하포 엔터테인먼트 그룹'의 대표로 10억 달러의 자산을 갖고 있고 25년간 자신의 이름을 딴 토크쇼를 진행하고 있다. 그녀는 언급하는 물건마다 방송 즉시 품절되고 특정 정치인을 지지한다고 말하는 순간 선거 판세가 달라지는 영향력이 있다(전문가 추산에 따르면 그의 추천으로 오바마는 최종적으로 100만 표 이상 획득했다고 한다).

그녀는 아이들에게는 관심 없는 미혼모의 딸로 태어나 9살 때 성폭행을 당했고, 14살의 나이에 미혼모가 되었으며, 아기는 2주 만에 세상을 떠났다. 20대에는 마약을 해 감옥에 드나들었고 그러는 동안 100kg이 넘는 못난 모습으로 변한 그녀에게 늦게 만난 아버지가 "책을 읽어라. 그러면 너의 인생이 180도로 달라질 것"이라고 말했다고 한다.

그녀는 이 조언을 마음에 새기고 2주에 한 권씩 책을 읽고 독후감을 쓰면서 독서 습관을 길러 어휘력과 글쓰기 실력이 늘었고 학업에서도 좋은 결과를 나타냈다. (중략) 그 시절 읽은 책 중에서 그녀에게 가장 큰 힘이 되어 준 것은 안젤루의 『새장에 갇힌 새는 왜 노래하는지 아네』였다. 안젤루는 윈프리와 놀라울 정도로 비슷한 과거를 경험했지만, 상처를 극복하고 행복을 쟁취할 수 있다는 사실을 책을 통해 알려 주었고, 윈프리는 비로소 행복해질 수 있다는 희망을 갖게 되었다.

- 사이토 다카시, 『독서는 절대 나를 배신하지 않는다』, p.31

"나는 책을 통해 인생에 가능성이 있다는 것과 나처럼 세상에 사는 사람이 또 있다는 것을 알았다. 독서는 내게 희망을 주었다. 책은 내게 열린 문과 같았다."

- 오프라 윈프리

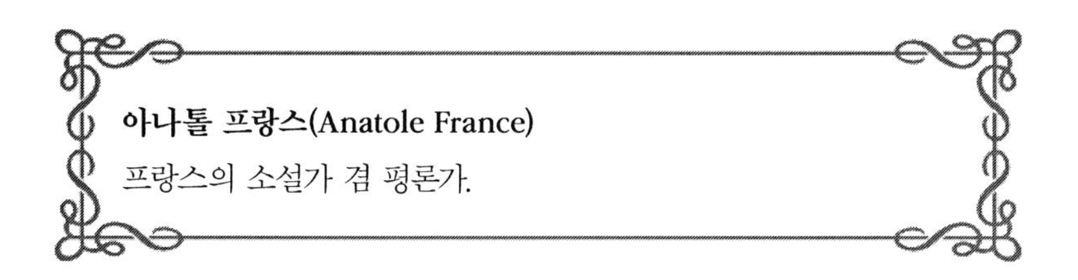

아나톨 프랑스(Anatole France)
프랑스의 소설가 겸 평론가.

6.

라스트 신부터 쓴다

– 스티븐 스필버그 –

스필버그 감독은 대부분 작품의 각본을 그만의 독특한 방식, 즉 '라스트 신부터 써 나가는 방식'으로 유명하다. 그로 인해 영화감독 중에서 빨리 촬영하는 것으로 알려져 있다. <E.T.>의 모체가 된 대표작 <미지와의 조우(Close Encounters of the Third Kind)>(1977)도 라스트 40분에 걸친 우주인과 인류의 교신 장면부터 쓰기 시작했다고 한다. 그는 "결말을 평화로 하고 악인은 단 한 사람도 없이 하고 싶었다"고 했는데, 그 이유를 묻자 "별을 보고 있으면 나쁜 상상이 떠오르지 않는다"고 했다. 라스트 신을 생각하면 그 전의 프로세스가 명료해지는 것이다.

우리나라에도 상영된 바 있는 프랑스 영화감독 프랑소와 오종(François Ozon)이 제작한 <5×2 - Five Times Two>(2004)도 파경을 맞은 부부의 사랑을 역순으로 되짚는 방식으로 촬영하여 상당히 깊은 인상을 주었다.

추론의 논리는 처음부터 사실을 쌓아 나가서 결과를 만들어 가는 연역법과 먼저 결과를 정하고 그것을 위해 사실을 모아가는 방식, 귀납법이 있다. 영화의 특성상 대부분 누구나 영화의 마지막 부분까지 보는 특수성이 있다. 처음부터 시작하여 마지막까지 하나하나 찍어 가는 연역법 방식의 결점은 도중에 막혔을 때 방향성을 잃게 되고 그때까지 찍은 것이 제로가 될 수 있는 위험이 있다는 것이다. 그런데 귀납법 방식은 라스트 장면을 미리 정하고 찍기 때문에 설사 도중에 막히더라도 라스트가 분명하므로 방향성을 잃는 일이 없이 타결책을 찾을 가능성이 높은 장점이 있다.

인간의 뇌는 선명하게 상상한 것과 실제로 경험한 것을 잘 구별하지 못한다고 한다.

의지와 상상력이 일치하면 그 힘은 덧셈이 아니라 곱셈이 된다. 현명한 사람은 의지가 강한가 약한가를 문제 삼기 전에 먼저 상상력을 사용하는 사람이다.

세계 제일의 부호라는 빌 게이츠는 성공의 비결을 묻는 기자의 질문에 "성공의 비결? 그건 커다란 비전을 갖고 있는지 아닌지에 달려 있다"고 하였다. 해피엔딩의 라스트 신을 생생하게 그려 내면서 그것을 실현해 갈 수단을 강구해 가는 것, '이 발상은 왜 안 되는가' 하는 시점이 아니라 '어떻게 해야 가능한가' 하는 시점에 서게 되면 비로소 실마리가 보이는 되는 법이다.

인간의 라스트 신은 죽음이다. 이 명언이 우리에게 주는 메시지는 자신의 추도사를 써서 라스트 신을 생생하게 그려 내라는 것이 아닐까? 잘 죽기 위해서는 잘 살아야 하기 때문이다.

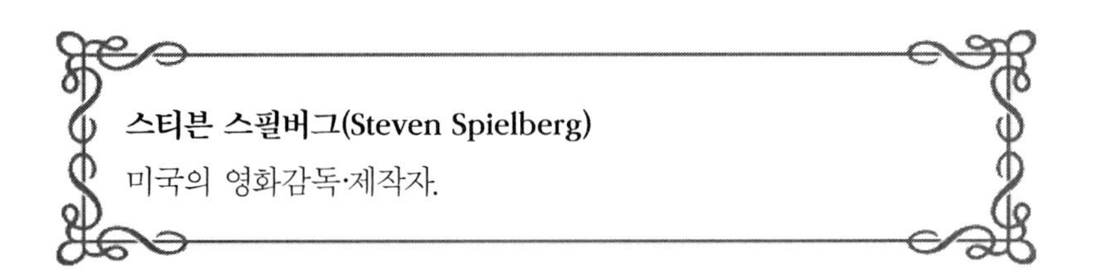

스티븐 스필버그(Steven Spielberg)

미국의 영화감독·제작자.

7.

남은 인생을 세상을 바꾸는 일에 함께하시겠습니까?

Do you want to come with me and change the world?

– 스티브 잡스 –

스티브 잡스의 업적은 현대사에 이름을 남길 만큼 엄청나다. 그가 이루어 낸 혁신에는 함께한 인재들의 헌신도 있었다. 그들이 세상에 남긴 흔적은 수량으로 헤아릴 수 없다. 한 입 베어낸 사과 심볼, 스타일리시한 Mac, iMac, iPod, iPhone, iPad….

20대의 잡스는 마케팅 분야에 뛰어난 인재를 영입하고자 당시 펩시 챌린지[12]로 유명한 펩시의 마케팅 간부 존 스컬리(John Sculley)를 18개월간 공들여 애플사의 CEO로 영입한다. 그가 한 제안이다.

"남은 인생 설탕물을 파시겠습니까? 아니면 세상을 바꾸는 일에 함께하시겠습니까?"

스컬리는 후에 인터뷰에서 당시를 이렇게 회고한다.

"잡스는 오랫동안 고개를 숙이고 있더니 마침내 고개를 들어 내 눈을 똑바로 보고 이렇게 말했습니다. 'Do you want to sell sugared water for

12 브랜드명을 가리고 복수의 콜라를 마시게 하여 펩시콜라가 맛있다는 것을 전하는 CM.

the rest of your life, or do you want to come with me and change the world?' 몇 주 후, 나는 애플에서 일하고 있었습니다. 이게 바로 잡스입니다. 적절한 단어를 찾을 줄 아는 달인이며, 사람들의 생각을 바꿀 수 있는 카리스마를 가지고 있었습니다."

"세상을 바꾸는 일에 함께하시겠습니까?"

정말로 큰 울림이 있는 제안이 아닌가. 그러고 보면 주변에 크게 성공한 사람들의 공통점은 인생에서 일생일대의 기회가 왔을 때 바로 행동에 옮긴 사람들이다. 또한 큰 가치를 추구하는 사람들이었다.

후일담이다. 존 스컬리는 이러한 제안으로 애플에 CEO로 들어왔지만 이후 맥킨토시 수요 예측에 실패하자 잡스의 책임이라 생각하여 그의 퇴임을 요구한다. 잡스가 다시 스컬리를 제거하려 하자 스컬리는 이사회의 승인을 얻어 잡스를 축출한다. 그러나 잡스를 축출한 것이 애플사가 다음 단계로 발전하는 데 도움이 되었다는 사실은 아이러니하다.

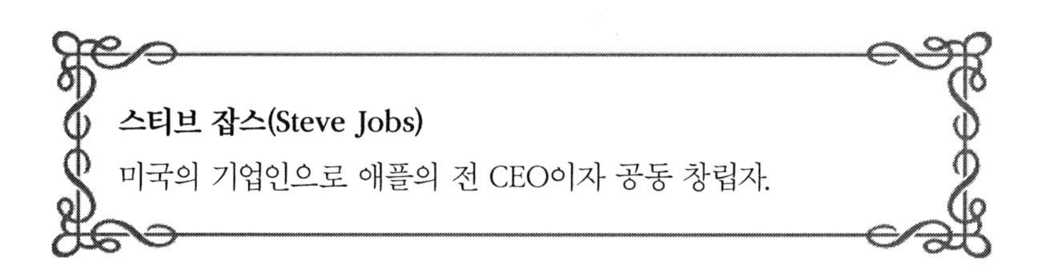

스티브 잡스(Steve Jobs)
미국의 기업인으로 애플의 전 CEO이자 공동 창립자.

8.

가장 중요한 건 눈에 보이지 않아

The most important thing is invisible

– 앙투안 드 생텍쥐페리 –

『어린 왕자』의 명언 중에서도 가장 대표적인 명언, 20세기를 대표하는 명언이다.

1943년 제2차 세계대전 중 미국에서 발표한 『어린 왕자(Le Petit Prince)』(1943)는 그가 실종 1년 전 집필한 것으로, 전 세계적으로 150개국 이상에서 번역되어 1억 5천만 부 이상 팔린 롱 베스트셀러이다. 작가 자신이 그린 아름다운 삽화를 넣어 독특한 시적 세계를 이루고 있으며 그를 오늘날까지 모든 이의 사랑을 받는 작가로 만든 책이다. 2015년에는 영화로 상영되기도 했다.

『어린 왕자』는 명언의 보고이다. 어른들을 위한 동화로 잘 알려진 『어린 왕자』는 독자에게 사람과 사람 사이의 관계, 책임과 의무감, 그리고 따뜻한 인간애를 명시해 준다. 정말로 중요한 것을 잊어버리고 사는 어른들에게 보내는 선물, 인간의 본질에 대한 지침, 삶의 진실과 관계의 중요성을 담담하게 전달하는, 어른들을 위한 깊은 사색과 철학적 의미가 담겨 있는 명작이다.

여우는 어린 왕자에게 '길들이다', '관계를 맺다'의 의미를 가르쳐 준다. 그러고는 어린 왕자에게 오천 송이 장미꽃들을 다시 가서 보고, 별에 남겨 둔 장미가 세상에 하나뿐인 꽃이라는 것을 알게 되면 선물로 비밀을 하나 가르쳐 준다고 약속한다. 참우정, 사람과 사람의 교류는 눈에 보이지 않는 시간(인생)을 들여서 서로 조금씩 거리를 좁혀 가면서 비로소 우정으로 나타나는 법이라는 진리를 가르쳐 준다.

여우는 같이 놀자는 어린왕자에게 길들여지지 않아서 안 된다고 한다. 길들인다는 것이 무슨 의미인가를 묻는 어린 왕자에게 여우는 관계를 맺는다는 뜻이라고 답하면서, 길들이게 되면 서로가 서로를 필요로 하는 관계로 되고 그럼으로써 서로가 세상에 하나밖에 없는 존재가 된다고 말한다.

> "누구든 자기가 길들인 것밖에는 알지 못하는 거야. … 상점에 가서 다 만들어진 물건들을 사는 거야. 하지만 친구를 파는 상점은 없으니까 사람들은 이제 친구가 없어. 친구를 갖고 싶으면 나를 길들여줘."

여우가 말한 대로 어린 왕자는 오천 송이 장미꽃을 보러 간다. 처음에 지구에 도착했을 때는 오천 송이나 되는 장미를 보고 자기 별에는 단 한 송이밖에 없었다면서 실망했지만, 여우의 이야기를 듣고 나서는 두고 온 장미가 더할 나위 없이 '자신에게 소중한 존재'라는 것을 깨닫게 된다.

어린 왕자는 장미꽃들에게 이렇게 말한다.

> "너희들은 아름답지만 속이 텅 비어 있어…. 물론 내 장미꽃도 평범한 행인에겐 너희들과 비슷한 꽃으로 보이겠지. 그렇지만 하나뿐인 그 꽃이 내게는 너희들 모두보다 중요해."

어린 왕자는 더 중요한 이유를 자신이 직접 꽃에 물을 주고, 직접 바람막이로 막아 보호해 주고, 직접 벌레들을 잡아 주었으며 불평을 해도 자랑을 늘어놓아도 심지어 때때로 입을 다물고 있어도 다 들어준 내 장미이기 때문이라고 말한다.

여우는 잘 있으라는 인사를 하는 어린 왕자에게 약속대로 비밀을 가르쳐 준다고 하면서 이 명언을 이야기한다.

> "가장 중요한 것은 눈에 보이지 않아. 네 장미꽃이 소중하게 된 것은 네가 네 장미꽃을 위해서 들인 시간 때문이야. 사람들은 이 진실을 잊어버리면 안 돼. 네가 길들인 것에 대해서는 너는 영원한 책임이 있는 거야."

'정말로 중요한 것은 눈에 보이지 않으니까 마음으로 보지 않으면 안 된다'고 말한 후에 장미에게 쏟은 시간이 중요하다고 말한 것은 '시간이란 결국 인생의 일부이고 자신의 목숨에 해당하는 것이므로 시간을 들이는 그만큼 마음을 담는 것이며 진심과 애정을 쏟는 것'이라는 의미이다. 중요한 것은 눈에 보이지 않는 마음으로 인생이나 다름없는 시간을 들인다는 것은 목숨을 건다는 것이며 그것에 대한 책임을 진다는 것을 말하고 있다.

이처럼 사람에게는 두 가지 눈이 있다.

하나는 형태가 있는 것을 보는 육안이요, 또 하나는 형태가 없어 볼 수도 만질 수도 없는 것을 보는 마음의 눈이다. 생명, 영혼, 공기, 의식, 마음, 배려, 사랑, 신앙, 희망 등 모두 이전에는 눈에 보이지 않는 것을 중시하는 가치관을 가지고 있었다.

그러나 지금은 눈에 보이는 것, 즉 직위, 명예, 학력, 경력, 복장, 용모, 물질 같은 소비재, 아름다운 자연 등 인간생활을 구체적으로 받쳐

주고 있는 것, 대표적인 상징으로 '돈'을 중시하는 가치관이 팽배해 있다. 눈에 보이지 않는 불확실한 것을 의식하려는 노력보다는 쉽게 눈에 보이는 것에 치중해서 모든 것을 판단한다.

생텍쥐페리는 『어린 왕자』에서 '현대의 인류는 자신의 존재 의의를 잃어버렸다'고 탄식하며, 보이는 것에만 가치를 부여하고 그것에만 매진하느라 정작 중요한 본질인 '사람은 무엇 때문에 사는가?'에 대한 물음조차 잊어버린 우리들에게 자각을 촉구하고 있다.

앙투안 드 생텍쥐페리(Antoine De Saint-Exupery)
프랑스의 비행사, 작가.

9.

시간은 금(金)이다

Time is money

– 벤저민 프랭클린 –

'시간은 금이다'는 말을 단지 시간은 귀중하니 그만큼 가치가 있게 쓰라는 정도로 알고 있거나, 프랭클린이 점원 생활을 할 때 툭 던진 말이라고 알고 있다면 270년 전에 프랭클린이 전달하고자 한 정신을 제대로 계승하기 어렵다. 다음은 이 명언의 출처라고 소개되는 일화이다.

'프랭클린이 서점의 점원으로 있을 때, 손님 한 사람이 책값을 물었다. 프랭클린은 5달러라고 했다. 서점을 나갔던 그 손님이 잠시 후 다시 와서 그 책값을 다시 물었다. 책을 읽고 있던 프랭클린은 이번엔 6달러라고 대답했다. 손님이 아까는 5달러라고 했는데, 왜 이제는 6달러라고 하냐고 묻자 프랭클린은 "Time is money"라고 대답했다. 그 사람이 자신의 책 읽는 귀중한 시간을 빼앗았다는 뜻이다.

그러나 실제로 "Time is money"는, 프랭클린이 인쇄업을 성공적으로 끝내고 필라델피아 시의원을 하던 1748년 42세에, 자신의 경험을 살려 발표한 유명한 단문, 「젊은 상인에게 보내는 편지(Advice to a Young Tradesman)」[13]에 나온다.

그는 보스턴에서 양초를 제조하던 아버지가 두 번 결혼하면서 얻은

13 출처: Kobayashi Motoi, 「An Ethical Approach to Benjamin Franklin」, 《The Waseda Commercial Review》 244호, 1974.8., p.49~69.

17자녀 중 15번째 자녀였다. 그는 어릴 때 《뉴 잉글랜드 그랜트(New England Grant)》 신문의 인쇄 출판을 하는 형의 도제로 들어가 기자 및 편집자 역할을 하다가 형과 크게 다투고 난 후, 영국으로 건너가 식자공을 경험하고 20세가 되어 미국으로 돌아와 독자적으로 인쇄업을 시작하였다.

그러고는 크게 성공하여 미국 최초로 타블로이드판을 발행하고 공공도서관도 설립하는 등 20년간 승승장구한다. 그가 펜실베이니아 식민지의회 의원이 되어 정치활동을 한 것이나, 집에 실험실을 마련해 과학적 연구에 매진한 것도 40세에 인쇄업을 다른 사람에게 물려준 후였다. 그때까지 그의 관심사는 오로지 인쇄업을 통한 직업적 기반을 다지는 일이었다. 따라서 서점에서 점원으로 일하다가 손님에게 '책 읽는 시간을 뺏었으니 돈을 더 내시오'라고 했다는 이야기는 근거가 희박하다.

막스 베버는 그의 저명한 논문 『프로테스탄티즘의 윤리와 자본주의 정신』에서, 이 단문에서 드러난 프랭클린의 정신을 자본주의 정신의 전형으로 소개하며 논문의 주제로 전개하였다. 이는 프랭클린의 정신이 더욱 유명해진 계기가 됐다.

나의 부족한 번역이 프랭클린에게 누가 되지 않기를 바라며 「젊은 상인(tradesman)[14]에게 보내는 편지」에 나오는 내용을 발췌하여 올린다. 왜 자본주의의 전형이라고 일컫는지 고개를 끄덕이게 될 것이다.

14 프랭클린은 스스로를 'old tradesman'이라 칭했으며 당시 tradesman은 숙련공, 직인, 기공 등 수공업자를 우선 일컬었고 상품 판매나 교역을 하는 상인이나 점주의 의미는 부차적으로 사용했다고 한다.

시간은 돈이라는 것을 잊어서는 안 된다

하루 노동으로 10실링을 버는 사람이 산보한다든지 실내에서 게으르게 반나절을 보낸다든지 한다면 오락을 위해 6펜스밖에 지출하지 않았다 하더라도 그것만 계산하면 안 되고 5실링의 돈을 추가 지출하거나 버렸다고 생각해야 한다.

신용은 돈이라는 것을 잊어서는 안 된다

누군가가 지불기한이 지나서도 그 돈을 갚으라고 하지 않으면 나는 그 돈의 이자나 또는 그 기간 중에 그것으로 가능한 것을 그 사람에게 받은 것이 된다. 따라서 신용을 얻고자 한다면 그것은 결코 적지 않은 돈이 될 것이다.

돈은 원래 번식력과 결실력을 가지고 있음을 잊어서는 안 된다

돈은 돈을 낳고 그렇게 생긴 돈은 더 많은 돈을 낳는다. 5실링을 운용하면 6실링이 되고 또 다시 운용하면 7실링 3펜스가 되고 그런 식으로 하면 100파운드도 될 수 있다. 돈의 양이 많으면 많을수록 그 운용에서 얻는 돈도 많게 되어 이익의 증대도 가속화된다. 한 마리의 어미돼지를 죽이는 것은 거기에서 나오는 1천 마리의 돼지를 죽이는 것에 다를 바 없다. 그러니 5실링의 돈을 사멸시키는 것은 거기에서 나올 수백 수천 파운드의 돈을 살해하는 것이나 진배없다.

돈을 잘 갚는 사람은 만인의 지갑의 주인이 된다는 것을 잊어서는 안 된다

약속한 날에 맞춰 정확하게 돈을 갚는 것으로 평판이 있는 사람은 언제든지 친구가 필요로 하지 않는 돈을 빌릴 수 있다. 이것은 왕왕 큰 이익이 된다. 근면과 검약은 별도로 한다면 모든 일에 있어서 시간의 정확성과 공평성을 지키는 것만큼 청년들에게 필요한 것은 없다. 만일 빌린 돈을 약속보다 조금이라도 늦게 갚는다면 친구는 화를 내고 다시는 당신 앞에서 지갑을 열지 않을 것이다.

신용에 영향을 주는 것이라면 어떤 사소한 것이라도 주의하지 않으면 안 된다

오전 5시든 저녁 8시든 당신의 망치 소리가 채권자의 귀에 들린다면 그는 그 후 6개월은 개의치 않을 것이다. 반면 일하는 시간대에 당구장에서 당신을 보거나 요릿집에서 당신의 목소리를 듣거나 한다면 그는 당장 다음 날 아침 당신이 준비도 안 된 상태에서 돈을 갚으라고 요구할 것이다. 반면에 당신이 이 점에 주의를 한다면 당신이 채무를 잊지 않고 있는 증거가 되고 당신을 주도면밀하고 정직한 사람으로 인정되어 당신의 신용은 더욱 올라갈 것이다.

당신 손에 있는 것은 모두 당신의 재산이라고 착각하고 그런 식으로 생활하지 않도록 주의하여야 한다. 신용을 얻지 못하고 있는 많은 사람들이 이런 잘못을 저지른다. 그걸 피하기 위해서라도 지출과 수입에 대해 상세히 기장을 하는 것이 좋다. 당신이 분골쇄신해서 작은 것에도 주의를 기울인다면 좋은 결과가 생길 것이다. 아무리 작은 지출이라도 쌓이게 되면 거액이 됨과 동시에 나중에 무엇을 절약했는지 장래 무엇을 절약할 것인지 알게 되는 법이다.

프랭클린이 전달하고 싶었던 내용은 단문의 맨 마지막 부분에 나온다.

> 부(富)에 이르는 길은 당신이 마음만 먹으면 시장에 가는 길처럼 명확하다. 한마디로 근면과 검약 두 단어에 달려 있다. 즉, 시간과 돈을 낭비하지 않고 최선으로 활용하는 것이다. 근면과 검약이 없다면 어떤 일도 할 수 없으며 반대로 이것만 있으면 모든 것이 잘 풀린다. 정직하게 벌 수 있는 만큼 벌어서 그것을 절약한다. (필요한 출비는 예외이지만) 그러면 그 사람은 반드시 부자가 되는 법이다.

나는 프랭클린이 270년 전에 힘주어 강조했던 시간과 돈과 신용에 대한 철두철미한 신념을 전달함으로써 성장기 학생 및 청년들의 인격 형성 및 정신에 긍정적인 영향이 미치기를 바란다. 이 또한 기성 세대의 역할이 아니겠는가.

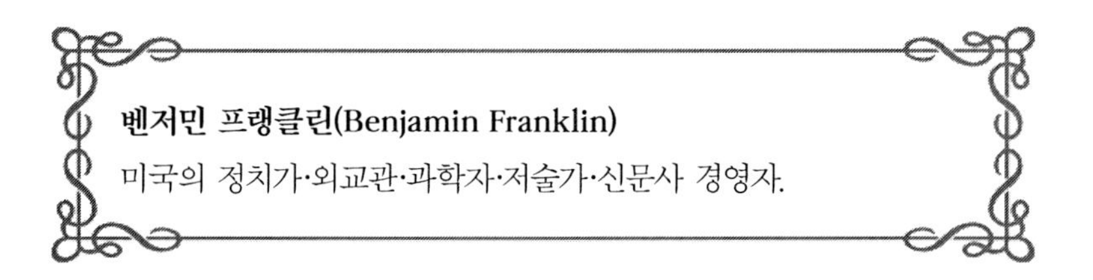
벤저민 프랭클린(Benjamin Franklin)
미국의 정치가·외교관·과학자·저술가·신문사 경영자.

10.

인간을 현명하게 하는 것은 과거의 경험이 아니고 미래에 대한 기대이다

– 조지 버나드 쇼 –

전문은 다음과 같다.

> 인간을 현명하게 하고 위대하게 하는 것은 과거의 경험이 아니고 미래에 대한 기대이다. 왜냐하면 기대를 갖는 인간은 끊임없이 학습하기 때문이다.

빅터 프랭클은 과거에 있었던 엄연한 사실들, 즉 경험한 일, 사랑, 고통 등은 가장 자랑할 만한 것이며 축적된 경험은 보석같이 귀중하다고 하였다. 심리학자 와다 히데키가 풍부한 지식, 폭넓고 타당한 추론 능력, 자신을 정확히 파악한 고차원적인 인지능력 또한 중년의 강점이라 한 것도 바로 경험에서 비롯된 것이다.

그런데 문제는 경험을 너무 앞세워 예외를 인정하지 않거나 새로운 것을 받아들이기 어려운 경우로, 이것은 창조적 발상을 구속하는 스키마(Scheme, 사고의 틀)가 우리의 사고를 한 패턴으로 만드는 특성을 가지고 있기 때문이다. 사람은 경험이 반복되면 스키마가 형성되는데 이는 순기능도 있지만 한 번 굳어지면 틀에 맞는 정보는 채택하지만 합치되지 않는 정보는 거부하는 '선택적 지각'을 하게 된다. 그 결과 외부의 객관적 사실을 그대로 받아들이지 못하고 환경의 변화를 감지하지 못할 뿐만 아니라 새로운 현상이나 아이디어를 볼품없고 보잘것없는 것으로 치부하는 경향이 생긴다. '어리석은 자는 경험에서 배우고 현명한 사람은 역사에서 배운다'고 한 비스마르크도 경험에만 의존하는 태도의 위험성을 경고한 것이라 할 수 있다. 그러므로 우리는 기술의 진보, 세상의 급격한 변화에 대응하기 위해서 낡은 스키마를 바꿔야 한다. 미래를 바라보는 시각을 바꾸어야 하는 것이다. 미래에 대한 긍정적인 기대가 의식 속에 있으면 과거에 휘둘리지 않고 변화를 추구해 나갈 수 있다. 게다가 미래의 자신에 대한 긍정적 기대는 학습의 계기가 된다. 이러한 경우 과거의 경험도 기대를 충실하게 하기 위한 중요한 지식으로 활용할 수 있게 된다.

평소 "공부에는 때가 있는 법이다", "이 나이에 공부하기는 어렵지", "이제 와서 새삼 무엇을 배우겠느냐" 하는 사람일수록 자신의 낡은 스키마를 변화시키는 노력이 필요하다. 평생 직업을 위해 새로운 자격을 취득하거나 외국어를 습득하거나 또는 전문성을 키우기 위해 재차 학위에 도전하거나 세미나에 참석하는 등 언제든지 새로운 도전을 할 수 있는 것이다.

이처럼 버나드 쇼가 끊임없이 도래하는 변화를 인지하여, 우리에게 미래에 대한 기대를 잃지 말라고 조언을 한 것은 우리들이 끝없는 배움으로 새로운 세상에 적응하고 비전을 갖고 살아가는 존재들이기 때문이다.

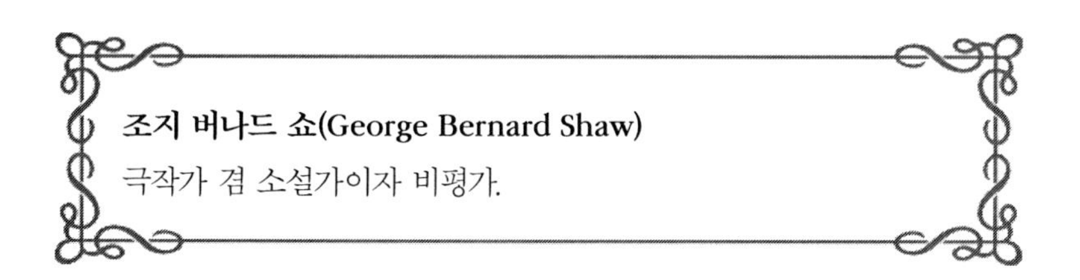
조지 버나드 쇼(George Bernard Shaw)
극작가 겸 소설가이자 비평가.

11.

강하지 않으면 살아갈 수 없다
부드럽지 않으면 살아갈 자격이 없다

If I wasn't hard, I wouldn't be alive

If I couldn't ever be gentle, I wouldn't deserve to be alive

– 레이먼드 챈들러 –

하드보일드[15] 추리소설의 대표적 미국 작가 레이먼드 챈들러의 마지막 장편 『플레이백』에 나오는 주인공 탐정 필립 말로(Philip Marlowe)가 어떤 사건의 진상을 파악하였지만 한 여성을 위해 그것을 덮어 두자 그 여성이 "당신 같은 강인한 남성이 왜 그렇게 상냥합니까?" 하고 물었을 때 답한 대사이다. 챈들러 저서의 대표적 일본 번역가인 시미즈 슌지(清水俊二)는 'hard'를 '정신 바짝 차리고 (제대로)'라고 번역했는데 문맥상 '강하게'보다 훨씬 더 와닿는 것 같다.

주인공인 필립 말로는 그의 명언만을 모은 책이 별도로 출간될 정도로 많은 명언을 남겼는데 이것은 명언 중에서 가장 대표적인 것이다. 『플레이백』은 그의 장편 시리즈 7편 중 가장 마지막에 출간된 작품으로 유작이 되었는데, 그의 작품 중 유일하게 영화화되지 않았다.

---

15 하드보일드(Hard-boiled): 1930년을 전후하여 미국 문학에 등장한 새로운 사실주의 수법을 지칭하는 말이다. 영미 문학에서는 수식을 일절 배제하고 묘사로 일관하는 어니스트 헤밍웨이(Ernest Hemingway)식의 '비정한 문체'를 칭하기도 한다. 장르(Genre)라기보다는 스타일(Style)을 말하는 것으로 자연주의적이고 폭력적인 주제를 냉철하고 무감한 태도로 묘사하는 특징을 가진다. (출처: 네이버 지식백과)

필립 말로는 지방 검사 수사관 출신으로 명령 위반으로 면직이 되어 LA에서 사립 탐정 사무소를 개업한다. 가난하지만 댄디하고 여자와 우정에 약하며 트렌치코트에 중절모를 쓰고 카멜 담배를 피우는 이미지이다. 경찰에 대해서는 복종하지 않으면서도 신중하게 사건을 조사하는 스타일인 반면 약자에 대해서는 비정하게 내치지 못해 악당에게 약점을 잡히기도 한다. 영화 속에서 가장 인기 있는 말로 역할은 험프리 보가드이다.

홈즈로 대표되는 영국의 초인적이고 취미적인 탐정은 복잡하고 비현실적인 트릭(Trick) 등 특권 계급으로 비쳐져 미국시민들에게 환영받지 못한 것에 반해, 챈들러의 탐정은 생활을 위해 직업인으로서 사립 탐정의 일을 하는 인물로 묘사되었으며 범죄는 사회의 왜곡 현상을 상징하는 것으로 표현된다. 이를 통해 '왜곡된 사회 속에서 어떻게 자긍심을 잃지 않고 살아갈 것인가?' 하는 문제의식이 작품 속에 투영되어 있다.

우리나라에는 그다지 알려지지 않았지만 이 대사가 오랫동안 많은 사람들의 입에서 오르내리는 것은 인생의 진리나 좌우명을 함축하기 때문이다.

> "사장업이라고 하는 것은 상당히 강인함을 갖고 임하지 않으면 안 된다고 생각합니다. 그리고 당사는 공익사업이라 상대의 입장 특히 고객의 입장에서서 사안을 바라보지 않으면 안 되므로 상냥한 경영을 해야 한다고 생각하는데 이 두 가지에 딱 들어맞는 것(좌우명)이 아까 말씀드린 챈들러의 명언이라고 생각합니다."
>
> \- 히라이와 가이시(平岩外四, 前 東京電力 会長),
> 좌우명을 묻는 기자들에 대한 답변

우리 모두는 살아가면서 많은 고난과 마주치게 된다. 아무리 강하게 마음먹어도 어려움을 극복하기가 쉽지 않다. 동시다발적으로 어려운 일이 몰려올 때도 있다. 그것을 극복하거나 지나가기를 기다리기 위해서도 내면에 강인함을 갖고 있어야 한다. 대개 큰일을 수행한 사람들은 세 가지 강인함을 갖고 있다고 한다. 곤란한 일에 직면해도 포기하지 않는 '끈기', 실패하거나 비난받아도 물러서지 않는 '마음의 심지', 경우에 따라서는 자기(自己)의 의견(意見)을 주장하는 '기백'이다.

그런데 일을 해 나가거나 살아가는 데 있어 강인함만으로는 충분치 않다. 강인함의 근저에 상냥함이 없다면 그 삶 또한 외롭고 고단하다. 성공자들 중에는 인간적으로 능력은 출중하지만 타인을 상처를 주거나 희생시키며 성과를 올리는 사람도 적지 않다. 필연적으로 동료나 부하들은 그에게서 멀어진다. 상대방을 배려하는 마음은 눈에 보이지 않는 훌륭한 자산이다. 인간이란 사회적으로 위대하게 되는 것만으로 행복한 것이 아니다. 서로가 신뢰하고 서로가 동반자인 것이 행복이기도 하다.

이제 우리 자신을 돌아보자.

당신은 높은 이상을 추구하는 뜻(志)을 갖고 어려움을 극복해 나가고 있는가? 그래야 살아갈 수 있다! 당신은 다른 사람에게 부드러운 마음으로 배려하고 있는가? 그래야 살아갈 자격이 있다!

"논리적일수록 창조성은 잃어버린다."

"진실에는 두 종류가 있다. 하나는 길을 비추는 것 또 하나는 마음을 따뜻하게 하는 것이다. 전자는 과학, 후자는 예술이다."

"예술 없는 과학은 배관공에게 수술용 가위를 맡긴 격이고 과학 없는 예술은 민속적이고 감정적인 돌팔이 의사가 엉망진창으로 만드는 격이다."

"좋은 이야기는 짜내는 것이 아니다. 증류에 의해 추출하는 것이다."

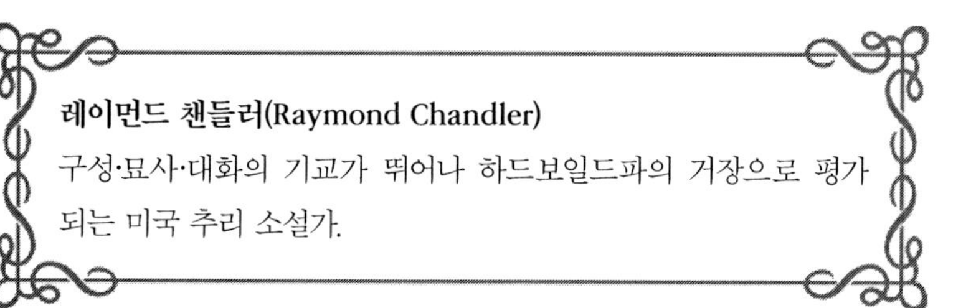

레이먼드 챈들러(Raymond Chandler)
구성·묘사·대화의 기교가 뛰어나 하드보일드파의 거장으로 평가되는 미국 추리 소설가.

CHAPTER 2.

역경

12.

평온을 비는 기도

THE SERENITY PRAYER

– 라인홀트 니부어 –

하느님,

바꿀 수 없는 것은 받아들이는 평온을,

바꿀 수 있는 것은 바꾸는 용기를,

또한 그 차이를 구별하는 지혜를 주옵소서.

God, give us

serenity to accept what cannot be changed,

courage to change what should be changed,

and wisdom to distinguish the one from the other.

미국 정치사상가 라인홀트 니부어(Reinhold Niebuhr)의 『도덕적 인간과 비도덕적 사회』(1932)가 지금까지 지구촌 정치사회계에 미친 영향은 심대하다. 그 내용을 요약하면, 본래 인간 개개인은 도덕적인데, 이들이 하나의 단체나 사회를 구성하게 되면 가차 없이 비도덕적으로 변한다는 것이다. 다시 말해, 양보와 선행을 아낌없이 베푸는 인간일지라도 집단이익을 위해서는 한 치 양보를 모르는 비도덕적 사회의 일원으로 돌변하게 된다는 것이다.

평온을 비는 기도(THE SERENITY PRAYER)의 유래

니부어가 매사추세츠 서부의 한 산골 교회에서 1943년 여름에 설교한 기도문이다. 기도 후 하워드 챈들러 로빈스(Howard Chandler Robbins)라는 사람이 기도문의 원고를 받아 기도문을 모은 소책자에 삽입하여 발행했다고 한다. 그 당시 니부어의 이름은 붙여지지 않았다. 2차 세계대전 중에는 이 기도문이 적혀진 카드가 병사들에게 배포되었으며 전후에는 알코올 의존증 환자의 '금주회 모토'로 채택되기도 하였다. 니부어 자신이 이 기도를 책으로 저술한 것은 1951년경이다. 그 당시 이 기도문은 이미 널리 알려져 있었는데 그로부터 10년 후 카드를 판매하는 홀마크 카드사가 이 기도문의 판권을 니부어로부터 취득했다. 기도문의 원문에 대해서는 여러 가지 설이 있었지만 지금은 니부어의 글로 인정되고 있다. 미국에서는 'The Serenity Prayer'로 알려져 있다. 기도문의 나머지를 추가하면 다음과 같다.

저희가 하루만 살 수 있다고 생각하면서 살게 해 주시고
저희가 한 순간만 살 수 있다고 생각하면서 즐기게 해 주시고
어려운 일이 있으면 평화에 이르는 길이라고 생각하게 해 주시고
죄로 가득 찬 세상에서 저희가 갖고 싶은 대로가 아니라
주님께서 그러하셨듯이 주시는 대로 받아들이게 해 주시고
저희가 주님의 뜻에 모든 것을 맡기면
주님께서 모든 일을 의롭게 해주신다는 것을 믿게 해 주시고
이생에서는 적당한 행복을
내생에서는 영원토록 주님과 함께 무한한 행복을 누리게 해 주소서.
아멘.

Living one day at a time,

Enjoying one moment at a time;

Accepting hardship as the pathway to peace.

Taking, as He did, this sinful world as it is, not as I would have it.

Trusting that He will make all things right if I surrender to His Will;

That I may be reasonably happy in this life, and

supremely happy with Him forever in the next.

Amen.

시인 이문재(경희대 후마니타스 칼리지 교수)는 그의 칼럼 '사유와 성찰-살고 싶은 집, 살고 싶은 마을'에서 이렇게 표현한다.

말에는 힘이 있다. 아니, 힘이 있는 말이 있다. 평소 무심하게 지나쳤던 한마디 말이 삶의 정수리를 내려칠 때가 있다. 내게는 저 기도문이 그런 말 중 하나다. 저 기도문을 '강요'하는 까닭은 생의 어느 고단한 날에 불현듯 저 메시지가 떠올라 다시 일어설 것이라고 기대하기 때문이다.

라인홀트 니부어(Reinhold Niebuhr)
미주리주 라이트시티 출생. 미국의 문명비평가이자 신정통주의 신학의 지도자로서, 낙관적인 인간관을 비판하고 인간의 죄성(罪性)을 강조함.

13.

사람은 행운의 시기에 위대해 보일지 몰라도 실제로 그가 성장하는 것은 불운의 시기이다

People might look great when of good luck,
but it is when the bad luck to truly improve

– 프리드리히 실러 –

고난과 행복은 동전의 양면이다. 우리는 인생에서 고난이나 불운이 자신을 지배할 때는 그 현상만이 전부가 된다. 희망도 퇴로도 없다. 오로지 고난과 불운이 전부인 듯 인식하고 더 깊은 좌절과 절망으로 자신을 몰아간다. 특히나 인생의 전환기를 위기로 인식하거나 불운하다고 생각한다. '왜 하필이면 내게 이런 일이 일어나는가' 하며 세상을 탓하기도 한다. 그렇다면 우리는 불운이 닥쳤을 때 어떻게 하면 좋은가?

불운의 시기야말로 자신을 마주보고 성장하는 기회로 삼아야 한다. 그리고 이러한 불운이 오히려 진정한 자아와 마주치는 계기가 된다. 다음과 같은 질문을 통해 자기 성찰의 기회를 갖는 것이다.

'나는 지금까지 잘 살아왔나? 무엇을 위해서?'
'내가 진정 하고 싶어 하는 것을 하고 있는가?'
'과연 내가 할 수 있는 것은 무엇인가?'
'내 인생에서 소중한 것은 무엇인가?'

너무나 일에 대해 무관심하고 의사결정을 미루는 상사를 만나 고전을 하던 직장인의 사례를 들어 보자. 어느 날 고객의 클레임을 받고 상사에게 대책을 촉구했으나 늘 하던 대로 의사결정을 미루는 상사로 인해 고민을 거듭했다고 한다. 결국 어쩔 수 없이 스스로 대책을 수립하여 해결에 임하게 되면서 자신에게 내재되어 있던 능력을 재발견하게 되었으며 결과적으로 고객도 대만족하게 되어 사내에 크게 알려지는 생각지도 않은 결과를 얻었다고 한다. 또, 어느 수학자는 "내가 유복했다면 아마 수학자가 되지는 못했을 거야"라고 했다. 어려움이 인간을 고양시키듯이 어려운 환경하에서 스스로 노력하여 달성하는 사람들은 유복한 환경 속에서 배운 사람들보다 더욱더 값진 능력을 배양할 수 있다.

"참혹한 고뇌는 당신을 현재의 당신 자신보다 더욱 고양시켜 준다."

- 괴테

성장을 위한 단계는 거의 대부분 고난과 시련의 얼굴로 등장한다. 큰 도약일수록 감내하는 크기는 그에 비례해 크다. 시오노 나나미는 "단테에게 추방이 없었더라면 『신곡』이 탄생하지 않았을 것이고 마키아벨리에게 추방의 불행이 닥치지 않았더라면 『군주론』은 햇빛을 보지 못했을 것"이라고 하였다. 한 무제의 미움을 받은 사마천은 궁형을 받는 처절한 치욕 후에 총 130권의 『사기』를 완성함으로써 부친의 유언을 이루고 역사가로서의 이름을 후대에 길이길이 남긴다. 다산 정약용은 18세기 실학사상을 집대성한 조선 최대의 실학자이며 개혁가로 그가 18년 동안 강진에서 한 유배 생활은 방대한 서적(499권)을 저술하는 밑거름이 되었다. 『목민심서』, 『경세유표』, 『흠흠신서』 등은 근대적 국가 개혁과 부국강병의 구체적인 실천방안이었다. 그의 형 정약전의 『자산어보』는 우리나라 최초의 해양생물학 전문 서적이라 할 정도로 치밀한 고증 끝에 나온 역작으로, 흑산도에서 유배 생활 중 기록한 근해의 155종 수산동식물에 대한 명칭, 분포, 형태, 습성, 이용에 대한 집대성이다.

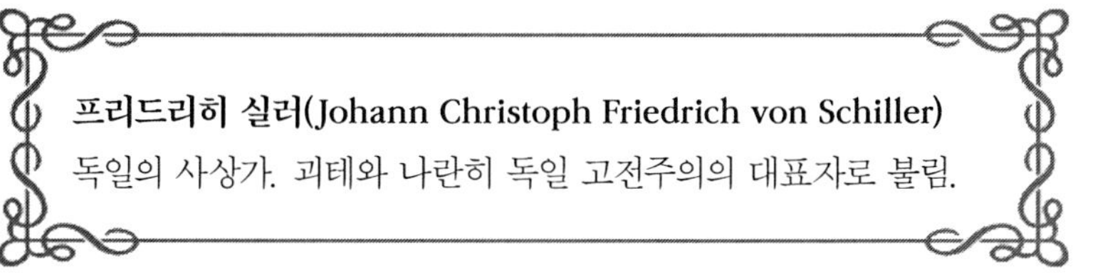

프리드리히 실러(Johann Christoph Friedrich von Schiller)
독일의 사상가. 괴테와 나란히 독일 고전주의의 대표자로 불림.

14.

그는 가르시아 장군이 어디 있는지 묻지 않았다

He did not ask where Garcia is

– 앨버트 허버드 –

우리나라 경영자나 인사 담당자의 추천 도서인 『가르시아 장군에게 보내는 편지』는 앨버트 허버드가 스페인과 미국이 벌인 전쟁 당시의 일화를 소재로 한 에세이로 그는 한 시간 만에 이 책을 썼다고 한다. 이 책은 당시 경제공황에 빠져 있던 미국 사회에 엄청난 반향을 일으켰다. 출판 직후 1895~1915년 기간 중 가장 많이 팔렸으며 현재까지도 세계적인 스테디셀러로서 판매 누계가 1억 부를 넘는다.

줄거리는 다음과 같다.

미국이 스페인으로부터 쿠바를 독립시키기 위해 전쟁을 치를 때의 실화를 배경으로 쓰인 이야기다. 미국의 매킨리 대통령은 쿠바 반군의 지도자인 가르시아 장군에게 비밀스러운 메시지를 전달해야만 했다. 임무를 맡은 로완 중위는 임무를 부여받고 편지를 품에 넣자마자 곧바로 길을 떠났다. 편지를 들고 나흘 후에 작은 배로 쿠바 해안에 닿아 정글 속으로 사라져 적지를 횡단하여 이곳저곳을 누비며 거처를 옮겨 다니는 가르시아 장군을 찾아 무사히 메시지를 전하고 3주 후에 섬의 반대편으로 나온다.

단숨에 읽는 이 에세이의 핵심은 '그는 가르시아 장군이 어디 있는지 묻지 않았다'는 것이다. 자신의 일에 어떤 태도로 임해야 하는지, 인생에서 진정으로 필요한 원칙이 무엇인지가 이 한 구절에 담겨 있다. 이는 예나 지금이나 다를 것이 없다. 아무리 기술과 시스템이 발전하더라도 가장 중요한 것은 사람의 마음가짐이기 때문이다.

당신이 지금 사무실에 있다고 가정하자. 주위에는 당신의 부하 직원 여섯 명이 함께 있다. 그 가운데 한 사람을 불러 이렇게 부탁해 보라.

“코레조(Antonio Correggio)의 생애에 대해 알고 싶은데, 백과사전을 찾아 간단히 정리해 주겠나?”

“예, 잘 알겠습니다” 하고 부탁 받은 일을 묵묵히 처리하는 직원이 있을까? 아마도 없을 것이다. 그리고 이런 질문을 던질 것이다.

“코레조가 누구죠?”
“백과사전은 어디에 있습니까?”
“비스마르크 말씀하시는 건가요?”
“코레조란 사람, 아직 살아 있나요?”
“급한 일입니까?”
“제가 백과사전을 가지고 올 테니 직접 찾아보시죠?”
“무엇 때문에 찾아보시려는 거죠?”

일을 시켜야 하는 당신은 정보를 수집하는 방법과 그 정보가 필요한 이유에 대해 설명을 늘어놓아야 하고, 부하 직원은 그제야 움직이기 시작할 것이다.

자신의 인생을 결정하는 사람은 다른 누구도 아닌 바로 자기 자신이다. 자신의 생각과 의욕이 자신의 인생을 결정하는 것으로 ‘가르시아 장군에게 어떻게 해서든 편지를 전달하겠다’는 로완 중위 같은 인물은 지금과 같은 VUCA[16] 시대야말로 더욱 필요한 인물이다.

지금은 무능하고 도움이 안 되는 사람의 자리는 없어지고 한 번 물러나면 다시는 복귀하기 어려운 적자생존(適者生存)의 시대이다. 이런 시대일수록 경영자는 스스로 일에 뛰어들고, 곧바로 행동에 옮기며, 이익을 올려 공헌하는 인물, 즉 가르시아 장군에게 편지를 전하는 로완 중위 같은 인물을 찾는다.

이런 인물은 어느 도시이든, 어느 마을이든, 어느 회사든, 어느 점포든, 어느 공장이든, 어디서든 필요한 인물이다. 새로운 변화와 과제를 두려워하지 않고 용기를 내어 도전하고 완수하는 현대의 로완 중위, 그러한 인물이 요구되고 있다.

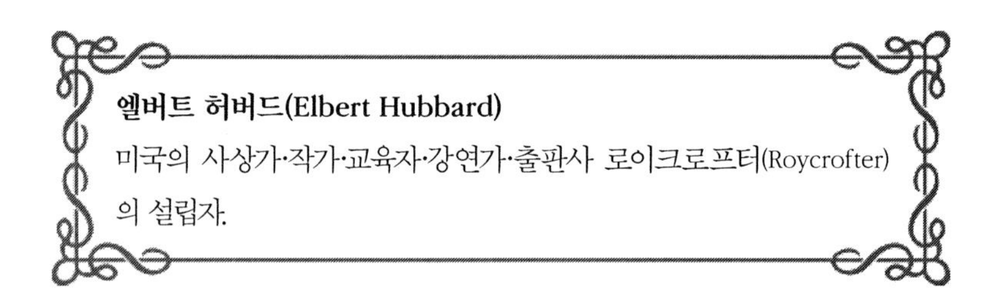

엘버트 허버드(Elbert Hubbard)

미국의 사상가·작가·교육자·강연가·출판사 로이크로프터(Roycrofter)의 설립자.

16 4차 산업혁명 시대의 세계관으로 변동성(Volatility), 불확실성(Uncertainty), 복잡성(Complexity), 모호성(Ambiguity)의 앞 글자를 따서 만든 신조어.

15.

인생에 헛된 경험이란 없다

There is no vain experience in life

– 오 헨리 –

오 헨리는 필명이다. 본명은 윌리엄 시드니 포터(William Sydney Porter)로, 그는 엘리트였던 양친이 일찍 돌아가시어 학교 교육을 제대로 받지 못하고 숙부의 약국 일을 거들며 자격증을 딴다. 이후 카우보이, 점원, 직공 등을 전전하다가 20대에 약국, 부동산업 회계, 토지관리국, 29세에는 오스틴은행에 근무하는 등 승승장구한다. 또한 아내의 내조로 주간지를 창간하며 칼럼을 기고하는 문필 생활을 시작하지만, 은행에서의 공금횡령이 발각된다. 당시 그 은행에서는 횡령이 다반사로 일어났다. 즉각 남미로 도피하지만 아내가 중태에 빠져 귀국 후 체포된다. 그리고 재판을 받는 도중에 아내는 죽고, 그는 징역 3년을 선고받고 복역하게 된다. 절망에 빠진 그에게 감옥은 지옥을 선물했다. 감옥의 실태는 상상을 초월했다. 또한 매일 밤 죽어 나가는 시체를 목격하며 헨리는 한동안 우울증에 시달리다가 자살을 기도한다. 후에 그는 다음과 같이 술회하였다. "그곳에서는 자살이 피크닉처럼 일상다반사로 일어났다."

힘겨운 수감 생활에서 헨리를 지켜준 것은 집필에 대한 집념이었다. 게다가 그는 딸의 양육비가 필요했다. 그는 의욕적으로 주변인들을 취재하면서 그들의 파란만장한 인생에 눈을 떴다. 이것이 헨리의 작품에 경찰이나 범죄인들이 자주 등장하는 이유이다. 헨리는 복역 중 14편의 작품을 썼다. 그리고 36세에 자유의 몸이 되었다. 사회로 복귀하였으나 그가 가야 할 길은 하나였다. 헨리는 맹렬히 집필 활동에 몰두하였다. 소재는 넘치도록 있었다. 수감 생활이 강제적인 충전 기간이 되었던 것이다. 그리고 43세, 헨리는 베스트 작가 반열로 올라선다. 2년 후에는 재혼에도 성공하고 더욱 집필에 전념하여, 48세 죽기까지 381편의 단편을 남긴다. 그가 겪은 풍부한 인생 경험만큼 작품에는 위트와 연민, 반전이 넘치며, 소시민들의 생활을 따뜻한 시선으로 그려내어 호평을 받았다.

인생이란 우리들의 바람대로 순조롭지는 않다. 그러나 어떠한 고난도 지나고 나면 견딜만 했고 생각만큼 가혹하지 않았다고 회상한다. 오 헨리도 그러하였다.

> 인생이란 흐느낌과 훌쩍거림, 그리고 미소로 이루어져 있으며 그중에서 훌쩍거릴 때가 많다.
>
> \- 오 헨리, 「크리스마스」

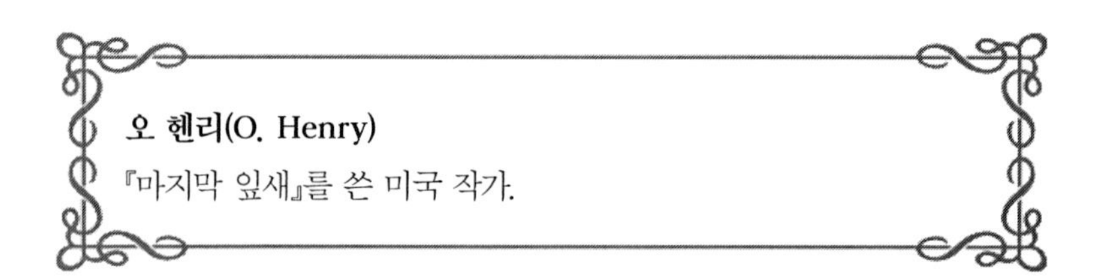
오 헨리(O. Henry)
『마지막 잎새』를 쓴 미국 작가.

16.

어려운 일이 있어도 결코 타인의 힘을 빌려서는 안 된다

Even if it is difficult, never borrow the power of others

– 장 앙리 파브르 –

남프랑스 시골에서 태어난 파브르의 가정은 아주 어려웠다. 세 식구가 끼니를 잇기 어려워 그는 3세 때 조부모에게 보내졌고 7세에 다시 집으로 돌아와 학교 교육을 받는다. 그 후 아버지가 궁핍한 생활을 타개하고자 손을 댄 사업이 카페 운영인데, 그마저도 성공적이지 못해 여러 도시들을 전전하게 된다. 그 와중에 파브르는 무료 교육을 받으며 사범학교 장학생 모집에 응시하여 합격을 한다. 영민했던 파브르는 2년 만에 졸업을 하여 19세 때부터 초등학교 교사로 7년을 재직하고, 26세부터는 중학교 교사로 근무하게 된다. 아래는 27세 때 제자에게 보낸 편지 내용이다. 원문을 보자.

어려운 일이 있어도 결코 타인의 힘을 빌려서는 안 된다.
네가 난처한 일을 당해 도움을 받더라도 결코 어려움을 극복할 수 없을 뿐 아니라 곤란은 또 다른 형태로 너를 힘들게 할 것이다.
스스로 배운 것만 잘 알 수 있다. 학문 연구는 암호를 풀듯 해독해야 하는 수수께끼이다. 누군가 너에게 열쇠를 준다면 그 해결법만큼 쉽고 당연한 것은 없을 것이다. 하지만 두 번째 문제가 닥치면 너는 첫 번째 문제를 풀 때와는 달리 해결할 능력이 없을 것이다.

이 편지의 진정한 의미는 타인에게 도움을 받지 말라는 것보다는 혼자의 힘으로 완수하려고 하지 않고 타인의 힘을 빌려 버리면 결국 또 똑같은 상황에서 다시 타인의 힘을 빌려야 된다는 것을 강조한 것이다. 이렇듯 자신의 힘만을 믿으라는 신념은 그의 삶에서 우러나온 것이다. 자력으로 운명을 개척한 파브르이기에 자연스레 나오는 충고라 할 수 있다.

파브르는 교사가 되었지만 급료가 낮아 가난한 생활을 계속할 수밖에 없었다. 당시 프랑스의 교사 봉급은 다른 직업에 비하여 턱없이 낮아 대학교수도 부업을 해야 할 정도였다. 그럼에도 독학으로 대학 자격시험에 합격하고 수학, 물리학, 박물학 분야 학사 자격을 취득한다. 그는 어렸을 적부터 곤충에 관심이 많아 종종 아버지에게 야단을 맞았다. 그런 곤충에 관한 관심은 여러 자격시험을 치르는 동안에도 계속되었고, 해를 거듭하면서 자료를 남기게 된다. 살아 움직이는 것에 대한 꾸준하고도 세심한 관찰일지는 이전의 누구도 해내지 못한 생생한 기록으로 종래의 학설을 뒤집기도 하면서 세상에 명성을 날리게 된다. 그러나 45세에 엉뚱한 음해로 25여 년을 몸담았던 학교를 떠나 교외로 이사를 한다. 그리고 평생에 걸쳐 관찰한 결과를 토대로 대작 『파브르 곤충기』 저술을 시작한다. 이는 총 10권으로 다양한 곤충의 이야기인 동시에 파브르의 자서전이기도 한데, 한 권의 쪽수가 무려 3천~4천 쪽에 이르는 방대한 양으로 28년 동안 집필하였다. "1분도 쉴 틈이 없는 때야말로 가장 행복한 때다. 일하는 것 자체가 나에게는 삶의 보람이다"라고 하였던 그는 매우 정직하고 겸손한 사람이었다고 한다.

"아래를 보고 있더라도 계속 걸으면 희망을 발견한다. 나는 곤충이라는 희망을 발견했다."

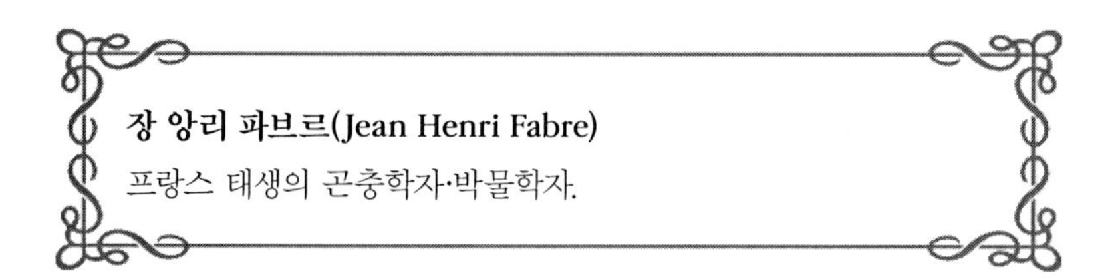
장 앙리 파브르(Jean Henri Fabre)
프랑스 태생의 곤충학자·박물학자.

17.

당신의 고난은 특별한 것이 아니다

You're supposed to struggle

– 루키우스 안나이우스 세네카 –

세네카의 『세네카의 대화』[17] 중 '섭리에 대하여'에 나오는 말이다. 그는 '왜 우리는 운명이나 고난에 대해 불평하면서 에너지를 소모하는가?' 하는 질문을 던진다. 같은 책의 '분노에 대하여'라는 장에는 이런 말이 나온다.

> 그러므로 모든 것을 용감하게 견뎌내야 한다. 그것은 흔히 그렇듯이 생각하는 대로 세상 일이 일어나는 것이 아니라, (정해진 대로) 다가오기 때문이다. 무엇에 웃고, 무엇에 울 것인가는 이미 정해져 있다. 개별의 삶이 아무리 다양하고 다르더라도, 마지막 길은 같은 곳에 다다르기 마련이다.

이에 다음 섹션도 읽어 보자.

> 그래서 왜 우리는 분노하는가? 왜 불평을 쏟아내는가? 우리는 원래 그렇게 되도록 되어 있다. … 우리는 모든 일에 대해 기뻐하면서 담대하게 이렇게 생각해야 하지 않는가. — 우리에게 속하는 것은 아무것도 멸망하지 않는다고. 선한 사람의 노력이란 무엇인가? 스스로를 운명을 내맡기는 것이다. 우주와

17 루키우스 안나이우스 세네카 지음, 김남우·이선주·임성진 옮김, 『세네카의 대화』, 까치, 2016.

함께 사라지는 것은 큰 위안이다. 이렇게 살아 이렇게 죽도록 우리에게 명령한 것이 무엇이든, 그것은 같은 필연성으로 신들도 구속한다.

인생에서 일어나는 모든 일은 그것이 좋은 일이든 나쁜 일이든 우리는 인내해야 한다. 그것이 우주의 섭리이기 때문이다. 역경도 현실의 일부이다. 이 세상에 존재하는 이상, 끊임없이 변화하는 세계가 가져오는 고난을 인내하는 것 외에 다른 대안은 없다. 선인들도 동일한 고난을 몇 번이고 견뎌냈다. 사람의 기쁨, 슬픔은 인류가 탄생했을 때부터 변함없었다. 이 모두는 우리가 알고 있는 사실인데 왜 분개하고, 바꿀 수 없는 현실을 한탄하면서 에너지를 낭비하는지…. 인생이라는 선물을 기쁘게 받아들이고 죽을 때 아무것도 잃지 않는다는 것을 기억하자. 우리 몸은 자연에 속하는 것으로 때가 되면 자연스럽게 반환되어야 한다. 우리는 우주의 섭리에 따라 살고 죽을 뿐이다.

당신이 지금 고난을 겪고 있다면, 그것은 이 세상에 사는 생물의 의무를 다하고 있다는 것이다. 무릇 산다는 것은 생존을 위한 몸부림이다. 배고픈 동물은 먹이를 찾아다니고, 식물은 빗물을 한없이 기다린다. 금속 빔은 무게를 지탱하기 위하여 중력과 싸우고, 인간은 눈앞에 놓인 난제를 극복하려고 투쟁한다. 인생에 고난이 없기를 바란다면 당신은 살아 있는 사람이 아니라 죽은 사람이다.

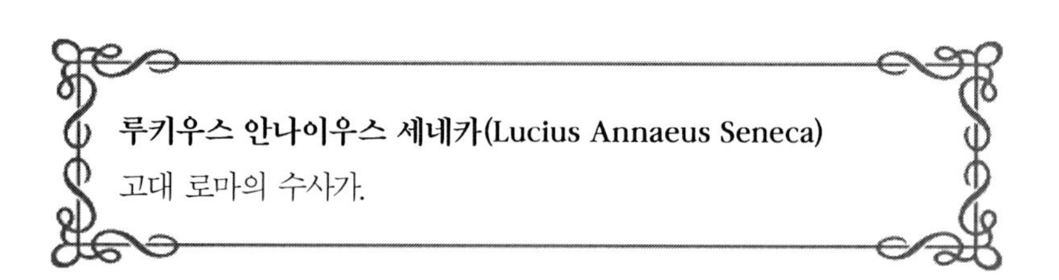

루키우스 안나이우스 세네카(Lucius Annaeus Seneca)
고대 로마의 수사가.

18.

인간의 가장 뛰어난 점은 고난을 이겨내어 기쁨을 맛볼 수 있다는 것이다

We could almost say that the most excellent receive joy through sufferings

– 루트비히 판 베토벤 –

베토벤은 11살부터 부친과 두 동생을 부양했다. 정규 교육과정은 초등학교 중퇴였지만 그의 천재성을 감지한 귀족들의 도움으로 다양한 배움의 기회를 가질 수 있었다. 그러나 수많은 곡을 만들었음에도 그의 생활 형편은 나아지지 않았고 빈에서 보낸 40여 년 동안 70번 넘게 이사를 하였다. 또한 당시 시대적 변화로 많은 귀족들이 몰락하면서 후원이 끊어져 곤궁함에 시달리고 부랑아로 오인되기도 했다. 그의 어려움은 이뿐만이 아니다. 사랑하는 여성은 귀족이라는 신분으로 헤어져야 했고, 설상가상 음악가에게는 생명과도 같은 청력을 상실하여 제한된 사람만 만나고 연주회도 나가지 못하면서 희망을 잃어버려 유서를 쓰기도 했다. 이렇듯 모진 풍상을 겪으면서 완성된 그의 음악은 세계인의 사랑을 받으며 지구 곳곳에서 울려 퍼지고 있다. 음악가로서 고전파 음악의 집대성을 이루고 낭만파 음악의 선구자로 위대한 업적을 이룬 베토벤의 명언에는 그의 삶이 고스란히 농축되어 있다.

이상해…. 최근에는 주위에서 부르는 소리가 들리지 않네. 툭툭하고 (남이) 어깨를 치는 일이 잦아졌네. 귀 속에서 '솨솨' 하는 소리가 들린다, 어떻게 된 일인지….

베토벤에게 난청의 증상이 나타났다. 음악가에게 귀가 들리지 않는다는 사실은 고통이고 두려움이었다. 31세에 그는 오랜 친구에게 편지[18]를 보내면서 그의 고민을 털어놓는다.

3년 전부터 귀에 병이 생겨서 의사에게 보였는데도 나아지지를 않네. 나는 음악가여서 결코 이 일을 다른 사람에게 알릴 수는 없네. 최근에는 사람들이 하는 이야기도 음악소리도 전혀 들리지 않게 되었다네. 그래서 가급적 사람들 앞에 나서지 않고 혼자서 비참한 생활을 보내고 있다네. 이런 나의 모습에 너무 분통이 터지지만 그래도 가능하면 이 운명에 맞서려고 하네. 그러니 제발 이 일은 다른 사람에게 말하지 말아 주게나.

한때는 제자로 입문한 줄리에타를 연모하여 「월광 소나타」를 헌정했으며 후에는 자매지간인 테레즈와 약혼을 했으나 결국 파혼하고 만다. 베토벤은 신분의 차이로 인한 실연과 난청으로 절망에 빠진 끝에 두 동생에게 유서[19]를 쓴다.

너희들은 내가 어려운 사람이라고 생각할지 모르지만 그것은 큰 오해다. 내가 요즘 6년간 쭉 귓병을 앓아 왔다는 사실을 모르기 때문이다. 사람들과 이야기할 때는 귀가 들리지 않아 "좀 더 큰 소리로 말해주세요"라고 말하고 싶은데 말할 수가 없다. 음악가가 소리를 듣지 못하는 고통을 너희들은 알 턱이 있겠는가. 내 병이 세상에 알려지는 것이 두려워서 지금은 꼭 일이 있는 사람만 만나려고 하고 있다. 절망하여 죽으려고 마음먹었다. 그러나 작곡을 계속하고 싶다는 생각이 그걸 막았다. 너희들은 이 편지를 읽는다면 나에 대한 생각이 얼마나 틀렸는지를 알게 될 거다. 힘든 운명을 짊어진 사람들, 그리고 나처럼 불행한 인간이 음악가로서 계속 노력해 왔다는 사실을 알고 용기를 가지기 바란다.

---

18 히스이 고타로(ひすい こたろう),『心にズドンと響く運命の言葉』三笠書房.

19 '하일리겐슈타트의 유서'(1802)에서 인용.

베토벤은 유서를 작성하는 도중에 작곡을 갈망하는 자신을 발견하며 다시금 삶의 의지를 지핀다. 절대로 알려지면 안 되는 귓병에 대한 것을 고백하고 고민해 왔던 것을 모두 유서에 쓰고 나니 홀가분해진 것이다. 그는 자신이 할 수 있는 유일한 것, 작곡에 몰두했다. 유명한 교향곡 5번 「운명」은 이 시기에 작곡한 것이다. 지휘자가 그에게 물었다. "이 악곡은 어떻게 표현할까요?" 그는 대답한다. "내 운명이 문을 두드린 것처럼요".

베토벤 최후의 교향곡은 9번 교향곡 「합창」이다. 이 곡은 그의 인생 후반전의 삶 그대로이다. 고난을 극복하고 환희를 맛보는 메시지로 지금도 연말에 늘 연주되는 곡이다. 이 교향곡의 초연에서는 베토벤이 지휘봉을 잡았다. 초연이 끝나고 그는 객석을 향할 수가 없었다. 최선을 다하여 지휘를 했지만 그는 자신의 음악을 듣지 못하는 데서 오는 절정의 불안감으로 차마 객석을 향할 수 없었으리라. 그때 성악가가 다가와 그를 객석을 향해 돌려세웠다. 비로소 그는 모든 관객이 일어나 박수를 치며 환호를 보내고 있음을 보게 되었다. 'Standing operation!' 그들은 귀가 들리지 않는 음악가에게 우레와 같은 박수갈채로 기쁨과 감동을 전달하였다. 박수는 오랫동안 지속됐다. 이날 그의 콘서트 일기에는 다음과 같이 쓰여 있었다.

"고난을 넘어 환희를 맛보다."

그는 난청을 어떻게 극복했을까? 그는 사제(私製) 피아노를 사용하였다. 피아노는 붙어 있는 현(弦)을 해머로 두드려서 소리를 내는 현악기의 일종이므로 현을 두드릴 때의 진동이 전해지면 난청인 베토벤도 음

(音)의 강약을 파악할 수 있었다. 전해 오는 이야기에 따르면, 그는 입에 지휘봉을 물고 피아노에 접촉시켜서 치아를 통해 진동을 느꼈다고 한다. 베토벤은 요즘 말하는 '골전도'를 이용해서 음을 느꼈던 것이다. 그는 진동으로 느낀 음과 난청 전에 알고 있던 음의 기억과 음악 지식으로 작곡을 계속할 수 있었다. 작곡하지 않을 때는 필담이나 청진기 같은 보청기로 소통했다고 한다.

57세에 빈에서 행해진 장례에는 수만 명의 시민이 그의 마지막 길을 뒤따르며 애도하였다.

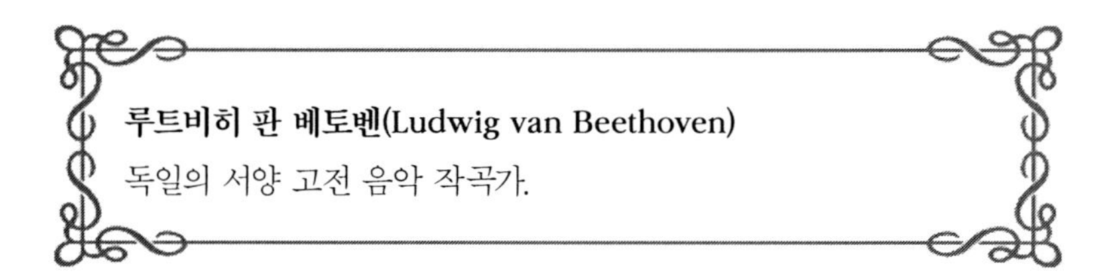

루트비히 판 베토벤(Ludwig van Beethoven)
독일의 서양 고전 음악 작곡가.

19.

날기 위해서는 저항이 있어야 한다

To fly, we have to have resistance

– 마야 린 –

마야 린은 중국계 미국인으로서 1959년 오하이오 아테네에서 태어났다. 그녀는 예일대에 진학하여 건축을 전공했으며 재학 당시 21세 때 월남전 참전용사 추모비 공모전에 대학생 신분으로 응모한다. 1,400명의 지원자 중에서 당당하게 선발되어 베트남 전쟁 전몰자 위령비 디자인 제작을 맡는다. 그러나 그녀의 디자인은 30년 전에는 너무나 독창적인 것이어서 각계로부터 물의를 일으켜 '굴욕의 검은 상처'라고 조소를 받는 어려움을 겪게 된다. 그녀가 디자인한 것은 영웅상도 없고 비문도 없는 단지 58,000명의 이름만 연대별로 새겨 넣은 151m의 V자형 검은 대리석 기념비였다. 그러나 지금은 '생과 사에 대해 깊은 상념에 잠기게 하는 공간'으로 새롭게 평가되어 연간 400만 명이 찾는 역사적인 명소가 되었다.

미국 대사관 사이트에는 그녀를 미국의 여성 실력자 30인 중 한 명으로 '강하고 명확한 비전'이란 타이틀을 붙여 소개하고 있다. 그녀가 디자인한 기념비는 그녀의 강력하고 명확한 콘셉트를 달성한 건축의 걸작으로, 이를 본 사람은 누구나 이 기념비가 '죽은 병사들을 위한 것이며 우리들에게는 추억을 위한 것'이라는 데에 모두가 동의할 것이라고 공언하였다.

애초 주최 측이 요구한 조건은 묵상적일 것, 주변 조경과 조화를 이룰 것, 죽은 병사들의 이름이 어딘가 들어갈 것, 그리고 분열된 국론을 감안하여 어떤 정치적 발언도 자제하는 비정치적인 작품일 것 등이었다.

마야의 디자인은 아주 심플하다. 두 개의 길고 검은 돌이 V자를 그리는 모양으로 당시에는 전통적인 형식에서 벗어나는 파격이었다. 선정되고 나서는 디자인에 대한 논란이 많았다. 게다가 마야 린이 중국인이며 여자라는 사실이 알려지면서 반감을 불러일으키게 된다. 애국심을 고양하기는커녕 무언가를 반성하라고 요구한다며 당선자가 여성이라서 작품도 여성적이라는 비판으로 들끓는다. '이것은 묘비 같다', '반영웅적이다', '패배를 상징한다', '참전용사들을 모독했다', '죽은 이들의 이상을 배신했다'로까지 번져갈 만큼 가장 단순하면서도 묵상할 것을 요구하는, 한마디로 도발적인 작품이었다. 그러나 그녀는 무수한 반대 의견에 접하면서 그런 반대 의견을 마치 하늘을 나는 데 필요한 공기 저항으로 생각한 것 같다.

그러면 그녀는 그들은 어떻게 설득했을까?

> "비행기가 하늘을 날기 위해서는 공기 저항이 필요합니다. 우리들도 주위에서 생기는 역풍이나 곤란으로 주저앉거나 소극적으로 되기 쉽습니다. 그러나 그 역풍이야말로 사람이 나는 데 있어서 뺄 수 없는 중요한 요인입니다.

그녀가 TV 토론에서 한 말이다. 어린 중국계 여학생이 반대하는 사람들과 TV 토론할 때의 모습을 보면 성난 이리떼에 둘러싸인 한 마리 놀란 토끼 같다. 여학생은 놀라고 긴장하고 두려워하는 기색이 역력했지만 주눅 들지 않고 계속해서 소신을 피력했다.

"이 전쟁의 의미는 무엇인가? 전쟁의 실상, 사람들의 죽음, 그리고 참전자들과 특히 전사자들에 대한 기억에 대하여 정직해야한다. 나는 기념물이란 이러해야 한다고 느꼈다. … 이 비정치적인 접근이 디자인의 근본적인 목표가 되었다. … 기념물 디자인에 있어서, 근본적인 목표는 죽음에 대하여 정직해지는 것이다. 상실의 고통이 항상 그곳에 있어 늘 가슴 아프겠지만, 마음을 움직이기 위해서는 죽음을 알려야만 한다."

- 건축가 김원, 국립현대미술관 강연, 2006년

사람들은 마야 린이 경험이 부족하고 인지도가 낮다는 이유로 그 작품을 의심했지만, 결국은 그녀의 강하고 분명한 비전을 높이 평가해 그녀의 디자인으로 역사적인 월남전 참전용사 추모비를 워싱턴 D.C.에 세웠다.

1981~1982년 미국을 떠들썩하게 했던 그녀는 그 후 미국 민권운동의 성지인 앨라배마주의 몽고메리에 세워진 「시민인권기념비(Civil Rights Memorial)」(1989) 등 좋은 작품을 여럿 만들었고 모교에서 명예박사의 학위를 받음으로써 한때 그렇게 거세었던 반대론자들에게서조차 인정과 응원을 받는 중년의 작가가 되었다. 그리고 제7회 DMZ국제다큐영화제에서 〈마야 린의 비전〉이라는 다큐멘터리가 아카데미상을 수상한다.

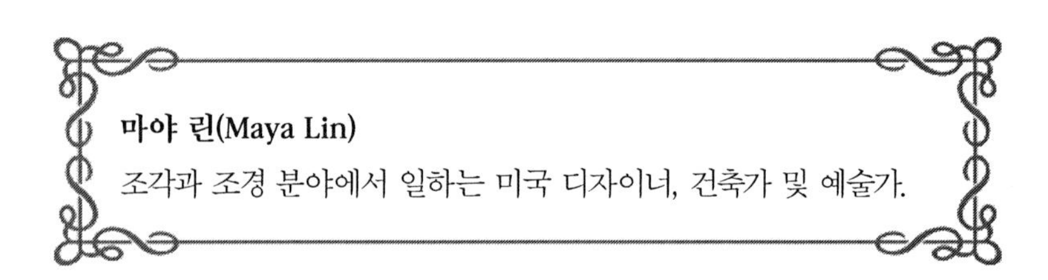

마야 린(Maya Lin)

조각과 조경 분야에서 일하는 미국 디자이너, 건축가 및 예술가.

20.

당신이 쓰러진 것에는 관심이 없다 거기서 다시 일어섰는가에만 관심이 있다

I am not concerned that you have fallen
— I am concerned that you arise

– 에이브러햄 링컨 –

링컨의 아버지는 가난한 구두 수선공이었다. 링컨은 학교를 9개월밖에 다니지 못한다. 그는 9살이 되었을 때 어머니를 여의고, 22세에 사업을 시작했지만 실패한다. 23살 때 주의원에 출마했지만 낙선하고 25세에 다시 사업을 시작했지만 실패하여 17년 동안 빚을 갚는다. 26세 때 애인의 죽음으로 27세에 신경쇠약과 정신분열증에 시달리면서도 같은 해에 변호사 시험에 합격한다. 그리고 어릴 때부터 경험했던 노동과 변호사 활동으로 얻은 견문으로 새로운 꿈과 강한 의지를 키워 정계에 입문한다.

그러나 29살에 주의회 의장 선거에 나갔으나 낙선, 31세에 대통령 선거위원에 나섰으나 실패, 34세에 하원의원 출마했으나 또 실패, 37세에 하원의원에 당선되었으나 39세에 다시 낙선, 46살에 상원의원에 출마했으나 실패, 47세에 부통령으로 출마했으나 실패, 49세에 다시 상원의원에 출마했으나 또 낙선되었다. 그러던 그는 드디어 51세에 미국 대통령이 되었다.

링컨을 연구하는 사람들은 링컨이 공식적으로 실패한 횟수가 27번이라고 한다.

링컨은 실패할 때마다 실패에 정면으로 맞서며 꿈을 더 높이 가졌다. 무엇이 이를 가능하게 했는가? 그것은 국가에 대한 사랑이었다. 그는 보통 사람이 통치하고 있는 주(州)가 모여 합중국이 된 것에 깊은 애정을 갖고 있었으며, 자신처럼 통나무집에서 태어난 가난한 서민이 대통령이 될 수 있는 나라에 대해 자부심이 컸다고 한다. 그의 대통령 출마의 동인(動因)은 사랑하는 나라를 구하려는 데에서 비롯되었고, 흑인 노예의 해방도 사랑하는 나라를 위해 필요하다고 생각했기 때문에 맹렬한 반대에도 불구하고 불굴의 정신으로 이뤄냈다.

> "나는 한 가지 애절한 바람을 가지고 있습니다. 그것은 내가 이 세상에 살다 갈 때 조금이라도 세상을 좋게 했다고 인정받을 수 있을 때까지 살아 있고 싶다는 것입니다."
>
> \- 에이브러햄 링컨

링컨은 매년 학자들의 추천으로 역대 대통령 Top 3 안에 항상 손꼽힌다. 그는 그의 원의대로 역대 대통령 중에서 가장 칭송받는 대통령이 되었다.

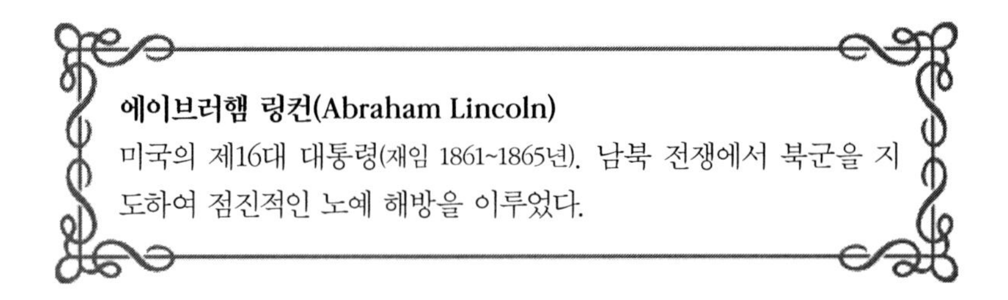

에이브러햄 링컨(Abraham Lincoln)
미국의 제16대 대통령(재임 1861~1865년). 남북 전쟁에서 북군을 지도하여 점진적인 노예 해방을 이루었다.

21.

나비처럼 춤추고 벌처럼 쏜다

Float like a butterfly, sting like a bee

– 무하마드 알리 –

복싱계의 신(神)으로 불리는 세계 최강의 남자 무하마드 알리. 그가 스텝은 마치 나비처럼 화려하지만 펀치는 벌처럼 날카롭다고 자신을 표현한 말이다. 이 명언에 이어지는 말이 있다.

> 나비처럼 춤추고 벌처럼 쏜다.
>
> 상대에게는 내 모습이 보이지 않는다.
>
> 보이지 않는 상대를 칠 수 없지 않겠는가?
>
> Float like a butterfly, sting like a bee.
>
> Your hands can't hit what your eyes can't see.

자신의 펀치가 너무 빨라 상대에게 보이지 않는다고 큰소리치는 것이다. 허풍 떠는 모습이 그다지 보기 좋지 않다고 생각하는 분들도 계시겠지만 알리의 끝없는 자신감은 감탄할 만하다.

> 인간이 곤란에 직면했을 때 공포를 느끼는 것은 신뢰감이 결여되어 있기 때문이다. 나는 나를 믿는다.

끝없는 자신감으로 무장한 알리. 우리 인생에서 무엇인가를 이루어

내기 위해서는 반드시 감수해야 할 것이 있다. 바로 리스크에 대한 도전이다.

리스크가 곧바로 성공을 의미하지는 않지만 리스크를 수반하지 않는 성공은 없기 때문이다. 자신의 꿈이 크면 클수록 리스크도 그에 따라 더욱 커진다.

꿈을 생각하면 가슴이 두근거리는 희망이 넘치지만 리스크를 생각하면 불안과 실패에 대한 공포가 엄습한다.

무하마드 알리가 3번 세계 챔피언을 획득한 경과를 보면 우리들이 리스크에 대해 어떤 자세를 가져야 하는가를 알게 된다.

로마 올림픽에서 복싱 금메달을 획득한 그는 바로 프로 복서로 전향해서 22세에 헤비급 챔피언이 된다. 그는 인종 차별, 베트남 전쟁 반대 등으로 챔피언을 박탈당하고 3년간 활동정지를 당했다. 29세에 무죄를 선언받고 복귀하여 32세에 기적의 역전승으로 다시 챔피온에 등극, 3번째로 세계를 제패한다. 39세에 파킨슨 병을 얻고 은퇴한 후 투병 중에도 흑인 해방 운동에 앞장서 독일평화상을 수상하는 등 사회에 메시지를 발신하였다.

그는 리스크에 대한 불안과 공포를 꿈을 달성하기 위한 에너지로 사용하였다.

병조차도 사람들에게 용기를 주는 도구로 쓴다. 알리는 연습 도중 오른쪽 발가락이 골절되어 은퇴 후 가벼운 보행 장애가 있었다고 한다. 또 시합 중 두부에 받은 타격이 원인이 되어 파킨슨병 투병 생활을 했다.

그렇다고 움츠릴 알리가 아니다. 페르시아 전쟁 때에는 병으로 거동이 좋지 않음에도 후세인 대통령과 직접 대화하여 인질을 풀려 나게 했고 애틀란타 올림픽에서는 성화대 점화자로 나섰으며 2012년 런던 올림픽에서는 오륜기를 나르는 중요한 역할을 하는 등 공공의 장소에 모습을 드러내곤 했다.

자신이 병조차 사람들에게 용기를 주는 도구로써 활용하는 그는 우리들에게 삶의 목적 및 의미의 중요성을 전해 주고 있다.

"50세가 되었을 때 20세 때와 똑같은 세상을 보고 있는 사람은 인생 30년을 헛산 사람이다."

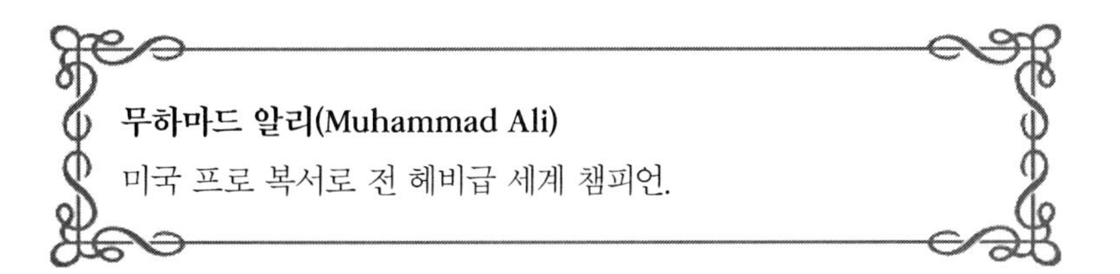

무하마드 알리(Muhammad Ali)
미국 프로 복서로 전 헤비급 세계 챔피언.

22.

왜 살아야 하는지 아는 사람은 어떠한 상황도 참고 견딜 수 있다

If we possess a why of life we can put up with almost anyhow

– 프리드리히 니체 –

빅터 프랭클의 『죽음의 수용소에서(Man's Search for Meaning)』는 미국에서 발간된 가장 영향력 있는 10대 서적 중의 하나로 선정되었고, 1997년에 저자가 사망할 때까지 24개국 언어로 번역되어 1억 부 이상 팔렸다. 아우슈비츠 수용소의 수인들은 이 책에서 많이 인용되었던 니체의 이 명언을 좌우명으로 삼았다고 한다. 1944년 성탄절부터 1945년 새해까지 일주일 동안 수용소의 사망률이 급격히 증가했다. 아우슈비츠 주치의는 그 원인을 중노동의 여건이나 음식, 기후 변화, 전염병 등이 아니라 성탄절까지는 집에 돌아가겠지 하던 실낱같은 희망이 깨지자 저항력이 급속히 떨어져 죽음에 이르렀다는 결론을 내렸다.

> "수많은 사람들이 수용소에 들어오는 순간, 강제노역과 가스실 외에는 어떠한 선택의 방법도 없었던 상황 속에서 인간은 과연 존재할 수 있을까? 어떤 이유로? 살아남아야 한다면 무엇 때문에? 그리고 그들을 지탱하는 남겨진 내면의 지지대는 또 무엇인가?"

심리학자인 빅터 프랭클은 수용소에서 목격한 인간들의 행태를 관찰하면서 진정 중요한 것은 그럼에도 불구하고 인간이 자신의 존엄성을 지키는 길은 주어진 환경을 어떻게 받아들이고 '선택'하는가에 있다고 강조한다. 가스실로 보내진 사람들을 제외하고 마지막까지 살아남았던 사람들의 대부분은 삶의 분명한 목적과 살아야 할 나름대로의 '의미 — 존재 이유'를 품고 있었던 것이다. 그렇다면 어떻게 해야 삶의 의미를 찾을 수 있을까? 그는 "우리가 인생에서 무엇을 기대할 수 있는가의 문제가 아니고 인생이 우리에게 무엇을 기대하고 있는가의 문제이다"라며 우리들에게 코페르니쿠스적 발상의 전환을 요구한다.

수용소 생활에서 살아갈 희망을 잃고 더 이상 인생에서 기대할 것은 없다고 자살을 결의한 두 수인에게 빅터 프랭클이 인생의 의미에 대해 생각하도록 하자, 한 수인은 외국에서 자신과의 재회를 기다리는 딸이 있다는 것, 다른 수인은 과학 저작 시리즈를 자신의 손으로 완성해 주기를 기대하고 있다는 사실을 깨닫고 자살을 포기하였다. 즉, 자신들이 살아갈 가치가 있다는 희망을 가지게 된 것이다.

"우리가 삶에 걸고 있는 기대는 진실로 문제되지 않는다. 보다 중요한 것은 삶이 우리들에게 걸고 있는 기대이다."

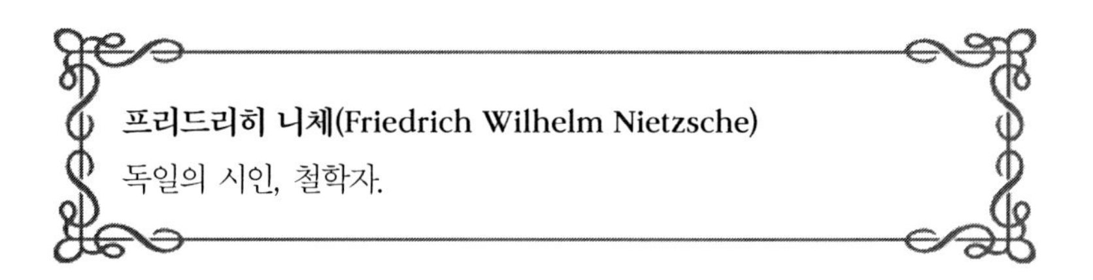

23.

내 사전에 불가능이란 없다

Impossible n'est pas français

– 나폴레옹 보나파르트 –

'Impossible n'est pas français.'

직역하면 '불가능이란 단어는 프랑스어에는 없다', '불가능이란 단어는 프랑스적이 아니다'로 해석되는데 이를 의역해서 '내 사전에 불가능이란 없다' 또는 '불가능이란 문자는 어리석은 자의 사전에만 존재한다', '불가능은 소심자의 환영이고 비겁자의 피난처이다' 등으로 소개되고 있다.

이 명언의 배경은 알렉산더, 카이사르와 함께 세계적인 영웅 대열에 속하는 나폴레옹의 파란만장한 일대기에 있다.

모든 유럽의 왕족들은 평민들이 왕을 몰아내고 민주정치를 선언한 프랑스 혁명으로 충격을 받았다. 이에 프랑스의 '건방진 평민'들을 응징하려고 유럽 국가들은 대불 동맹을 맺어 프랑스를 공격하였다. 당시 프랑스는 인접 국가들과 동시에 전쟁을 벌이느라 고전을 면치 못했는데 이때 젊고 유능한 나폴레옹 보나파르트가 등장하여 전세를 한 번에 뒤집었다. "과거에도 현재에도 미래에도 최고의 전략가는 나폴레옹일 것이다"라는 아서 웨슬리의 말처럼 그는 정확한 상황 판단과 뛰어난 전술, 때때로 무모할 만큼 과감한 돌격으로 대불 동맹군을 잇달아 격파했다.

그의 전투사 몇 개를 소개한다.

프랑스는 영국과 스페인 함대의 지원을 받은 반란군이 점령하여 철벽방어를 하고 있는 군항 툴롱의 요새를 무모하게 공격하다가 큰 병력 손실을 입고 있었다. 당시 대위로 전투에 참가한 나폴레옹은 전임자의 부상으로 포병 사령관을 맡게 되자 툴롱항을 내려다 볼 수 있는 고지를 점령한 후 대포로 적 함대를 격파하여 반란군의 항복을 받아냈다. 이 전투의 공로로 그는 영관급을 거치지 않고 약관 24세에 장군으로 파격 승진했다. 영국 해군과 반란군을 툴롱항에서 모조리 몰아낸 후 그는 다시 이탈리아 방면 군 사령관을 맡아 이탈리아 진입을 시도한다. 이탈리아 진입을 위한 루트는 여럿 있었지만 이미 지난 전투에서 모두 활용한 적이 있기 때문에 알프스 생 베르나르 협곡을 넘어 북이탈리아로 기습공격을 감행한다. 군대 5만, 말 1만 마리가 눈보라 속에서 전전긍긍하자 그는 병사들에게 '불가능에 도전하라. 산을 통과하라'고 독려하였으며, 대포 등을 실은 마차가 꼼짝도 하지 않자 대포를 해체해 속을 파낸 통나무 속에 넣어 끌고 갔다. 정말 그의 명령대로 병사들은 움직였고 산을 넘었으며 포대를 장착하여 포격을 가했고 결국 승전고를 울렸다.

우리는 다비드가 그린 백마를 타고 알프스를 넘는 나폴레옹의 멋진 모습을 연상하지만, 실제는 험난한 산악에 적응한 노새를 타고 눈보라 속을 악전고투하며 넘었다고 전해진다.

이집트 피라미드 전투에서 승리하여 카이로에 입성했을 때, 프랑스 함대는 넬슨 제독에게 대패하여 이집트에 고립되고 본국이 대(對)프랑스 동맹 결성으로 위기에 빠지자, 군대를 남겨두고 단신으로 프랑스에 입국하였다. 이후 쿠데타를 일으켜 통령 정부를 수립하여 제1통령이 되고 이어서 황제 자리까지 등극한다. 일개 사관으로 출발해 황제가 된 것이다.

> "진흙으로 만든 인간에게 혼을 불어넣은 가장 강력한 숨결, 그것이 바로 나폴레옹이다."
>
> \- 샤토 브리앙

이처럼 나폴레옹은 프랑스 최초의 평민 황제로 시대를 바꾸는 능력을 보여 주었고, 신분의 귀천이나 지연, 학벌과 관계없이 '할 수 있다'는 의지를 갖고 노력하면 누구나 자신의 꿈을 이룰 수 있다는 것을 실현해 보임으로써 처지가 보잘것없다고 절망하는 이들에게 꿈과 용기를 안겨 주었다.

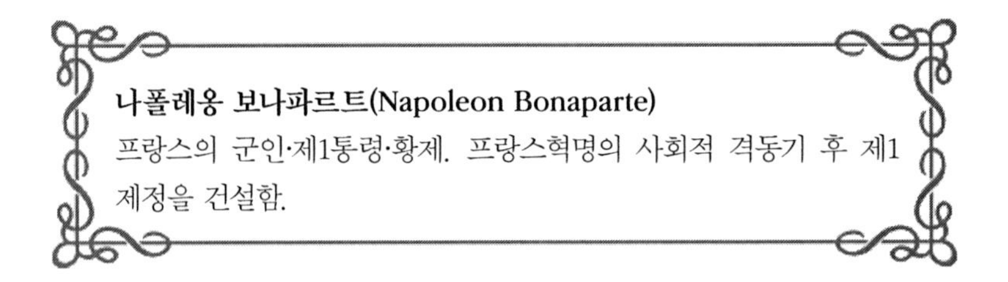

나폴레옹 보나파르트(Napoleon Bonaparte)
프랑스의 군인·제1통령·황제. 프랑스혁명의 사회적 격동기 후 제1제정을 건설함.

24.

어제의 나를 넘어서는 것에 인간의 본질이 있다

– 마르키 드 콩도르세 –

만일 오늘의 내가 내일의 나와 같다면 오늘의 나는 어제의 나의 노예에 지나지 않는다. 매일 새롭게 어제의 나를 넘어서는 것에 인간의 본질이 있다.

이 명언은 하이데거가 말하는 '도상(途上)에 있는 존재'와 궤를 같이 한다. 하이데거는 인간이란 고정되어 있는 존재가 아니라 항상 어딘가를 향해 나아가고 있는 '도상에 있는 존재'라고 하는 표현을 통해 인간은 언제나 '현재완료형의 나'가 아니라 '현재진행형으로서의 나'가 인간 본연의 모습이라고 하였다. 만일 '어제의 나'와 '오늘의 나'가 같고 '내일의 나'가 같다면 생기를 잃고 말 것이다.

콩도르세는 "남의 생활과 비교하지 말고 네 자신의 생활을 즐겨라"는 명언으로도 잘 알려져 있다.

몇 년 전의 일이다. 한 TV 프로에서 미국의 유명한 뮤지션이 자신에게 음악을 배우러 일부러 멀리서 찾아온 밴드 지망생들에게 조언을 주는 장면을 보았다.

"나도 무명 시절에는 한 치 앞을 내다보지 못하던 시절이 있었다. 하루 한 끼로 끼니를 때우면서 미래 나는 도대체 어떻게 될까 불안하고 앞이 전혀 예측되지 않을 때였다. 게다가 주변에 같이 출발했던 동료 중에 성공하는 사람들의 소식이 들리면 더욱더 그런 좌절감이 심했다. 그럴 때 나를 버티게 해 준 것은 어제보다 오늘이 조금이라도 나아지면 어떻게든 되겠지 하면서 하루하루의 연습에 열중한 것이었다. 너희들도 어려울 때 그런 마음가짐으로 임하는 것이 좋을 것 같다. 앞이 예측되지 않더라도 어제보다 나은 오늘이 계속되는 한 잘될 거라는 믿음을 가져라."

이 뮤지션의 충고는 두고두고 나의 가슴에 와 닿았다.

산다는 것은 서서히 새롭게 태어나는 것이다.

- 생텍쥐페리, 『싸우는 조종사』

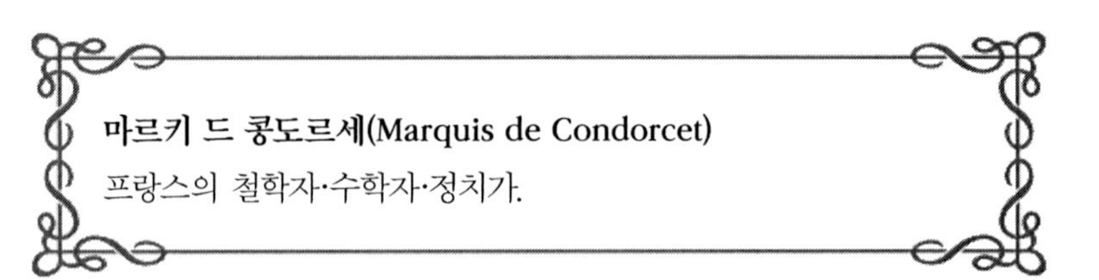

마르키 드 콩도르세(Marquis de Condorcet)
프랑스의 철학자·수학자·정치가.

25.

제군, 내일은 더 나은 것을 만듭시다

– 안토니 가우디 –

한 번밖에 없는 귀중한 인생에서 꼭 하고 싶은 것을 발견한 사람은 행복한 사람이다. 소위 라이프 워크다. 스페인의 건축가 가우디의 라이프워크는 사그라다 파밀리아(성가족 교회) 건설이다.

가우디가 높이 170m의 거대한 건축물 사그라다 파밀리아 건설을 맡은 때가 31세였다. 62세에 이르러서는 다른 일은 하지 않고 오로지 사그라다 파밀리아 건축에만 매달린다. 그럼에도 가우디가 죽기까지 완성되지 않았고 지금도 건축 중이다. 가우디가 죽은 후에 많은 건축가들이 뒤를 이어 100년의 성상을 지속하고 있다. 가우디는 74세 인생 중 40년 이상을 이 성당 건축에 바쳤다.

가우디는 동판기구를 만드는 직공의 아들로서 태어났다. 그런 가우디에게 두 가지 어려움이 있었는데 하나는 병이다. 태어날 때부터 다리가 좋지 않았던 가우디는 용태가 안 좋은 날은 서 있기도 어려웠다. 몸을 자유로이 움직이기 어려웠던 가우디는 자연스럽게 주변에 눈을 돌렸고 관찰하는 습관이 생겼다. 꽃, 벌레, 들풀 등을 손으로 찢어발기기도 하고 자르기도 하였다. 쓸쓸한 유년 시대를 보낸 셈이다. 그러나 그러한 유년 시대가 오히려 가우디에게 관찰하는 눈을 키워 주었다. 사그라다 파밀리아 성당 안에 서 있는 기둥은 삼나무를 모티브로 하고 있다. 이렇듯 자연의 조형물을 상세하게 표현한 것이 가우디 건축물의 특징이다.

"이 세상에 창조라는 것은 없다. 있는 것은 발견뿐이다."

독창적이란 자연의 근원으로 돌아가는 것이다. 인간이 만든 것은 직선이고 신이 만든 것이 곡선이다"라고 한 그의 말을 대표하는 것은 '현수선'이다. 가우디는 아래로 늘어진 체인 모양이 아치가 뒤집어진 것과 같다는 사실을 깨닫고 이를 자신의 건축물에 적용했다. (실제로 아치 모양의 구조물 중에 현수선의 모양이 가장 안정성이 있다고 한다.)

가우디의 또 하나의 어려움은 빈곤이었다.

가우디는 21세에 바르셀로나 건축학교에 입학하는데 이때 연이어 불행이 닥친다. 형이 죽고, 그 후에 모친도 병으로 죽는다. 가우디는 성인이 되자마자 연로한 부친과 여동생, 숙모 등 5명의 가족의 부양을 책임지게 되었다. 어렵게 입학한 건축학교에는 좀처럼 다니지 못했고 성적은 바닥을 기었다. 건축가 사무소를 전전하며 아르바이트로 생활비를 벌어야 했다. 공부에 전념하는 동급생을 보면서 자신의 신세를 한탄하는 처지였건만, 가우디는 오히려 진작부터 현장 경험을 쌓게 되면서 학생으로서 큰일을 경험하게 된다. 시우타 델라 공원의 대규모 조경 사업이 그중 하나다. 이 공원에 있는 분수나 저수탱크는 가우디가 학생 시대에 손을 댄 것이다. 또 동업자가 아닌 재능이 있는 가난한 학생이었기에 숙련자들의 도움과 지도를 받기에 유리하였다. 조금이라도 빨리 현장에 나가지 않으면 안 되는 가정의 빈곤함이 가우디의 현장감을 키우는 계기가 되었다.

역경을 겪으며 건축가로서 세상에 나온 가우디는 사그라다 파밀리아 성당의 주임 건축가로 일하게 된다. 그 당시 가우디는 목숨이 위태로울 정도로 먹지 못했다. 그 이유는 공사 주문이 몰려들어 정신적인 스트레스가 극에 달하였고, 먹는 것과 마실 것을 거절하는 극한의 상태였기 때문이다. 하지만 파밀리아 건축 담당자를 맡게 된 것은 심기일전하는 계기가 된다. 사그라다 파밀리아 건축이 가우디의 목숨을 살려준 셈이다. 사그라다 파밀리아 성당의 완공은 앞으로도 100년 이상 걸린다. 그가 74세로 세상을 떠나기 전날 일을 끝내고 가우디가 인부들에게 한 말이 있다.

"제군, 내일은 좀 더 나은 것을 만듭시다."

안토니 가우디(Antoni Gaudi)
스페인의 건축가.

예술은 길고 인생은 짧다

Art is long, life is short

– 히포크라테스 –

히포크라테스의 『잠언집』 1-1에 나오는 말이다. 세네카의 '인생의 짧음에 대하여'의 1장에도 인용되고 있는데 세네카 이외에도 아리스토텔레스, 셰익스피어, 괴테(『파우스트 1』에서 바그너의 대사 558~559) 등의 저자가 이 명언을 인용하고 있다.

그런데 이 명언을 '예술가의 생명은 짧지만 예술작품의 생명은 오래간다(죽은 후에도 영원히 남는다)'는 의미로 알고 있는 경우가 많은데 이는 본래의 뜻과는 거리가 먼 해석이다.

히포크라테스가 잠언에서 말한 내용을 이렇다.

Ars longa, vita brevis

occasio praeceps, experimentum periculosum, iudicium difficile.

라틴어 'Ars longa, vita brevis'를 설명하면 아르스(Ars)에 해당하는 그리스어는 기술(Technic)이다. 영어에서도 Art의 형용사형 'Artificial'이 '인공적인'이라는 의미로 쓰이며 반대어는 'Natural(자연적인)'이다. Longa는 Longus(길다)의 의미로 형용사로서 Ars를 수식하고 있으며 동사 est가 생략되어 Ars는 'Longa이다'로 된다. Vita는 인생, 생활, 목숨이며 Brevis는 Vita의 수식어이다.

이를 영어로 번역한 것은 다음과 같다.

> The life is short, art is long
>
> opportunity fleeting, experience treacherous, judgement is difficult.

즉 '인생은 짧고 기술의 길은 길다. 기회는 도망가기 쉽고, 경험은 위험하고, 판단은 어렵다'[20]는 의미로 말한 것이다. 히포크라테스는 의사이니 이 기술은 의술을 의미하는 것이므로 그가 의사 지망생들에게 '사람의 인생은 짧은 데 비해 의술을 배우는 길은 끝이 없고 극히 어려우니 이것에 종사하려고 하는 사람은 시간을 소중히 여겨 연구에 힘써야 한다'라는 의미로 말한 것이라 하겠다. 요즘 영미권의 의과대학에서는 히포크라테스가 강조하는 정신을 신입생들에게 재인식시키고 있다고 한다.

그런데 점차 의술에서 학문 일반을 지칭하는 것으로 바뀌어 '학문의 습득에는 오랜 시간이 걸리지만 인생은 짧다'는 의미로 발전되어 오다가(로마 시대의 세네카가 『인생의 짧음에 대하여』에서 인용한 것이 계기가 되어 의미가 확대되었다는 해석도 있다) 근래에[21] 와서는 '예술가의 생명은 짧지만 예술작품의 생명은 오래간다'라는 의미로 사용되고 있는 것이다. 이

20 출처: 위키피디아.

21 영어의 art는 17세기 이후 학예, 예술의 의미로 사용되고 있다.

처럼 시대의 흐름에 따라 명언의 해석도 달라진다.

이 명언은 오히려 동양의 격언인 '少年易老學難成(소년이로학난성)', 즉 소년은 늙기 쉽고 학문은 이루기 어려우니 '一寸光陰不可輕(일촌광음불가경)', 한 치의 시간도 가볍게 여기지 말라는 의미와 가깝다 하겠다.

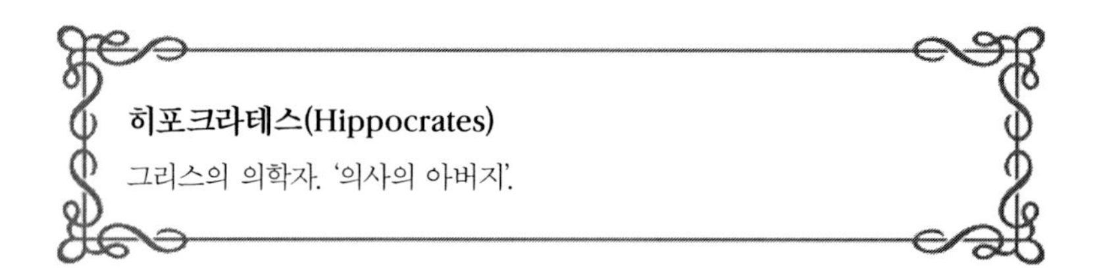

히포크라테스(Hippocrates)

그리스의 의학자. '의사의 아버지'.

CHAPTER 3.

행동

26.

인간은 한 일을 후회하기보다는 하지 않은 일을 더 많이 후회한다

Lasting regrets result from the things we fail to do, not those we do

– 토머스 길로비치 –

토머스 길로비치 박사는 행동경제학[22]으로 유명한 미 코넬대 심리학 교수다. '왜 우리 인간은 판단을 그르치고 애매한 신념을 형성하고 합리적이지 못한 행동을 선택하는가'를 테마로 연구하고 있다. 그는 우리에게는 1992년 바르셀로나 하계올림픽 시상식 사진을 분석하여 《인격과 사회심리학 저널》에 발표한 논문으로 잘 알려져 있다. 그는 논문에서 소위 2등의 역설, 즉 금메달의 문턱에서 아쉽게 패한 은메달 수상자에 비해, 메달을 따지 못할 위기를 극복하고 동메달을 거머쥔 선수의 만족감이 더 크다고 주장하여 많은 공감을 얻었다.

토머스 길로비치 박사의 이 말은 2012년 일본 다이와(大和)증권 CM에 소개되어 큰 반향을 일으켰다. TV CM이란 원래 단기간에 집중해 방영되고 역할이 끝나면 바로 다음 새로운 CM으로 넘어가는 게 일반적인데 개중에는 일부 오랫동안 반복해서 방영되는 CM도 있다. 토머

22 행동경제학: 전통 경제학에서는 돈 문제에 있어서 인간은 합리적이고 효율적으로 행동하는 것을 가정하여 왔지만 현실에서는 의외로 다른 사람과 같은 물건을 산다든지(군중적 행동) 유행에 흘려 가버린다든지(기세투자) 등 불합리한 투자를 하는 사람이 많다. 행동경제학은 심리학 분야와 경제학 분야를 이음으로써 사람들이 소비, 투자, 저축 등을 할 때 왜 불합리한 결정을 하는가를 설명하는 학문이다.

스 길로비치 박사의 명언을 소개하는 다이와(大和)증권 CM이 바로 수년간에 걸쳐 꾸준히 방영된 CM이다.

다이와 증권 CM을 설명하자면 다음과 같다.

광고 초반에는 길로비치 박사가 직접 등장한다.

동네 작은 잡화점에 물건 사러 온 소년이 카운터의 소녀에게 사랑을 느낀다. 그러나 고백할 용기가 없어 주저하다가 시간이 흘러간다. 세월이 지난 어느 날 잡화점에 갔더니 그녀가 이사 가서 가게에 없다는 이야기를 들은 소년은 실망해서 어깨가 축 처진다.

마지막에 길로비치 박사의 명언이 소개된다.

> "인간은 행동한 것에 대한 후회보다 행동하지 않은 것에 대한 후회가 더 깊게 남아."

후회의 사전적 정의는 '이전에 자신이 내린 결정이 잘못된 것이라고 느끼는 감정'인데 여기에는 두 종류가 있다. 첫 번째는 어떤 일을 했지만 결과가 만족스럽지 못할 때 그 일을 하지 않았으면 하는 후회, 두 번째는 하고 싶었던 일이나 해야만 했던 일에 대한 뒤늦은 후회다. 이 두 가지 후회를 비교한 심리학자 토머스 길로비치의 연구에 따르면 사람들은 하지 않은 일에 대한 후회를 더 많이 하고, 후회감도 훨씬 크다고 한다.

토머스 길로비치는 사람들에게 살아온 생애를 되돌아보면서 가장 후회하는 것을 말해 보게 했는데 응답자 중 약 75%가 어떤 일을 하지 못한 것을 후회했다고 한다. 대표적인 예로는 공부를 하지 않은 것, 좋은 기회를 놓친 것, 가족이나 친구와 많은 시간을 함께하지 못한 것이었다. 나머지 25%가 자신이 한 행동에 대한 후회였다. 직업을 잘못 선택한 것, 결혼을 잘못한 것, 잘못된 과오를 저지른 것 등이었다.

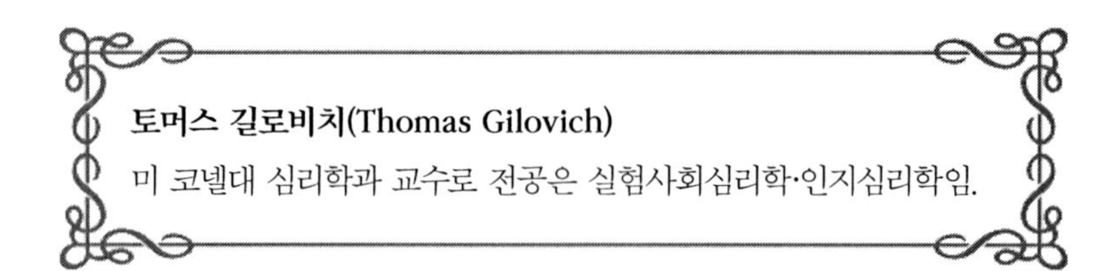

토머스 길로비치(Thomas Gilovich)
미 코넬대 심리학과 교수로 전공은 실험사회심리학·인지심리학임.

27.

주사위는 던져졌다

The die is cast

– 율리우스 카이사르 –

기원전 49년 1월 12일 율리우스 카이사르(시저)가 군대를 이끌고 루비콘 강을 건너 로마로 진군할 때의 일성(一聲)이다. 당시 카이사르는 루비콘 강을 건너면 로마의 국법을 어기는 것으로 돌이킬 수 없는 내전으로 치닫는다는 것을 알았다. 이후 '돌이킬 수 없는 전환점', '다시 돌아올 수 없는 길'을 의미할 때 인용되고 있다. 카이사르는 자신이 좋아하는 그리스 희극작가 메난드로스의 작품에서 이 구절을 인용했다고 한다.

로마 공화정 말기 카이사르는 크라수스와 폼페이우스와 함께 삼두정치라는 정치연대를 만들어 로마를 장악했다. 그런데 삼두 중 한 명인 크라수스가 카라이 전투에서 전사하게 되면서 폼페이우스와 권력 쟁탈전을 하게 된다. 이런 배경에서 카이사르는 갈리아 원정을 가게 되고, 오랜 공화정 역사를 지녔던 로마의 원로원은 장차 카이사르가 펼칠 독재정치를 염려하여 폼페이우스와 모의해 카이사르가 돌아오는 것을 막았다. 당시 장군이나 군사들은 전쟁으로 타국에 갔다 귀국할 때 로마에 충성을 다하고 있다는 증거를 보여야 했고, 그 증거로 루비콘강을 건너기 전에 무장을 해제함으로써 충성을 증명했다. 원로원의 모함을 눈치 챈 카이사르는 기원전 49년 갈리아 원정에서 돌아오면서 루비콘강을 건너기 전에 결단을 내려야 했다. 중대한 결정이 남았던 것이다. 무장을 해제하고 가면 폼페이우스와 원로원에 살해당할 것이고, 무장을 해제하지 않으면 반역자가 되는 것이었다. 기로에 서 있던 그는 주사위는 던져졌다는 말을 남기고 무장을 한 채 루비콘 강으로 건너 로마로 진격하였다. 전문은 다음과 같다.

> 여기를 건너면 인간세계의 비참함. 건너지 않으면 우리들의 파멸. 진군하자. 신들이 기다리고 있는 곳으로, 우리들을 모욕한 적이 기다리는 곳으로. 주사위는 던져졌다.

그는 2년여에 걸쳐 정적을 무너뜨리고 원로원을 제압, 제정 로마로서 알려지는 황제제의 기초를 닦았다. 폼페이우스는 이집트로 도망쳐 최후를 맞았는데 이 소식을 들은 카이사르는 눈물을 흘렸다고 한다.

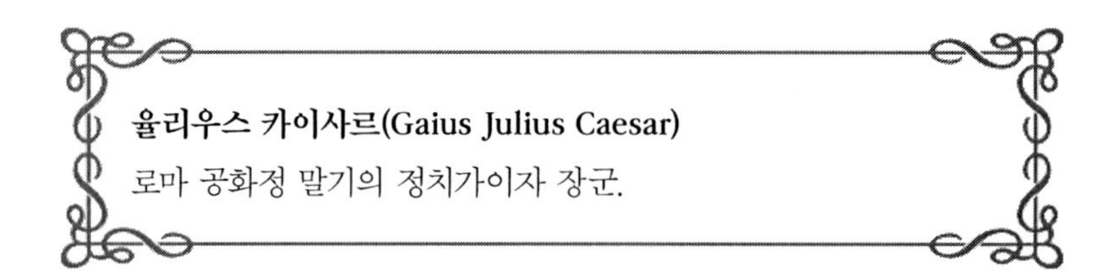

율리우스 카이사르(Gaius Julius Caesar)
로마 공화정 말기의 정치가이자 장군.

28.

오늘은 앞으로의 인생의 탄생일이다

Today is the birth of a new future

– 찰스 다윈 –

당신의 일상이 지루하다고 생각하거나 좋아하는 것을 발견하지 못해 고민한다면 너무 걱정하지 않아도 된다. 어떤 계기가 있어 인생이 바뀔지 알 수 없는 일이다. 10년 혹은 20년 후 언제인지 모른다. 위인이라고 일컫는 사람들 중에는 평범한 일상을 보낸 사람이 많다. 단 어떤 일이 계기가 되어서 인생이 완전히 달라져 무언가를 이룩하는 사람이 의외로 많다. 우리에게 진화론으로 잘 알려진 다윈도 그랬다.

다윈의 가족은 의사 집안으로 부유한 집안이었다. 다윈은 어려서부터 동식물에 관심이 많았다. 그래서 수업을 빠지고 수렵을 하거나 돌아다니며 곤충을 채집하는 일에 열중했다. 초등학교부터 그런 상태로 자연을 즐겨 학교 성적은 아주 나빴다. 주위에서는 기억을 잘하지 못한다고 핀잔을 하는 등 바보 취급을 하기도 했다. 부친도 "너는 개 경주나 쥐잡기 외에는 아무것도 하지 않는다. 그런 식으로 하면 너만이 아니라 우리 집안의 수치다"라고 꾸중을 하였다. 이후 아버지는 다윈에게 의학 공부를 권유하며 에딘버러 대학에 보냈다. 다윈은 아버지의 뒤를 잇겠다는 마음으로 시작했지만 결국은 수술실 현장교육에서 도망쳐 버렸고, 아버지는 다시 그를 목사로 만들고자 케임브리지 신학교로 보냈다. 다윈은 신학에는 관심이 없었고 실제로 그가 공부한 분야는 박물학이었다. 이때까지의 인생은 단지 철없는 부잣집 아들의 좌충우돌 성장기에 불과하다. 그렇다면 그는 어떻게 세계적인 학자가 되었을까? 거기에는 계기가 있었다.

바로 해군측량선 비글호이다. 다윈은 22세 때 비글호에 박물학자로 승선해 약 5년 동안 남아메리카, 남태평양의 갈라파고스제도, 오스트레일리아 등을 항해 탐사하였다. 해군 장교로 비글호 선장이 된 로버트 피츠로이가 함께 떠날 박물학자를 구하자 스승이었던 헨슬로 교수가 적극 추천했던 것이다. 비글호의 임무는 자연 탐사보다는 남아메리카 일대의 해안을 자세히 측량해 해안지도를 작성하고 지구 여러 곳의 경도를 측정하는 것이었다. 다윈은 처음에는 연구를 목적으로 비글호에 승선한 것이 아니라 대학교 졸업을 앞두고 새로운 세계에 대한 호기심으로 스승의 제안을 받아들였는데, 이 항해가 일생일대의 전환점이 된 것이다. 항해 기간 중 지질과 동식물 생태를 자세히 조사하여 18권의 야외관찰 노트, 4권의 동물학 일지, 13권의 지질학 일지를 탈고하여 세상에 이름을 날리기 시작한다. 비글호 승선으로부터 28년이 지나 출간한 그 유명한 『종의 기원』은 예기치 않은 여행이 남긴 특별한 선물이 토대였다.

1831년 비글호의 출항 일자가 다가오자 다윈은 다음과 같이 편지를 썼다.

> 나는 제2인생을 시작한다. 오늘은 앞으로 인생의 탄생일이다.

위대한 업적을 남긴 사람들의 공통점은 구체적인 '행동'이다. 절대로 기회를 놓치지 않는다. 인류 역사의 패러다임을 송두리째 바꾼 『종의 기원』은 그렇게 시작됐다.

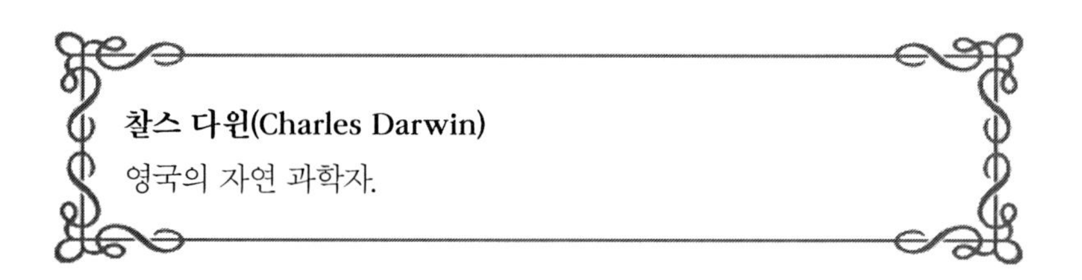

찰스 다윈(Charles Darwin)
영국의 자연 과학자.

29.

여기가 로도스다, 여기서 뛰어라!

Hic Rhodus, hic salta!

– 이솝 우화 –

이솝 우화에 나오는 경구(警句)이다.

> 고대 그리스에 허풍스러운 오종 경기 선수가 있었다. 원정에서 돌아온 그는 자랑을 늘어놓았다. "로도스에 갔더니 올림픽 선수 뺨칠 정도로 엄청나게 뛰었다. 로도스섬에 가는 일이 있으면 내가 뛰는 모습을 본 사람들이 증언해 줄 것"이라고 큰소리 쳤다. 이를 듣고 있던 동네 사람 중에서 누군가가 말했다. "자네 말대로 로도스섬에서 그렇게 높이 뛴 게 사실이라면 수고스럽게 그곳에서 증인을 불러올 것까진 없다네. 여기가 로도스섬이라고 생각하고 다시 한 번 그대로 뛰어 보게나".

실제로 허풍쟁이 선수가 다시 뛰었는지 여부는 우화에 나타나 있지만 이 우화의 교훈은 곧바로 증명할 수 있는 것을 지루하게 논할 필요는 없다는 것으로 이론보다는 증명을 강조한 것이다. 철학자 헤겔은 이 우화를 현재성과 현장성이 중요하다는 말로 인용했다(『법철학 강요』 서문). 칼 마르크스도 "여기가 로도스다, 여기서 뛰어라!"를 "바로 이 자리에서 네 실력을 보이라"는 뜻으로 썼다.

허풍쟁이 이솝 우화가 현대판 영화로 재등장한 것이 영화 〈빅 아이〉다. 실화를 바탕으로 한 이 영화의 줄거리는 다음과 같다.

마가렛(에이미 아담스 분)은 우연히 만난 월터 킨(크리스토프 왈츠 분)과 운명적인 사랑에 빠지게 된다. 월터는 마가렛의 독특한 그림 '빅 아이즈'를 세상에 선보이면서 인기를 얻고 유명 화가의 반열에 오른다. 월터는 마가렛 덕분에 부와 명성을 얻게 되고 '빅 아이즈'의 진짜 화가 행세를 한다. 충격을 받은 마가렛은 그림에 숨겨진 모든 진실을 밝히기로 결심하게 되는데 재판하는 장면이 압권이다. 월터는 자신이 빅 아이즈를 직접 그린 장본인이라고 강조하면서 얼마나 많은 유명인을 알고 있고 어떤 인생을 걸어왔는지 구구절절이 설명하는데, 재판관은 "그런 이야기를 들을 시간이 없습니다. 두 사람 모두 지금 이 자리에서 그림을 그려 보십시오"라고 명령한다. 마가렛은 즉시 당당하게 그녀의 실력을 만천하에 드러내었고 마침내 원하는 모든 것을 얻을 수 있었다.

과거의 화려한 경력이나 영광이 아니라 필요한 것은 지금 이 자리에서 보여 줄 수 있는 나의 실력이다. 현장력이다. "여기가 로도스다, 여기서 뛰어라!"

이솝 우화(Aesop's Fables) 혹은 아이소피카(Aesopica)
고대 그리스에 살았던 노예이자 이야기꾼이었던 아이소포스가 지은 우화 모음집.

30.

경험이란 당신이 대처한 행동이다

Experiencet is what you do with what happens to you

– 올더스 헉슬리 –

전문은 다음과 같다.

경험이란 당신에게 일어나는 일을 말하는 것이 아니라 어떤 일이 일어났을 때 당신이 대처한 행동을 말한다.

Experience is not what happens to you. It is what you do with what happens to you.

영어 단어 experience의 사전적 정의는 'the knowledge and skill that you have gained through doing something for a period of time; the process of gaining this'[23]로 되어 있다. 실제로 보거나 듣거나 행하지 않고는 얻을 수 없는 것 — 무언가를 해서 얻은 지식이나 기술, 그리고 그것을 얻는 과정이 경험이라는 것이다. 수동적인 자세로 다가가서 얻는 경험은 단순한 해프닝(happening)에 불과하다. "자신의 경험은 아무리 작은 것이라도 타인 백만 명이 한 경험보다 가치 있는 재산이다"라고 한 고트홀트 에프라임 레싱의 명언과도 일치한다.

23 출처: 『Oxford advanced Learner's Dictionary』.

나에게도 경험이 진정한 가치임을 알게 된 계기가 있었다.

외국에서 근무하던 시절, 본사에서 갑자기 유명한 병원을 알아보라는 지시가 내려왔다. 유명한 병원이라니? 당황스러웠다. 환자들이 선호하는 곳? 환자가 많은 곳? 병원의 규모? 매스미디어에 자주 이름이 오르내리는 곳? 아무리 생각해도 혼자서 유명한 병원을 결정하는 게 쉽지 않았다. 그래서 평소 병원 조사 업무를 도와주고 있던 병원의 사무국장에게 물어보았다. 그리고 전혀 뜻밖의 답을 들었다. '사망률이 높은 곳'이 유명 병원이란다. 이유는 마지막으로 지푸라기라도 잡는 심정으로 수술을 해 보고 싶어 하는 곳, 그런 병원은 당연히 사망률이 높을 수밖에 없다는 거다. 당연히 그 병원의 의사들은 다른 병원과는 달리 수많은 불치의 병에 걸린 환자들을 직접 집도하고 임상 경험을 함으로써 실패를 통해서 얻은 귀중한 체험들을 많이 갖고 있기 때문에 명의가 되어 간다는 것이다.

올더스 헉슬리(Aldous Huxley)
영국의 소설가·비평가.

31.

용기란 두려워하지 않는 것이 아니라
두려움을 느낄 때 그것을 극복하는 것이다

Courage is resistance to fear, mastery of fear-not absence of fear

- 마크 트웨인 -

플라톤의 초기 대화편 <라케스>에서 소크라테스는 용기란 '두려워할 것과 두려워하면 안 되는 것을 식별하는 것'이라고 정의한다.

아테네의 유능한 장군인 라케스와 네케아스가 고유한 미덕인 용기에 대해 서로 다른 견해를 갖고 있을 때 소크라테스가 중재에 나서며 토론을 이끌어 간다. 소크라테스는 두 사람에게 용기에 대해 묻는다. 두 사람이 '용기란 전쟁에서 물러나지 않는 것'이라고 대답하자 소크라테스는 과연 그것이 참된 용기인지 되묻는다. "상황과 처지에 대해 고려하지 않고 무조건 칼을 빼들고 '돌격 앞으로'의 행위가 과연 용기일까?"라고 하며 "그러한 판단은 자칫 상황을 악화시키고 나아가 국가를 위태롭게 할 수도 있으므로 그것은 참된 용기가 아니다"라고 한다. 소크라테스는 "용기 있는 사람들은 추한 두려움을 두려워할 뿐 추한 대담함에는 대담하게 굴지 않는다"고 말한다. 즉, 아름다운 용기가 필요한 일에 대담함을 보이는 사람이야말로 진실로 용기 있는 사람이라는 것이다. 그러므로 두려워해야 할 것과 두려워하지 말아야 할 것을 분별하는 지혜 또한 참된 용기에서 비롯된다고 할 수 있다.

어느 블로그에 소개된 아버지와 5살 아들의 대화 내용이다.[24]

목욕탕에서 목욕하던 중에 5살 아들이 아버지에게 물었다.

아들: 아빠, 용기는 어떻게 해서 내는 거야?

아빠: 왜 물어보니?

아들: 아무리 힘이 세도 마음이 약하면 지니까.

아빠: 그렇구나. 마음이 약하면 싸우기도 전에 도망가니까 힘이 있어도 발휘할 기회가 없어질 수밖에 없지.

아들: 그러니까 용기는 어떻게 해야 낼 수 있는 거야?

아빠: 참 어려운 이야기구나. 어른이 되어도 무서운 것은 무서우니까….

아들: 그래? 아빠도 무서워해?

아빠: 두려움을 느끼는 것 자체는 나쁜 것도 아니고, 창피한 것도 아니야.

아들: 그럼 용기는 없어도 되는 거야?

아빠: 그렇지는 않아. 용기를 내야 할 때는 내야 하는 거야.

아들: 어떤 때?

아빠: 예를 들어 사자가 우리 앞에 갑자기 나타나서 잡아먹으려고 한다고 해 봐.

아들: 그런데….

아빠: 너도 겁이 나지만 아빠도 사자가 나타나면 아빠도 잡혀 먹힐까 봐 겁이 나지.

아들: 그럼 어떻게 해? 도망가나?

---

24 출처: 아오키 코헤이의 블로그(https://note.com/kohei_a/n/n8760b2550da6).

아빠: 아빠가 도망가면 당연히 너를 데리고 도망가는데 둘 다 도망치기가 어렵다면 아빠가 사자와 맞서고 너만 도망가게 하지. 무섭지만 용기를 내서…. 그런 게 용기란다.

아들: 어떻게 그런 용기가 나와?

아빠: 물론 아빠도 사자에 잡혀 죽는 것은 정말 무섭지. 그래도 잘 생각해 보면 아빠 대신 네가 잡혀 먹는 것은 더더욱 무섭잖아. 그래서 덜 무서운 쪽으로 생각해서 용기를 내는 거야.

아들: 응, 알 것 같기도 하고….

아빠: 5살에게는 어려울지도…. 아무튼 눈앞의 무서운 것을 피해 도망가면 더 무섭게 되기 때문에 그걸 알면 자연히 용기가 생기는 거란다.

부자간의 대화를 통해 '용기란 생리적인 두려움('사자가 무섭다')과 이성과 양심이 느끼는 두려움('사랑하는 아들을 다치게 하고 싶지 않다. 도망가는 자신을 용서할 수 없다') 둘 중에서 본질적으로 더 두려운 쪽을 피하는 행동을 하기 위한 자제심'인 것을 알 수 있다. 그러한 면에서 깡패들에게 둘러싸여 있을 때 이성적인 두려움(자존심)을 버리고 생리적인 두려움(도망)에 따라 행동하여 도망치는 것도 용기이다. 용기란 비단 도망이냐 아니냐 하는 단순 행위를 지칭하는 것이 아닌 것이다.

"용기란 공포심이 없는 것이 아니라 공포심을 갖고 있으면서도 행동하는 담력(배짱)이다."

- 알렉산더 록하트(Alexander Lockhart)

"무서움을 모르면 용감할 수도 없죠."

- 영화 〈바운스〉 중 어비의 대사

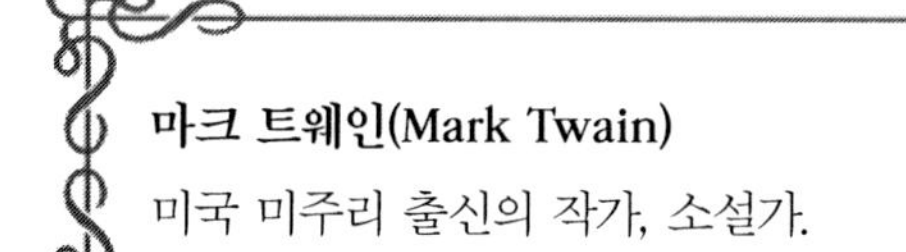

마크 트웨인(Mark Twain)

미국 미주리 출신의 작가, 소설가.

32.

인생에는 해결책이란 없다

It's not something solution to life

– 앙투안 드 생텍쥐페리 –

1931년에 발표된 『야간비행』은 쉬지 않고 달리는 기차와 경쟁하기 위해, 항공 회사가 사활을 걸고 시작한 사업인 야간 비행을 시도하는 항공 우편국의 국장인 리비에르가 주인공이다. 앙드레 지드는 서문[25]에서 "나는 비행사의 모습보다 그의 상관인 리비에르의 모습에 경탄한다. 그는 직접 행동하지는 않지만 비행사들을 행동하게 하고 그들에게 자신의 가치관을 불어넣으며 최선을 요구하여 성과를 내게 한다"고 공감하였다.

『야간비행』에서 리비에르가 "우리는 인간의 생명보다 더욱 영속적이고 무언가 구제하지 않으면 안 될 것이 있다는 생각에서 행동하는데, 그렇다면 그것은 무엇일까?" 자문하며 부하에게 다음과 같이 말한다.

> "인생에는 해결책이란 없다네. 앞으로 나아가는 힘뿐. 그 힘을 만들어 내면 해결책은 뒤따라온다네."
>
> It's not something solution to life. Is there a, it's just the power to move forward. Solutions, those that come with later."

---

25 서문은 일반적으로 저자가 쓰지만 생텍쥐페리의 『야간비행』 서문은 앙드레 지드가 썼다.

생텍쥐페리가 말하고자 하는 것은 일단 해 보지 않으면 아무것도 일어나지 않는다는 것이다. 행동을 통하여 인간 존재의 의의를 추구하는 작가의 극기적(克己的)인 의도가 잘 드러나고 있다.

불확실성의 시대에는 먼저 부딪쳐 보는 것이 중요한데, 사전에 계획을 세운다는 이유로 움직이지 않고 행동하지 않고 그저 해결책이 무얼까 생각만 하면서, 인터넷 검색을 통해 결론을 내는 이 시대의 사람들에게 꼭 필요한 명언이다.

"용기 없이는 단 한 차례의 이착륙도 할 수 없다."

- 앙드레 지드

앙투안 드 생텍쥐페리(Antoine De Saint-Exupery)
프랑스의 비평가·소설가. 우편 수송 비행사로 유럽과 남미 간의 비행 항로 개척에 종사한 야간비행의 선구자. 제2차 대전에 공군으로 참전, 프랑스의 패전 후 미국으로 망명하였다. 26세에 본격적으로 작가로 데뷔하여 비행사로서 한 체험에 기초한 작품을 출간, 호평을 받음. 작품으로는 『야간비행』, 『인간의 토지』, 그리고 세계적으로 160개 언어로 번역되어 사랑받는 『어린 왕자』 등이 있음.

33.

미래는 지금이다

Future is now

– 마거릿 미드 –

20세기 미국을 대표하는 문화인류학자 마거릿 미드 여사의 명언이다.

'The Future is Now'라는 테마로 개최된 제81회 일본혈액학술집회에서 회장 코마츠 노리오(小松則夫)는 이 말에 대해 "'미래는 제멋대로 우리에게 다가오는 것이 아니라 지금 하고 있는 일의 결과이다. 그러므로 자신이 그리고 있는 이상의 미래, 즉 꿈을 향하여 지금부터 행동으로 옮깁시다'라는 깊은 뜻이 담겨 있다"고 설명했다.

시제를 허무는 간담이 서늘해지는 표현으로 과거도 미래도 없다. 있는 것은 오로지 지금의 연속성뿐이라고 한다. 우리는 과거에도 미래에도 살지 못하고 지금 이 순간밖에 살 수 없다. 미래는 지금 하고 있는 선택과 판단, 실천이 쌓여서 찾아오는 것이다. 지금이 바로 미래와 연결되어 있는 것이다. 편의상 의사소통에는 '과거', '미래'라는 표현을 사용하지만, 사실 과거도 미래도 아닌, 있는 것은 '지금'이라는 시간의 연속체만 있다. 과거와 미래는 '지금'을 위해 존재하는 것이다. 지금을 바꾸지 않으면 미래는 변하지 않는다. 지금의 행동이 미래를 바꾼다는 것을 명심해야 한다. 과거를 돌아보는 것은 "그때는 이랬지만, 지금은 이만큼 진행된 것이다"라고 관측하며 지금 있는 위치가 올바른지 판단하기 위해서이다. 미래의 계획을 세우는 것은 충실한 지금을 얻기 위해서이다. 과거도 미래도 지금을 위해 존재한다는 생각을 갖게 되면 지금이라는 시간이 빛나게 된다.

어느 블로그의 사례를 소개한다.

"매일매일이 회사와 집의 왕복뿐이라 무의미한 나날을 보내던 나는 마거릿 미드의 '미래는 지금이다'라는 명언을 보고 변화를 시도하기로 마음먹었다. 일상이 재미없는 이유를 곰곰이 생각해 보았다. 매일 회사, 술집, 집을 왕복하면서 꿈이 없는 인생을 살고 있었다. 친구들과 술을 먹으면 그 순간은 즐겁지만 아무것도 나아지는 것이 없는 찰나적 시간에 지나지 않는 것을 느꼈다. 나는 금주를 결심하고 시간을 독서와 아웃풋으로 바꾸기로 했다. 그 후 코칭을 통해 꿈과 목표를 목록으로 만들었다. 이상하게도 생각을 서면에 쓰니 현실로 나타나기 시작했다. 뇌에 자극을 주기 위한 많은 정보가 눈에 들어가기 시작했다. 빨간 자동차를 생각하면 온 마을에 빨간 차가 눈에 띄는 것이다. 목록화하니 지금까지 눈에 들어오지 않던 것이 눈에 들어오는 것이다. 그로부터 나는 변하기 시작했다. 하고 싶은 것은 메모나 블로그에 쓰고 그것에 대해 생각하기 시작했다. 그리고 많은 사람들을 만나 조언을 듣기도 했다. 그들과 이야기한 아무렇지도 않은 대화가 퍼즐 한 조각이 되어 쌓아 나가면서 미래가 바뀌기 시작했다. 아무렇지도 않은 대화에서 영감을 받기 시작했다. 미래는 지금 태어나는 것임을 깨달았다."[26]

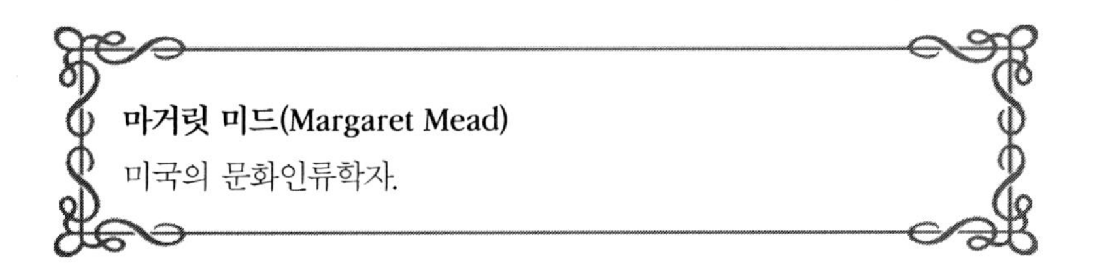

마거릿 미드(Margaret Mead)
미국의 문화인류학자.

26 출처: 도쿠모토 마사히로(德本昌大)의 서평 블로그(tokumoto.jp/2015/02/689).

34.

인생은 다음 두 가지로 성립된다
하고 싶지만 할 수 없다 할 수 있지만 하고 싶지 않다

Das ganze Leben besteht aus
Wollen und Nichtvollbringen, Vollbringen und Nichtwollen

– 요한 볼프강 폰 괴테 –

괴테의 조부와 아버지는 변호사였다. 조부는 프랑크푸르트시장을 역임하였으며 미래에 대한 통찰력을 가진 인물이었다. 괴테는 조부의 각종 분야에 관한 방대한 서적의 탐독은 물론 조부의 경험담을 통해 일찍부터 인생의 신비에 눈을 뜨게 되었다. 그 결과 18세기 인간으로서 물질과 정신에 관한 한 얻을 수 있는 지식 모두를 익힌 최후의 인물로 천재 중의 천재였다고 일컬어진다.

이 명언은『괴테 격언집』에 나오는 말이다.

'하고 싶지만 할 수 없다', '할 수 있지만 하고 싶지 않다'를 처음 들을 때는 그 차이가 알쏭달쏭하지만 곱씹어 생각해보면 현실과 이상의 사이에서 고민하는 우리들의 모습이 그대로 드러내는 절묘한 표현임을 알게 된다. 원하는 일을 하고 싶지만 실제로는 할 수 없고 현실적으로 가능한 일이지만 하고 싶지 않은 상황을 두고 갈팡질팡하는 것이 일반적인 우리들의 모습이다.

하지만 이 말의 진의를 따져보면 '하고 싶지만 할 수 없다'는 실제로는 할 수 있는 가능성이 있지만 스스로 할 수 없다고 포기하는 것이고 '할 수 있지만 하고 싶지 않다'는 실제로는 더 나은 결과를 얻을 수 있지만 스스로 기회를 날려버리는 것으로 볼 수 있다. 결국 '하고 싶다'와 '하고 싶지 않다', '할 수 있다'와 '할 수 없다'를 정하는 것은 자신인데 갖가지 핑계를 찾아 정작 최선을 다하지 않는 것이 우리들이다. 나도 돌이켜보면 인생의 중요한 고비마다 환경에 맞서기보다는 '할 수 없다', '하고 싶지 않다'는 이런저런 이유로 피하는 경우가 적지 않았다. 항상 '○○ 때문에'라는 변명이나 핑계를 앞세우면서 결국 나중에 후회할 일임에도 불구하고 당시에는 자신을 합리화하기 급급했던 기억이 적지 않은 것을 반성하였다.

하버드 대학에서 전교생의 2할에 해당하는 1,400명이 몰린 수업 '긍정심리학'의 강사, 탈 벤-샤하르(Tal Ben-Shahar)의 저서 『Choose the life you want』에 나오는 흥미로운 일화이다.

> 부친이 알코올 중독에 마약을 하고 있으면서 폭력을 휘두르는 가정에서 자라난 쌍둥이 형제가 있었다. 약물 중독에 생활 보호를 받고 있는 쌍둥이 중 한 사람에게 심리학자가 인터뷰를 하는데 그는 이렇게 대답했다.
>
> "그런 가정에서 자라난 내가 이것 말고 할 수 있는 것이 있겠는가?"
>
> 같은 방법으로 이번에는 비즈니스에 성공하고 행복한 결혼을 한 후 훌륭한 아버지가 된 또 다른 쌍둥이 형제에게 인터뷰하니 그는 이렇게 대답했다.
>
> "그런 가정에서 자라난 내가 이것 말고 할 수 있는 것이 있겠는가?"

환경이 같아도 어떻게 받아들이는가에 따라 인생은 극명하게 달라진다. 중요한 요건은 바로 받아들이는 태도이다.

당신의 유약함에서 벗어나라.

때로는 마지막까지 싸워야 하고 죽을 수도 있는 것이다.

만약 싸워야 한다면 왜 지금 하지 않는가?

도대체 당신은 어디에 있는가?

- 로버트 스티븐슨(영국 에딘버러의 소설가)

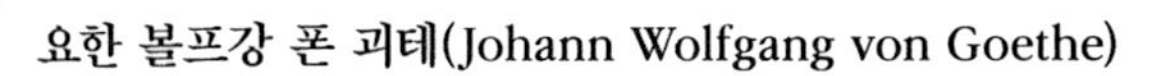

요한 볼프강 폰 괴테(Johann Wolfgang von Goethe)

독일의 시인·극작가·정치가·과학자. 세계적인 문학가이자 자연 연구가.

35.

아는 것만으로는 충분하지 않다 적용해야만 한다 의지만으로 충분하지 않다 실행해야 한다

Knowing is not enough; we must apply
Willing is not enough; we must do

– 요한 볼프강 폰 괴테 –

괴테는 지금으로부터 270년 전에 태어났다. 그럼에도 그는 세계인들에게 여전히 위대한 문호로 기억되는데, 이것은 괴테의 정직하고 열정적인 삶의 방식에 대한 대중의 공명 때문이라고 한다. 괴테는 37번째 생일 파티를 마치고 홀연히 혼자 이탈리아로 향했다. 당시 유럽 귀족 계층은 여러 가지 이유로 이탈리아 문화 체험 여행을 다녔고, 괴테 역시 『젊은 베르테르의 슬픔』으로 독일은 물론 유럽 전역에서 명성을 떨칠 때였다. 그러나 그는 모든 것을 뿌리치고 이탈리아로 떠나 2년 가깝도록 머물면서 자신을 충전시켰다. 그러고는 30년 후 그때 여행했던 것을 기록한 『이탈리아 여행』을 발간한다. "그때 그렇게 떠나지 않았더라면 사람들이 나를 떠나게 내버려두지 않았을 테니까…". 괴테의 『이탈리아 여행』은 그렇게 시작된다. 아무것도 하지 않고 인생을 전진시켜 갈 수는 없는 것이다. 행동으로 옮겨 지속해서 결과를 만들어 가는 과정을 통해 성장하고 진화하는 것이다. 어쨌든 괴테는 그의 생애와 작품을 통해 실천하고 행동하고 수행해 내지 않으면 자신의 인생이라 할 수 없다는 가르침을 이끌어내고 있다.

"실행이 마술이다."

"그대가 할 수 있는 것이 있는가? 아니, 할 수 있을 것 같다는 생각이 드는 것이라도 상관없다. 그런 것이 있다면 바로 시작하라. 용기 속에는 그 일을 능히 이루도록 만들어 주는 천재성과 힘, 그리고 마법이 모두 숨겨져 있다."

"책에서 얻은 지식은 지식의 반 밖에 안 된다. 직접 체험해야 참지식이 된다."[27]

"아무리 많은 지식을 머리에 넣었더라도 사용하지 않으면 의미가 없을 뿐 아니라 무겁기만 하다."

- 키케로

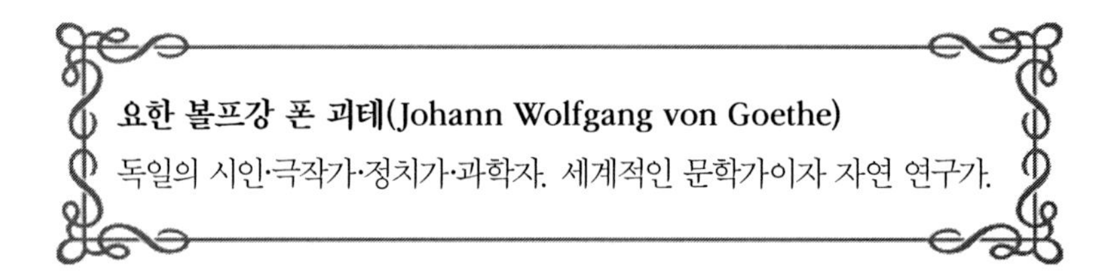

요한 볼프강 폰 괴테(Johann Wolfgang von Goethe)
독일의 시인·극작가·정치가·과학자. 세계적인 문학가이자 자연 연구가.

27 괴테의 명언은 김종원, 『사색이 자본이다』에서 인용했다.

CHAPTER 4.

일

36.

인간의 삶은 자기 자신에게로 이르는 길이다

Man's life is the journey to know himself

– 헤르만 헤세 –

다음은 『데미안』의 서두이다.

> 모든 인간의 삶은 자기 자신에게로 이르는 길이다. 길의 추구, 오솔길의 암시이다. 그 어느 누구도 완전히 그 사람 자신이 되어 본 적이 없었다. 그럼에도 각자 본래의 자기가 되어 보려고 노력한다.

'인간의 삶은 자기 자신에게로 이르는 길이다'라는 표현을 접한 한 고등학생은 도서관에서 이 글을 읽고 손이 부들부들 떨리면서 급기야 엉엉 눈물을 흘리기도 했다고 한다. 그 학생은 지금의 자신은 본래의 자기에게 다가가는 도중이므로 아직 불완전하고 덜되었더라도 괜찮다는 생각이 들면서 태어나서 처음으로 자신을 용서했다고 한다.

자아의 삶을 추구하는 한 젊음의 통과 기록을 쓴 『데미안』이 요즘 들어 청년의 바이블이 된 이유는 대주제인 '자기 자신에 이르는 길'이 그만큼 시대를 초월하는 관심사인 데다가 곳곳에 스며들어 있는 과격한 자기 고백과 자기 형성을 위한 감성적 표현이 독자들의 혼을 흔들었기 때문일 것이다.

헤세가 치열하게 '자기 자신에 이르는 길'이라는 주제에 집착하여 정신성을 추구한 것은 정신성이야말로 혼란하고 황폐해 버린 시대에 유일한 대안이라고 생각했기 때문이다. 그가 그렇게 생각한 이유는 제1차 세계대전 당시 독일인이 권위와 규율에 대한 맹종적 태도로 인해 자기와 대결하는 것이 두려워 안이한 관습 속으로 숨어 버린 소시민적 삶의 방식에 대한 위기감 때문이었다.

『데미안』은 1차 세계대전 중에 쓰였지만 그로부터 1세기가 지난 지금에도 우리는 '나는 누구이고 어디에서 왔으며 무엇 때문에 태어났는지 아는 것과 본래의 자기 자신을 알고 자기답게 살아가는 것'에 어려움을 겪으며 살고 있다.

『데미안』의 일관된 주제인 '자기 자신에게 이르는 길(Der Weg zu sich selber)'의 의미는 '현재의 자신은 아직 완전한 자기 자신이 되어 있지 않다는 것을 인정하고 자신의 본래의 모습을 찾아가는 자기실현을 추구'하는 것에 있다.

싱클레어에게 있어 데미안은 자신에게 충고해 주는 '내면의 자아'이자 '이상적인 자아의 정신상'이었다. 끊임없이 자기 탈피를 하면서 자신의 마음속에 있는 데미안을 거울로 삼아 노력한다.

헤세는 "사람들에게는 각자 하나의 역할이 존재하며 누구나 스스로를 선택하고 고쳐 쓰고 임의로 관리할 수 있는 역할은 존재하지 않는다는 것이다"라고 하면서 "자각을 한 인간에게는 자기 자신을 찾는 것, 결의를 굳히고 각오를 새롭게 하여 (목적지가 어디에 있든) 자신의 길을 더듬어 전진해 나가는 것, 그 밖에 다른 임무 따위는 있을 수 없다"고 선을 긋는다.

그의 설명을 좀 더 들어 보자.

"나는 시를 짓기 위해 설교를 하기 위해 그림을 그리기 위해 존재하는 것이 아니었다. 나 또한 다른 인간이 되라고 존재하는 것이 아니었다. 그 모든 건 부수적인 것이다. 개개인에게 진정한 천직은 자기 자신에 도달하는 것 한 가지뿐이다."

『데미안』의 도입부에서 "그 어느 누구도 완전히 그 사람 자신이 되어 본 적이 없었다. 그럼에도 각자 본래의 자기가 되어 보려고 노력한다"라고 하였듯이 헤세는 '자기 자신에게 이르는 길(Der Weg zu sich selber)'을 위해 노력하는 과정이 인생이라 하고 있다.

『데미안』은 제1차 세계대전 중인 1916년에 쓴 것으로 전쟁이 끝난 1919년에 출판되었는데 당시 이미 작가로서 유명했던 헤르만 헤세는, 이 작품을 가명으로 발표한 이유가 작품성만으로 평가받고 싶었기 때문이라고 하였다. 그 결과 에밀 싱클레어라는 유령작가가 독일의 권위 있는 문학상인 폰타네상의 수상자로 지명되었다. 물론 싱클레어는 수상을 거부했으나 한 독문학자가 문체 분석을 통해 『데미안』이 헤세의 작품이라고 밝혀내기도 했다.

새는 알에서 나오려고 투쟁한다. 알은 세계이다. 태어나는 자는 한 세계를 깨뜨려야 한다!

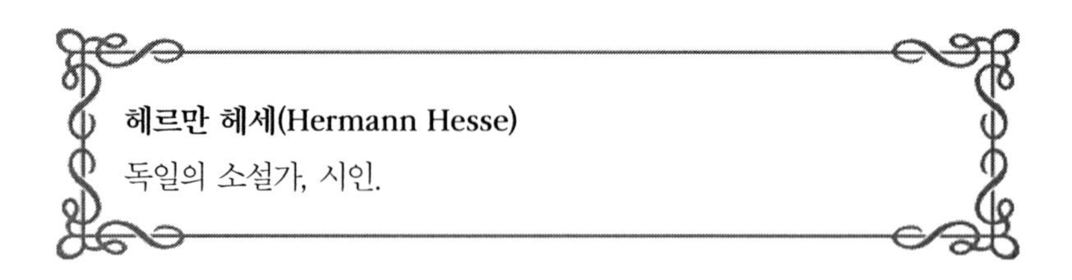
헤르만 헤세(Hermann Hesse)
독일의 소설가, 시인.

37.

행운은 준비된 사람에게만 찾아온다

Luck prefers the prepared mind

– 루이 파스퇴르 –

프랑스의 세계적인 대과학자 루이 파스퇴르가 프랑스 릴리과학기술대 학장 취임사에서 학생들에게 선포한 말로 원문은 "In the field of observation chance favors only the prepeared mind(관찰 연구 분야에서 기회는 준비된 사람에게만 찾아온다)"인데 줄여서 '행운은 준비된 사람에게만 찾아온다'로 알려졌다.

과학자들은 예기치 않은 발견을 하는 경우가 적지 않은데 이를 세렌디피티(Serendipity)라고 한다. 세렌디피티는 위키피디아의 설명에 의하면 '(무언가를 찾을 때) 원래 찾는 것과는 별도로 가치 있는 것을 발견하는 능력이나 재능'의 의미이다. 요즈음은 연구자들뿐 아니라 일반적으로도 폭넓게 사용하고 있지만 본래는 연구자들 사이에서 사용하는 단어로 실험 도중 실패에서 우연한 발견을 하는 경우를 일컫는다.

아르키메데스의 원리, 뉴턴의 만유인력, 노벨의 다이너마이트 발명, 뢴트겐의 엑스선 발견, 퀴리 부처(夫妻)의 라듐 발견에 이르기까지 헤아릴 수 없이 많지만 그중 가장 대표적인 세렌디피티 사례는 플레밍의 페니실린 발명이다.

위대한 발견에는 종종 행운이 따르기도 한다. 플레밍이 그런 경우다. 어느 해 여름 플레밍은 포도상 구균을 기르던 접시를 배양기 밖에 둔 채로 휴가를 다녀왔다. 휴가에서 돌아온 플레밍은 우연히 접시를 확인하던 중 푸른곰팡이가 접시 위에 자라 있고 곰팡이 주변의 포도상 구균이 깨끗이 녹아 있는 모습을 발견했다. 일반 사람이라면 그냥 재수 없는 일이라고 넘길 수도 있었지만 플레밍은 그렇지 않았다. 그는 곰팡이가 포도상 구균의 성장을 막고 있다는 것을 알아차렸다. 위대한 페니실린 발견의 순간이었다. 우연이 작용하기는 했지만 그가 평소 항균 작용에 관심을 가지고 있었기에 그런 해석을 내릴 수 있었던 것이라 할 수 있다.

파스퇴르가 말한 대로 플레밍이 우연한 발견을 위대한 공적으로 연결시킬 수 있었던 것은 이미 준비된 자(the prepared mind)였기 때문이다.

우리는 일상 속에서 늘 우연한 기회를 맞닥뜨리곤 한다. 그런데 그런 행운의 기회조차 의식하지 않으면 자신의 기회로 만들 수 없을 것이다.

커리어에서도 세렌디피티처럼 '우연(偶然)을 계획적으로 설계하여 자신의 커리어의 기회로 만드는 사고방식'이라는 크롬볼츠 교수의 계획된 우연(planned happenstance) 이론이 널리 알려져 있다.

크롬볼츠 교수는 평소 우연을 자신의 커리어에 바람직한 것으로 만들기 위해 다음의 다섯 가지 마음가짐이 필요하다고 강조하고 있다. 커리어에서의 준비된 자('the prepared mind')라 하겠다.

① 호기심: 새롭게 배우는 기회를 갖는다

② 지속성: 실패에 지지 않고 지속적으로 노력한다

③ 유연성: 일상생활에 대한 자세와 자신을 둘러싸고 있는 환경을 바꾸어 본다

④ 낙관성: 나에게 기회가 온다고 굳게 믿는다

⑤ 모험심: 결과는 잘 모르겠지만 일단 해 본다[28]

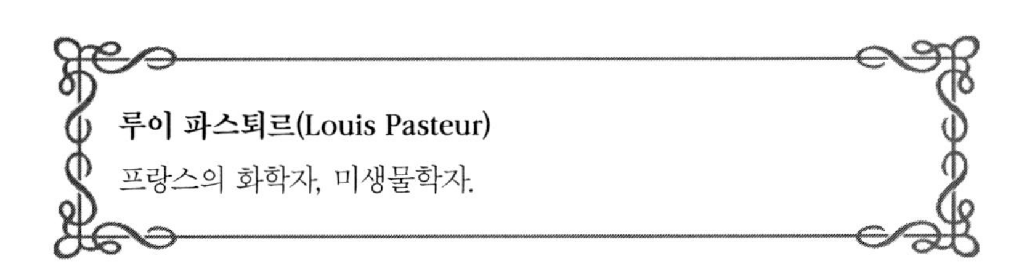
루이 파스퇴르(Louis Pasteur)
프랑스의 화학자, 미생물학자.

28 오영훈, 『커리어 위너』, 행간, 2011.

38.

일은 눈앞에 모습을 드러낸 사랑이다

Work is love made visible

– 칼릴 지브란 –

그의 명저 『예언자』[29]에 나오는 말이다.

> 일할 때 당신은 플루트가 된다.
>
> 그 속을 시간의 속삭임이 지나가면 음악이 된다.
>
> 일은 눈앞에 모습을 드러낸 사랑이다.

모든 지식은 노동이 없는 한 헛된 것이며 모든 노동은 사랑이 없는 한 공허한 것이다. 칼릴 지브란은 만약 당신이 일이 싫어서 투덜거리며 몸으로만 일하고 있다면 당신 존재는 '강제노동'에 처해진 죄수랑 비교해 다를 게 없다고 말한다. 일에 관한 한 그의 생각은 확고하다.

그가 말하는 일이란 삶을 대하는 태도와 깊이 연결되어 있다.

만약 우리에게 일에 애착을 느끼지 못하는 이유를 꼽으라고 하면 대부분의 사람들은 열 개의 손가락으로도 부족할 것이다. 그럼에도 불구하고 칼릴 지브란은 끊임없이 우리들에게 호소한다.

---

29 1923년 출간 이래 지금까지 단 한 번도 절판된 적이 없고 40여 개 언어로 번역되어 전 세계에 1억 부 이상 판매된 영어산문시집이다. 『예언자(The Prophet)』는 우리나라에도 1975년 처음 번역되어 국내 독서계에 칼릴 지브란의 붐을 일으키기도 했다.

자신이 사랑하는 일을 하십시오. 그리고 자신이 하고 있는 일을 사랑하십시오. 일이란 마치 사랑하는 이가 먹을 것처럼 마음을 다해 씨를 뿌려 기쁨으로 거두는 것입니다. … 일에 사랑이 없으면 삶도 무의미합니다.

그는 만일 당신이 자신의 일이 덧없고 무의미하다고 느끼고 있지만 생활의 방편으로 어쩔 수 없이 '영혼의 음악 — 일'을 희생해서라도 사랑이 없는 일상의 일에 임하고 있다면, 당신은 이 세상에 나온 몫, 즉 숭고한 사명을 도랑에 버린 것이나 진배없기 때문에 평소 "자신은 무엇 때문에 일을 하고 있는지 원점에 서서 돌아봐야 한다"고 역설하고 있다.

일에서 보람을 찾고 일 자체로 사랑하고 그 외의 급여나 세간의 평가 같은 2차적인 것은 신[30]인 나에게 맡겨라.

-『바가바드기타』[31]

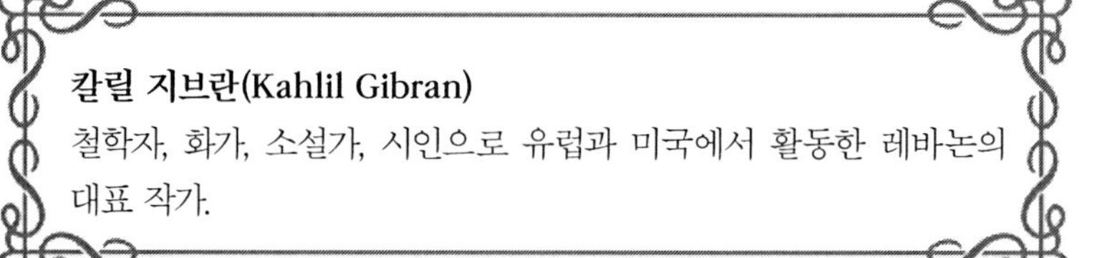

칼릴 지브란(Kahlil Gibran)
철학자, 화가, 소설가, 시인으로 유럽과 미국에서 활동한 레바논의 대표 작가.

---

30 '크라시나 신'을 지칭한다.
31 고대 힌두교 성전이다.

39.

당신도 무기를 갖고 있지 않은가?

Do you have a weapon?

– 프란츠 카프카 –

"어느 날 아침 그레고르 잠자가 불안한 꿈에서 깨어났을 때 그는 침대 속에서 한 마리의 흉측한 갑충으로 변해 있는 자신의 모습을 발견했다."

카프카의 『변신』 첫 구절은 독자들을 기묘한 충격 속으로 몰아넣는다.

카프카 생전에 출판한 작품은 극소수로 『변신』 외에 산문, 미완성인 몇몇 작품 등이지만 미완성으로 끝난 세 편의 장편소설은 대작으로 『아메리카 A』, 『성』, 『심판』과 『저작집』, 『전집』들은 생전에 출판되지 않았는데 이들은 매우 높은 정신적인 수준을 보여 주는 작품들이다.

"미안하네, 카프카! 하지만 그 약속은 지킬 수 없네."

카프카는 친구 막스 브로트에게 '자신의 모든 자필 원고를 출판하지 말고 소각해 달라'는 유언을 남겼지만 막스 브로트는 그의 유언을 따르지 않았다. 카프카의 작품들은 1926년경 영국과 미국에서 읽히면서 2차 대전 후 유럽에서 거의 폭발적인 인기를 얻었고, 1950년경에 독일에 역수입되었다. 카뮈와 사르트르에 의해 실존주의 문학의 선구자로 높은 평가를 받았다.

카프카는 법학 학사로 본업은 보험 회사 직원이었다. 카프카의 직장

생활은 25세부터였다. 보헤미아왕국 상해보험협회에 취직하는데 처음에는 견습 서기였지만 곧바로 정서기관이 되어 순조롭게 승진가도를 달린다. 카프카의 부하가 그를 평하기를 "우리 과장만큼 공정하고 진실된 사람은 없었다"고 할 정도로 신뢰받는 상사였다. 또한 보험에 관해 3편의 논문을 출판하기도 했다. 직장인으로서 카프카가 얼마나 우수한 직업인이었는지 말해 주는 사례들이다. 당시 소설 집필은 부업이었다. 직장의 일을 오전에 끝내고 오후에는 집필에 몰두하는데 세 번의 약혼 끝에 결혼은 포기하고 만다.

그는 요즘 말하면 소위 철저한 투잡(Two Job)형 인간이었다.

당시 그는 출퇴근을 하는 직장인이었지만 배수의 진으로 전업 작가를 생각한 듯하다. 회사에서 시행했던 2부제 근무 중 아침 일찍 근무하는 조를 선택하였고 연금을 받는 시점에 사직함으로써 요즈음 직장인들의 고민인 퇴직 이후를 대비했다. 마침내 39세에 오롯이 집필 작가의 길에 전념할 수 있었으나, 34세 때 이미 결핵에 걸려 쇠약해진 후라 퇴직 2년 만인 41세에 세상을 떠났다.

카프카는 죽기 1년 전 최후의 일기를 쓴다. 당시 카프카는 완성되지 않은 장편을 앞에 두고 써 나가는 낱말 하나하나가 자신을 공격해 오는 것 같은 감각으로 괴로워하였다. 그가 벌였던 낱말과의 싸움은 총성이 들리지 않았을 뿐 치열한 전쟁터였다. 그 비장한 전투에서 카프카는 이렇게 쓰고 일기를 끝낸다.

당신도 무기를 갖고 있지 않은가!

젊은 나이에 요절한 천재적인 작가 카프카. 그가 남긴 작품들은 지금도 해설서가 필요할 만큼 난해하지만 문학 애호가들의 지지와 큰 사랑을 받고 있다. 그의 부업은 부업이 아닌 자신의 존재를 확인하는 생존 작업이었다. 그러하기에 이 말은 생전 직장인으로서 은퇴 이후를 고려해 각자 자신의 무기(부업거리)를 준비하라는 단순한 메시지는 아니라고 생각한다.

카프카가 당신에게 묻는다.

당신의 무기는 무엇인가? 당신도 나처럼 무기를 갖고 있지 않겠는가! 그것은 무엇인가?

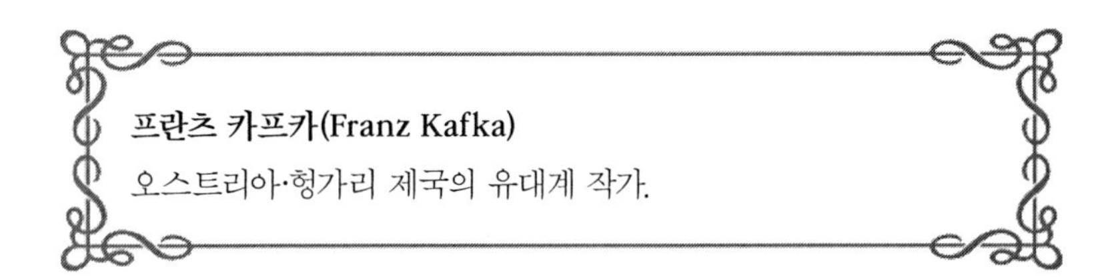

프란츠 카프카(Franz Kafka)

오스트리아·헝가리 제국의 유대계 작가.

40.

자신이 유용한 인재라는 자신감만큼 사람에게 유익한 것은 없다

– 앤드류 카네기 –

자신감을 위키피디아에서 찾아보면 '자신을 신뢰하는 기질, 덕목'으로 나와 있다. 쉽게 설명하면 '자신의 가치, 능력을 믿는 것. 자기를 신뢰하는 마음'으로 설명할 수 있다.

미국의 100대 기업의 30~40%는 유대인이 경영하고 있다. 맨해튼 건물 10개 중 8개는 유대인 소유이다. 이들의 성공 원인은 자신들이 유능하고 위대한 민족이라는 믿음에 있다고 한다. 스포츠 세계에서도 마찬가지다. 미셸 위가 PGA 소니오픈에서 한 타 차로 컷 오프되는 등 한창 세계의 주목을 끌고 있던 당시 골프 황제 타이거 우즈가 미셸 위의 미래를 걱정하며 조심스럽게 한 충고가 있었다.

> "미셸 위는 뛰어난 실력을 지니고 있다. 하지만 미셸 위에게 지금 필요한 것은 성인 무대나 성 대결이 아닌 또래들과의 대결에서 우승하는 법을 배우는 것이 더 중요하다."

그리고 우즈는 이렇게 덧붙였다.

> "나도 주니어 시절 많은 대회에 초청을 받았다. 하지만 나에게 필요한 것은 많은 우승 경험이었다. 나는 우승을 통해 자신감을 얻었고 승부의 흐름을 꿰

뚫어 볼 수 있게 됐다."

자신감이란 '자기 효능감 + 자기 긍정감'이다.

자기효능감은 Self-efficacy라 하며 '자신이 어떤 상황에서 필요한 행동을 잘 수행할 수 있는 가능성을 인지하고 있는 것'을 말한다. 바꿔 말하면 '주어진 과제를 성공적으로 수행할 수 있는 능력에 대한 자기평가'로 앨버트 반두라(Albert Bandura)에 의해 제창된 것이다. 자기효능감을 높이는 가장 효율적인 방법은 작은 성공 체험을 쌓아가는 것, 즉 Small Step의 원칙으로 성공 체험을 쌓아 가는 것이다.

자기긍정감은 Self-esteem, 즉 자신의 존재나 가치를 중요하게 여기는 감정이나 인지하고 있는 것을 말한다. 자기긍정감이 높은 사람은 낙관적으로 사물을 생각할 수 있기 때문에, 작은 불안에도 긍정적인 조치를 취할 수 있다. 또한 자신의 감정을 공개할 수 있기 때문에, 주위의 조언을 받기 쉬워 성장이 용이하다. 반면에 자기긍정감이 낮은 사람은 부정적인 사고에 얽매이기 쉽다.

타이거 우즈가 미셸 위에게 건넨 "또래들과의 시합에 많이 나가 우승 경험을 쌓아라!"라는 충고는 자신감이 미셸 위 본인의 성장에 가장 중요하다고 강조한 것이다.

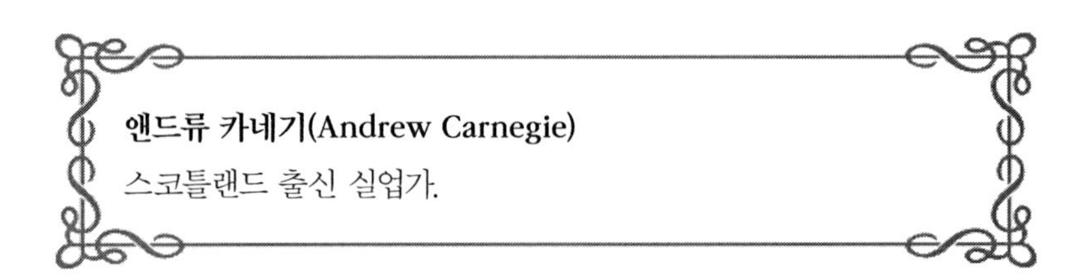

41.

내게 필요한 것은 기회뿐이다

All I need is a chance

– 찰리 채플린 –

찰리 채플린은 영화사에 영원히 기록될 위대한 작품을 남긴 영국의 배우, 영화감독, 제작자로 널리 알려진 인물이다. 채플린은 6살에 가난뱅이를 위한 보호 시설에 입소하여 제대로 된 학교교육을 받을 수 없었다. 채플린이 처음으로 무대에 선 것은 5살 때이다. 가수였던 어머니가 갑자기 무대에서 목소리가 나오지 않아 관객들로부터 야유를 받게 되자, 어머니 대신 채플린을 무대로 올려 보낸 것이다. 5살의 나이로 갑자기 무대에 오른 채플린은 보통 아이라면 긴장해서 울음을 터트려도 이상하지 않을 상황이었지만 밴드의 연주에 맞춰 당시 유행하던 곡을 당당하게 불렀다. 노래하는 도중에 객석에서 던진 돈이 주변에 떨어지니까 "돈을 줍고 나서 다시 노래를 부르겠습니다"라고 양해를 구하고 돈을 줍기 시작했다. 어린 채플린의 재치에 관객들은 폭소를 터트렸고 그 후에도 댄스, 팬터마임 등 예능의 끼를 유감없이 발산했다. 하지만 어머니의 목소리는 끝내 돌아오지 못했고 그녀는 그 무대를 끝으로 은퇴하게 되었다. 생활은 더욱 궁핍해졌고 적지만 생활비를 보태 주던 아버지마저 37세로 단명한다. 어머니는 중병에 신음하는, 어린 채플린을 둘러싼 모든 상황은 고립무원의 지경이었지만 그는 희망의 끈만큼은 놓지 않았다.

채플린은 자서전에서 다음과 같이 술회한다.

"신문팔이, 인쇄공, 유리공, 장난감 공장 공원, 진료소 수납원 등 직업을 전전했지만 배우가 되겠다는 최종 목표만큼은 한 번도 잊은 적이 없다."

채플린은 일하는 사이사이 수시로 배우 사무소에 들렀다. 14살이라고 하였지만 실제 연령은 12살이었다. 마침내 그동안의 노력이 결실을 맺어 <런던 어린이 짐의 로맨스>, <샤일록 홈즈>의 연극에서 소년 역을 맡게 되었다. 그의 연기는 40주에 이르는 지방 순회공연을 하는 동안 날로 무르익어 관객뿐 아니라 선배들에게도 높은 평가를 받았다. 그리고 몇 개의 촌극을 거듭하는 중 기회가 찾아왔다. 17살 때였다.

영국 극단주로부터 인정을 받아 당시 유명한 코미디언이었던 해리 웰든과 <축구 시합>이라는 연극 무대에 같이 설 기회를 얻었다.

"어떤가. <축구 시합>에서 해리 웰든의 상대역을 할 수 있겠나?"

갑자기 굴러들어온 기회에 채플린은 망설임 없이 당당하게 대답했다.

"네. 필요한 것은 기회뿐입니다."

극단주는 반신반의했지만 채플린은 2주간의 테스트를 멋지게 통과했다.

첫 무대에서는 당시 진기한 개인기였던 뒤돌아보면서 등장하는 아이디어로 주의를 끌고는, 얼굴을 돌리면 트레이드마크인 새빨간 코를 붙인 모습으로 관객을 놀라게 했다. 웃음으로 사로잡고 우당탕 구르는 액션으로 관객을 웃음의 도가니로 빠뜨렸다. 주연을 압도하는 대활약을 펼치면서 평론가들도 호평을 쏟아냈다. 대형 신인의 등장은 큰 화제가 되었다.

채플린은 언제든지 기회가 오면 할 수 있도록 준비를 하고 있었다. 다양한 직업을 통해 무수한 사람들과 접촉하며 세상을 배웠고, 무대 경험을 거듭하며 선배들의 섬세하고 노련한 표정과 소리와 몸짓들을 익히면서 무궁무진한 연기 자원을 축적할 수 있었다. 그에게는 모질었던 지난 시간들이 모두 생생한 교육의 장이었던 것이다.

> "기회는 갑자기 온다. 기회가 온 다음에 하는 준비는 늦다."
>
> \- 17세의 채플린

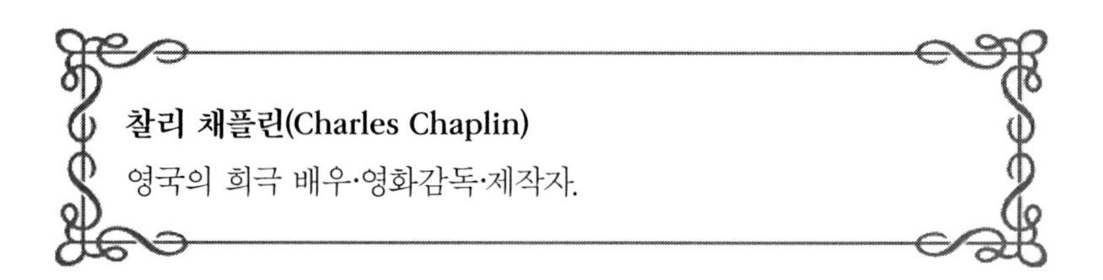

찰리 채플린(Charles Chaplin)

영국의 희극 배우·영화감독·제작자.

42.

가능한 한 빨리 자주 실패하라

Fail fast, Fail often

– 존 크럼볼츠 –

2013년에 출간한 저서 『Fail fast fail often: How losing can help you win』[32]의 제목이다. 그는 가능한 한 빨리 그리고 자주 실패하라고 주장한다. 그에 따르면 성공하는 사람들은 빠르게 실패하는 것을 두려워하지 않고 재빨리 행동에 뛰어든다. 그들은 실수나 실패를 피할 방법을 찾는 데 많은 시간을 쓰지 않는다. 그리고 미숙한 준비야말로 성장을 위한 최적의 조건임을 깨닫는다. 반면에 실패하는 사람은 준비가 덜 되어 있는 것을 시작하지 말아야 할 신호로 여긴다. 그리고 계획을 새롭게 바꿔 볼 궁리를 한다. 점점 더 많은 시간을 준비와 계획에 쏟아붓는다.

흔히들 역사적인 발명, 비즈니스, 연구, 창작 등등은 뛰어난 재능에서 비롯된 것이라 생각하지만 모두 셀 수 없는 실수와 실패로 일궈낸 것이다. '더 빨리 배우기 위해 더 빨리 실패하라'라는 그의 지론은 실리콘 밸리의 사업가들이 말하는 '실패하며 전진하기'와 같은 의미다. 이 개념은 실리콘 밸리에서 비즈니스의 기본으로 여겨진다.

---

32 역서: 존 크럼볼츠·라이언 바비노 지음, 이현정 옮김, 『천 개의 성공을 만든 작은 행동의 힘』, 프롬북스, 2014.

다음은 '빠르게 실패하기'를 보다 더 잘 이해하기 위한 예시이다.

> 내가 만약 __________ 에 성공하고 싶다면
> 나는 먼저 ___________ 를 실패해야 한다.
>
> • 훌륭한 뮤지션이 되고 싶다면 먼저 엉망인 음악을 수없이 작곡해야 한다.
> • 소설을 한 권 쓰고 싶다면 먼저 하찮은 이야기를 써 봐야 한다.
> • 훌륭한 테니스 선수가 되려면 우선 수많은 경기에서 패배하는 경험을 해야 한다.
> • 용감하고 능숙한 암벽등반가가 되려면 우선 소심하고 어설픈 등반가가 되어야 한다.

그의 저서 『행운은 우연이 아니야』에는 실패를 두려워하지 말라고 하면서 대학 야구부 코치가 선수들의 사기를 올리기 위해 인용한 사례가 있어 소개한다.

> 당신은 기억할지 모르지만 몇 번이고 실패를 했다.
>
> 처음 걷는 날 당신은 넘어졌다.
>
> 처음 수영했을 때 물에 빠질 뻔했다.
>
> 처음 배트를 잡았을 때 당신을 볼을 칠 수 있었겠는가.
>
> 수위타자든 홈런왕이든 수많은 헛스윙을 한다.
>
> 소설가 존 크리지는 564권의 책을 출간할 때까지 753회의 거절 통지를 받았다.
>
> 베이브 루스 714호 홈런을 쳤지만 동시에 1,330번이나 삼진을 당했다.
>
> 전하고 싶은 말은 실패를 두려워하지 말라는 것이다.

'실패에 대한 정의' 다시 하기

> 실패는 계획에서 벗어날 수 있음을 인정하는 것, 더 배워야 할 필요성을 느끼는 것, 자신을 시험대 위에 놓는 것, 어떤 부분에서 도움이 필요한지 찾아내는 것, 탐험하는 것, 잘못 알고 있었음을 깨닫는 것, 실험하는 것, 어떻게 더 노력할지 아는 것, 그게 최선의 방법이 아니었음을 배우는 것, 시장에 대한 리서치를 좀 더 해 보는 것 등이다.

따라서 크럼볼츠 교수는 실패에 대해 이렇게 정리했다. "실패나 잘못을 저지르는 것은 자주 일어나는 일이며 당연한 일이고, 거기서 배울 것이 있다는 인식을 가져라. 자신의 실패를 활용하라. 어떤 의사결정에도 우연이라는 가능성이 영향을 주고 있다고 생각하라. 실패에 대해 건설적으로 임하라. 적극적으로 전진하라".

> 5,126번의 실패가 나를 만들었다.
>
> \- 제임스 다이슨(다이슨 대표이사)

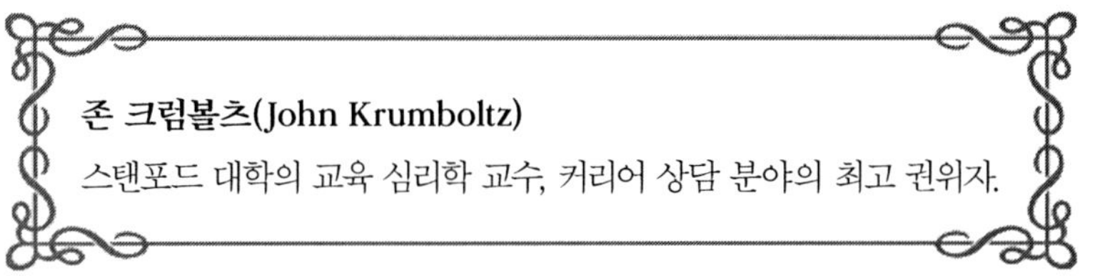

존 크럼볼츠(John Krumboltz)

스탠포드 대학의 교육 심리학 교수, 커리어 상담 분야의 최고 권위자.

43.

근본적인 재능이란 자신이 무언가를 할 수 있다고 믿는 것이다

– 존 레논 –

존 레논은 어머니가 음주운전 차량 사고로 돌아가신 후 한동안 비탄에 빠져 정상적인 생활이 어려웠다. 그는 그런 상태에서 벗어나기 위해 로큰롤에 몰입했다. 존 레논과 함께 비틀즈를 결성하고 거의 모든 곡을 같이 작곡한 폴 매카트니도 마찬가지로 비슷한 시기에 어머니를 여의고 그 슬픔을 극복하기 위해 기타를 배워 1년 만에 수준급의 실력에 도달했다고 한다. 둘은 서로 의지해 가면서 어머니를 잃은 슬픔을 이겨내려고 연습에 몰입했는데 그때 어머니를 위해 작곡한 곡이 있다. 폴 매카트니의 「Let it be」, 존 레논의 「Mother」였다. 그들이 처음 밴드 활동을 한 곳은 독일 함부르크의 클럽이었는데 당시 함부르크는 우범지대였다. 클럽 환경은 열악했다. 하루 1끼 식사, 하루 10~12시간 연주, 휴식 장소는 화장실, 잠자리는 영화관 뒤의 창고였으며 관객은 음악에 조예가 없는 부랑자나 감옥에 다녀온 사람들이 대부분이었다. 그들은 그러한 열악한 환경에서 5개월 동안 일하다 창고에 화재를 내는 바람에 추방당하여 다시 고향인 리버풀로 돌아오게 되었다. 패기 있게 독일로 갔다가 이룬 것 없이 리버풀로 돌아온 그들의 자신감은 바닥을 쳤고 의욕조차 잃어버렸다. 그리하여 부친의 강요로 화물 적재, 전기코일의 작업원으로 일하던 중 멤버 중의 하나인 조지 해리슨이 한 번 더 도전하자는 권유를 해 왔고, 그들은 다시금 자신들의 믿음으로 도전을 하였다.

1960년 12월 27일은 비틀즈에게 터닝 포인트가 되는 날이었다. 비틀즈는 리버풀 북부 리자랜드 타운홀 무대에 서게 된다. 폴이 「Long Tall Sally」를 부르자 관중이 모두 기립하여 무대의 그들에게 열광적인 환호를 보냈다. 처음에는 이유를 몰랐지만 비틀즈는 곧 그들의 음악이 함부르크 생활로 극적으로 진화했다는 것을 알았다. 매일 12시간씩 언어가 통하지 않는 곳에서 음악과는 거리가 먼 관객들을 대상으로 힘들게 보낸 나날들이 진정한 록 밴드로 성장하는 밑거름이 된 것이다.

우리는 흔히 무언가 특별한 성과를 내는 데는 재능이 중요하다고 생각한다. 그러나 존 레논은 중요한 것은 자신이 무언가를 할 수 있다고 믿는 것이라고 말하고 있다. 또한 그가 말하는 재능의 좋은 점은 누구든지 노력하면 성취할 수 있다는 점에 있다.

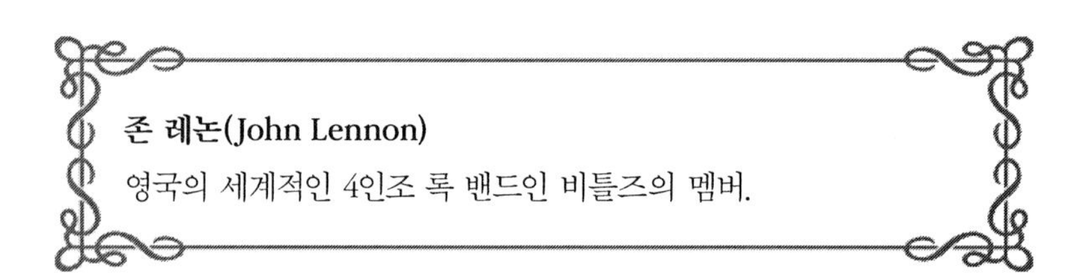

존 레논(John Lennon)

영국의 세계적인 4인조 록 밴드인 비틀즈의 멤버.

44.

나중에 커서 무엇이 되고 싶은지

What I wanted to be when I grew up

- 존 레논 -

전문은 다음과 같다.

> 내가 다섯 살 때, 어머니는 늘 행복이 인생의 열쇠라고 말씀하셨죠. 학교에서, 나중에 커서 무엇이 되고 싶은지 쓰라고 하길래 'happy(행복)'이라고 썼어요. 그랬더니, 날더러 과제를 잘 이해하지 못하고 있다고 하더군요. 그래서 난 그분들이 인생을 이해하지 못하고 있는 것이라고 했어요.
>
> When I was 5 years old, my mom always told me that happiness was the key to life. When I went to the school, they asked me what I wanted to be when I grew up. I wrote down 'happy'. They told me I didn't understand the assignment and I told they didn't understand life.

5살의 존 레논이 당당하게 선생에게 말하는 장면을 연상하니 저절로 미소 짓게 된다. 5살 아이가 Life의 의미는 모르지만 Happy하게 사는 것이 가장 중요한 것이며 그렇게 살 거라고 믿음을 갖게 된 것은 어머니의 힘이다.

내가 주목한 것은 선생님들이 진로 교육을 할 때 "커서 무엇이 되고 싶으냐?"라고 묻는 모습이었다. 이는 커리어를 좁은 의미로만 해석하는 데에서 비롯된 것이다. 커리어를 진로나 직업의 의미로만 국한해서 생각하기 때문이다. 진로 상담이나 진로 지도에서 진로는 '개개인의 인생활동의 한 방향으로서의 직업 및 그를 위한 준비'로 해석한다. 그러니 당연히 선생님은 존 레논에게 "너는 앞으로 뭐 할 거니?"로 물어본 것이다.

그러나 커리어에 대한 광의의 해석은 '개인의 인생과 삶의 방식 및 그 표현'으로 어떻게 살아가려는지에 대한 내면의 세계에서 바라본다. 그렇다면 선생님의 질문은 존 레논에게 "어떻게 살아갈 거니?"가 되었을 것이고 존 레논이 답한 'happy', 즉 행복한 삶을 살고 싶다고 말한 것은 당연한 대답이었다.

"너는 커서 무엇이 될 거니?"라고 묻는 선생님에게 '어떻게 살아갈 것인가'로 이해하여 "happy"라고 대답하고 선생님은 '질문을 이해하지 못한다' 하는 70년 전의 존 레논의 사례는 커리어를 진로로만 좁게 바라보는 요즘의 세태를 판에 박은 듯 똑같다.

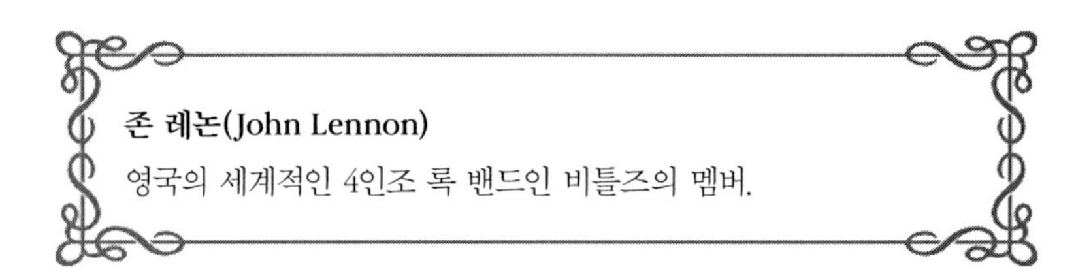

존 레논(John Lennon)

영국의 세계적인 4인조 록 밴드인 비틀즈의 멤버.

45.

당신이 되고 싶은 자신이 되기에 너무 늦은 때란 없다

It's never too late be who you might have been

– 조지 엘리엇 –

조지 엘리엇은 19세기 영국의 사실주의를 대표하는 여류 작가이다. 폭넓은 교양을 갖추고 프랑스어 라틴어, 헤브라이어, 이탈리아, 그리스어 등 어학에도 능통하여 번역가로도 활동하였는데 당시 영국에서는 『크리스마스 캐럴』을 집필한 디킨스에 버금가는 인기 작가로 명성을 떨쳤다. '조지 엘리엇'은 펜네임으로 본명은 '매리 앤 에반스(Mary Anne Evans)'인데 당시 여성은 선거권도 없었고 여성 작가는 로맨스밖에 못 쓴다는 고정관념 등으로 인해 문필 활동이 여의치 않자 과감하게 남성의 펜네임을 쓴 것이다. 우리는 펜네임에 얽힌 일화를 통해 그녀가 어떤 어려움에도 굴복하지 않는 전향적인 자세를 가졌음을 알 수 있다.

누구도 처음부터 원하는 모습으로 살 수는 없습니다. 그래서 어떤 사람들은 자신이 원하는 모습을 찾고자 긴 세월을 한결같이 한 꿈으로 살아갑니다. 하지만 우리 대부분은 그 길을 찾아가다가 길을 잃어버리기도 하고 길이 바뀌기도 하고 어느 땐 되돌아가기도 합니다. 중요한 것은 때란 언제나 지금부터 시작되고, 시간과 환경에 굴복하지 않고 끊임없이 자신을 찾는다면 그것이 바로 자신이 원하는 모습의 삶이 된다는 것입니다.

조지 엘리엇의 명언은 언제든 어디서든 '인간은 모름지기 몇 세가 되든 항상 자신이 원하는 모습이 될 수 있는 가능성을 가지고 있다'는 것. 그리고 '무엇이든 새로 시작할 수 있다'는 희망을 우리에게 전달해 주고 있다. '어째서 그랬지', '그때 좀 더 할걸' 하는 후회가 지속되는 한 어떤 성장이나 성공도 이룰 수 없는 것은 너무도 당연하다. 결국 되고 싶은 자신이 되지 못한 것도 결국 자신 때문이라는 것을 깨닫게 된다.

그렇다면 왜 우리는 '어째서 그랬지', '그때 좀 더 할걸' 하는 후회에서 벗어나지 못하고 있을까?

'소울팬케이크(SoulPancake)'는 문화, 예술, 철학, 종교 등에 관한 다양한 생각(Big Think)을 전달하는 미디어 회사다. 이곳에서 11,000명을 대상으로, "되고 싶은 자신과 현실의 자신과의 차이를 낳은 것은 무엇인가(What's Stopping You From Achieving Your Goals)?"라는 질문을 했다. 시간, 돈, 일, 건강, 의무, 스트레스, 우유부단, 태만, 피로, 기력 등 여러 가지 대답이 나왔지만 가장 많이 나온 답은 바로 뜻밖에도 '공포'였다.

공포 회로(Fear Circuit)는 우리를 절박한 위험에서 보호해 주고 재빨리 도망칠 수 있도록 몸과 정신을 연결해 주는 역할을 한다고 한다. 가령 다른 차와 부딪칠 것 같을 때나 절벽 끝에 너무 가까이 다가가는 순간, 혹은 맹수에게 쫓기는 등의 경우 공포 회로는 우리의 생명을 구하기 위해 작동된다. 그런데 이제는 공포가 현대인들의 습관적인 정신 상태가 되어 종종 우리들의 발전을 막는 장애 요인이 되고 있다고 한다.

원시인들의 공포 회로는 풀숲에서 맹수의 흔적과 마주치는 순간 작동되지만 속도의 시대를 사는 현대인들에게는 한 치 앞을 알 수 없는 미래 그 자체가 맹수의 역할을 한다. 우리가 살아 있는 한 미래는 피할 수 없기에 우리의 공포 회로는 늘 과잉작동하고 있다. 특히 치유되지 못한 상처를 갖고 있는 사람들은 과거의 정보를 토대로 미래를 위협적이고 두려우며 근심스러운 것으로 파악하는 경향이 있다. 이러한 두려움은 영감이 행동으로 이어지는 것을 방해한다. 단순한 기분만으로 생각을 행동에 옮기는 건 위험하다고 경고하며 방어적인 태도를 만들어 낸다. 훌륭한 문학 작품을 읽고 소설을 써 보고 싶다는 영감이 떠오를 때면 공포 회로는 '이제 와서 소설가라도 되겠다는 거야? 글을 쓸 시간에 한 푼이라도 더 벌 생각을 하라고. 대출 이자가 아직 한참이나 남았잖아. 이번 달도 못 내면 신용불량자가 되고 말 거야'라며 적색경고등을 발하는가 하면 은퇴자가 무언가를 새로 시작하려고 마음먹는 순간 '이제 와서 무슨 새삼스럽게' 하면서 빨간 불을 켠다. 열정이 새 싹을 틔우기도 전에 공포가 그 씨앗을 폐기 처분해 버리는 셈이다.

그 결과 삶은 능동적이기보다는 수동적이고 방어적으로 흘러가게 된다. 눈코 뜰 새 없이 바쁘게 살고 있지만, 제대로 살고 있지 못하는 것 같은 나날이 계속되는 것이다.

이런 상황에서 벗어나려면 공포의 실체를 깨닫고, 두려움에서 벗어날 필요가 있다.

자신에 대한 무한한 신뢰는 공포에 의해 안전지대에서 꼼짝 못하고 있던 당신을 행동으로 이어지게 해 준다. '어째서', '좀 더'가 아니라 '어떻게 하면' 하는 사고로 전환하는 거다. 희망하는 모습을 떠올리며 해야 할 것을 이제부터 사소하게라도 하나씩 행동으로 옮겨 보자.

나의 아버지는 내가 하고 싶은 일을 하는 데 늦은 때란 없다고 하셨다. 그리고 내가 시도하기 전까지는 무엇을 성취할 수 있을지 결코 모른다고 하셨다.

- 마이클 조던

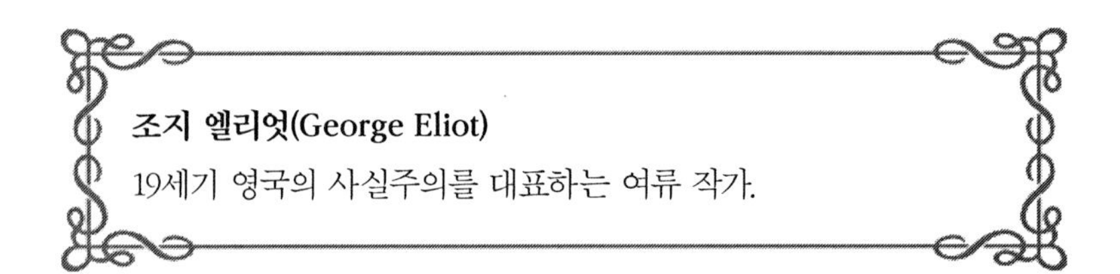

조지 엘리엇(George Eliot)

19세기 영국의 사실주의를 대표하는 여류 작가.

46.

내게는 아내와 비행기 양쪽을 위해 쓸 시간이 없다

I don't have enough time for both a wife and a plane

– 윌버 라이트 –

꿈이 그만한 가치가 있다고 믿는다면, 꿈만 좇는 바보처럼 보여도 좋을 것이다.

- 라이트 형제

라이트 형제는 하늘을 나는 꿈에 모든 인생을 걸었고 그로 인해 둘 다 평생 독신으로 지냈다.

형제는 복음주의 연합형제교회 주교의 아들로 태어나 둘 다 어릴 때부터 기계를 다루는 데 재능이 많았다. 목사로서 먼 곳에서 사목하는 아버지는 1년 만에 집으로 돌아와 형제에게 헬리콥터 장난감을 선물하였다. 이 장난감은 고무줄로 움직이는 프로펠러가 달려 있어 하늘을 날 수 있었는데 그들은 '박쥐'라는 이름을 붙여 주었다. '박쥐'가 망가지자 그들은 부서진 '박쥐'를 분해하여 그림을 그려 놓고 직접 헬리콥터 '박쥐'를 만들어 "언젠가 큰 박쥐를 만들어 하늘을 난다면 기쁠 거야" 하며 놀았다.

형제는 모두 고등학교 졸업을 하지 못했지만, 고등학생 시절 인쇄기를 직접 조립해 신문을 만들어 판매할 정도로 손재주가 좋았고, 엄청난 독서광이었다. 1892년 형제는 자전거 수리점을 열었다. 그리고 후에는 제작과 판매까지 하는 회사를 세웠다. 당시 미국을 휩쓴 자전거 열풍 덕분에 그들은 큰 수익을 얻을 수 있었다.

그러던 1896년 여름, 형제는 오토 릴리엔탈(Otto Lilienthal)이 사망했다는 소식을 들었다. 릴리엔탈은 글라이더를 타고 세계 최초로 하늘을 나는 데 성공한 독일인이었다. 신문의 타이틀은 '새가 되려고 한 바보 같은 남자'였다. "그는 바보가 아니야, 그는 꿈을 이루려고 했을 뿐이야". 형제는 이구동성으로 말했다. 이 사건은 형제의 비행에 대한 관심에 다시 불을 붙이는 계기가 되었다.

"릴리엔탈은 불행히도 실패했지만 하늘을 나는 꿈은 반드시 누군가에 의해 계승될 거야" 하고 형이 말하자 동생은 "누구의 손에서?" 하고 묻는다. "우리가 릴리엔탈의 뒤를 잇자. 우리 둘이 하늘을 나는 거야".

이후 형제는 하나의 목표를 향해 의기투합한다. 그러나 두 사람은 항공에 관한 전문 지식이 없었고 과학자도 아니었다. 형제는 자전거 회사를 운영해 얻은 수익으로 우선 글라이더 제작에 뛰어들었다. 항공에 대한 것은 책으로 공부하려고 작정한 그들은 『동물의 몸의 움직임』이라는 책으로 '새는 왜 날 수 있는가?'부터 독학하며 신문이나 잡지에 실린 하늘을 나는 기사를 스크랩하였다.

그러던 그들에게 다시 슬픈 소식이 전달되었다. 이번에는 영국의 글라이더 연구가 퍼시 필처(Percy Sinclair Pilcher)가 추락해 사망했다는 소식이었다. 그럼에도 형제는 포기하지 않고 연구에 몰두하였으나, 비행 실험을 끝내고 돌아오는 도중 형은 "인류는 지금부터 1000년 동안은 날지 못할 거야"라며 절망감을 토로할 정도로 갖가지 난관에 봉착했다.

그리고 마침내 윌버는 하늘을 나는 데 있어 중요한 핵심에 눈을 뜬다. 그것은 안정이었다. 릴리엔탈, 피처 모두 하늘을 나는 데는 성공했지만 하늘에서 안정을 유지하지 못해 추락해 사망한 것이다. 문제는 '안정'이었다. 안정을 유지하면서 조종할 수 있는 날개를 어떻게 만드느

냐가 핵심으로 부상하였다. 그런데 이 문제는 형제가 가장 잘할 수 있는 분야였다. 이전에 그들이 제작한 자전거야말로 두 바퀴로 안정을 유지하면서 달리는 탈 것이었기 때문이다.

그들은 1903년 12월 17일 키티호크에서 역사상 처음으로 동력비행기를 조종하여 지속적인 비행에 성공하였다. 절망감을 토로하고 정확히 2년이 지난 후였다. 이것은 12HP의 발동기를 부착한 무미익복엽기(無尾翼複葉機)로 된 플라이어 1호(號)로서, 처음 비행에서는 오빌의 조종으로 12초 동안 36m를 날았고, 2번째 비행에서는 59초 동안 243.84m를 비행하였다. 1904년 허프먼 프레리에서 45분 동안 비행하였고, 상하 좌우로 조종하는 문제도 해결하였다. 1905년 플라이어 3호는 주회(周回)비행에 여러 차례 성공, 40km를 38분에 비행한 기록도 세웠다.

형제는 자전거를 제작하여 자금을 모으고 자전거 기술을 최대한 활용하여 당시 최고의 과학자들조차도 불가능하다고 여겼던 '하늘을 나는 것'을 해낸 것이다. 형제는 '불안정의 발상', 즉 '불안정할 때는 스스로 조종한다'는 발상, 너무도 당연한 이 발상이 우리에게 주는 메시지가 크다.[33]

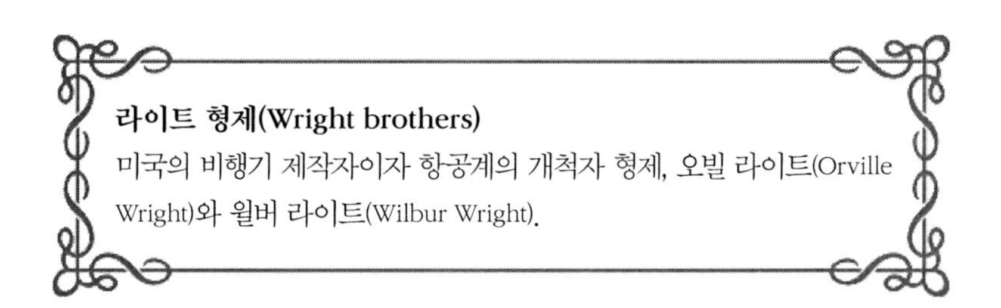

라이트 형제(Wright brothers)

미국의 비행기 제작자이자 항공계의 개척자 형제, 오빌 라이트(Orville Wright)와 윌버 라이트(Wilbur Wright).

---

33 사누키 마타오(佐貫亦男),『不安定からの発想』, 講談社, 2010.

47.

일은 우리에게서 권태, 방탕, 가난이라는 세 가지 악을 쫓아준다

– 볼테르 –

이 명언은 볼테르의 최고의 대표작 『캉디드』의 말미에 나오는 말이다. 『캉디드』는 철학 소설로 오늘날까지 걸작으로 찬사받고 있다. 저자 볼테르는 18세기 프랑스의 계몽주의를 주도한 인물로, 합리적 비판 없이 수용되던 구습을 타파하고 시대적 무지를 깨우치기 위해 노력했다. 그의 이러한 사상으로 인한 자유분방한 발언과 행동은 왕과 귀족들, 교회의 미움을 받아 20대부터 종종 투옥 생활을 하게 된다. 급기야 40대에는 절대 왕정 체제에 대한 신랄한 비판을 한 책으로 10여 년 은둔 생활을 하고, 50대에는 말실수로 왕의 총애를 잃어버려 망명 생활을 한다. 오랫동안의 은둔과 망명 생활은 그에게 다양한 분야에 대한 연구와 저작 활동의 기회로 이어졌다. 당시 프랑스에는 생소했던 영국의 과학을 소개하고, 자국의 역사서에 대한 기초를 마련하기도 하며 철학 콩트를 구상해 집필을 시작한다. 그가 고국인 프랑스로 완전히 돌아온 것은 60세가 넘어서였다. 그리고 84세에 숨을 거둘 때까지 수많은 저작과 편지들을 통해 부조리한 사회와 절대적 권위를 비판하였다. 프랑스 혁명은 그가 죽은 지 11년 후에 일어났는데, 혁명이 성공한 후 그는 프랑스 역사에 이름을 남긴 영웅이나 위인들만 묻히는 판테온 사원에 묻히게 된다.

『캉디드』는 부패한 정치와 타락한 종교를 조롱한 풍자 소설로 출간 직후에는 금서가 되었다. 캉디드의 뜻은 형용사 '천진난만한', '순진한'이지만 소설에서는 '고지식할 정도로 남의 말을 잘 믿는 우직함'을 의미한다. 줄거리는 다음과 같다.

청년 캉디드는 이름 그대로 순박하고 세상물정을 모르는 사람이다. 스승 팡글로스의 가르침대로 신은 이 세상을 가능한 한 최선으로 창조했다는 것을 믿는다. 그야말로 세상의 모든 것이 더할 나위 없이 잘 돌아간다는 낙천적인 믿음으로 살고 있던 그는 남작의 딸 퀴네공드를 사랑한다는 이유로 안락한 성에서 하루아침에 쫓겨난다. 캉디드는 세상을 떠돌며 난파, 지진, 질병, 약탈, 전쟁, 광신과 종교 재판 등 온갖 파란만장한 불행을 겪는데, 그 와중에도 사랑하는 퀴네공드를 잊지 못해 오로지 그녀와의 해후를 목표로 고난을 견디어 낸다. 그의 모험에는 도중에 스승 팡글로스, 비관주의자 마르탱, 충직한 하인 카캉보 등이 합류한다.

그의 여정은 유럽에서 아메리카를 거쳐 다시 유럽으로 돌아오는 긴 여행으로 비현실적이지만 가는 장소마다 당시 화제가 되었던 역사적 사건과 인물을 배치하여 유럽 독자들의 열광적인 환호를 받았다. 실제로 발생한 리스본 대지진과 7년 전쟁, 당시 널리 퍼진 라이프니츠의 낙관주의, 실제 몰락하거나 암살되거나 축출된 유럽 각국의 제왕들이 등장하고 귀족과 종교권력자의 위선과 타락을 요소요소에서 풍자하고 있다.

캉디드는 천신만고 끝에 콘스탄티노플에서 퀴네공드와 재회를 한다. 아름다운 모습이 아닌 온갖 고생으로 추하게 변해 버렸지만 신의를 버리지 않고 결혼하여 동반자들과 시골의 작은 마을에 정착한다. 그들 모두는 각자의 일에 열심히 매진하지만 결과가 좋지 않아 운명을 저주하기도 하고 절망에 빠지기도 한다. 캉디드 역시 추하고 괴팍한 마누라의 잔소리에 지긋지긋한 삶을 이어나간다. 그러던 중 세상의 권세가들이 또다시 참혹한 일로 비참한 최후를 맞이했다는 소식을 듣고 관심을 갖던 중 작은 농원을 자녀들과 경작하는 선한 노인을 만나 신선한 과일과 모카 커피를 대접받는다. 노인은 캉디드 일행에게 말한다.

"일은 우리에게서 세 가지 악을 쫓아준다네. 권태와 방탕, 가난 말일세."

노인이 세상사에는 큰 관심을 두지 않고 자신이 하는 일에 매진하는 모습에서 캉디드 일행은 깨달음을 얻는다. 이후 그들이 나누는 대화를 보자.

> "인간이 에덴의 정원에 있었던 이유는 일을 하기 위해서였다네. 이는 인간이 휴식을 위해 태어난 게 아님을 매우 적절하게 증명하는 것이지."

> "괜히 따지지 말고 일이나 합시다. 일하는 것이야말로 삶을 견딜 수 있게 만드는 유일한 방법입니다."

캉디드와 동반자들은 모두 일에 집중해 각자의 재능을 발휘하기 시작하여 그들의 작은 농지는 많은 수확을 거둔다. 퀴네공드는 정말로 추했지만 훌륭한 과자를 만들어 내었다. 팡글로스는 캉디드에게 말한다. "만일 자네가 퀴네공드를 사랑했다는 이유로 아름다운 성에서 쫓겨나지 않았더라면, 만일 자네가 종교 재판을 받지 않았더라면… 자네는 여기서 설탕에 절인 시트온과 피스타치오를 먹지 못했을 것 아닌가"라고 자신의 낙관주의에 정당성을 부여한다. 그럴 때마다 캉디드는 이렇게 대답한다.

> "정말 맞는 말이네요. 좌우간 이제 우리는 우리의 정원을 우리가 일구어야 합니다(Let us cultivate our garden)."

이 점에서 이 작품이 진정으로 겨냥하고 있는 것은 낙천주의 그 자체가 아니라, 맹신 때문에 무력해지는 인간의 삶이라고 할 수 있다. 우선 사람들이 '믿음' 때문에 '아무것도 하지 않는 것'에 대한 볼테르의 경고를 귀담아 들을 필요가 있다. 극단의 낙천주의자는 무슨 일이 있어도 세상은 최선을 향해 갈 것이라고 믿을 것이고, 극단의 비관주의자는 어떤 경우라도 세상은 최악을 향해 갈 것이라고 믿을 것이기 때문에, 행위의 반성과 삶의 개선을 추구하지 않게 된다. 맹신은 사람들을 권태와 방탕 그리고 가난으로 몰고 갈 수 있다는 것이다.

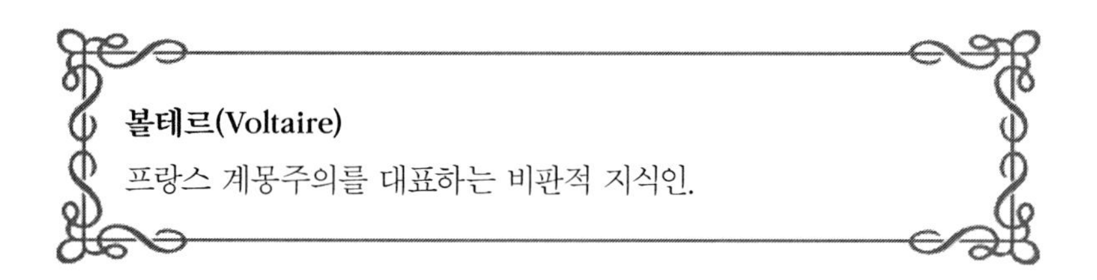

볼테르(Voltaire)

프랑스 계몽주의를 대표하는 비판적 지식인.

48.

재능이란 지속할 수 있는 인내이다

Le talent est une longue patience

– 기 드 모파상 –

모파상의 소설 『피에르와 장』의 서문을 발췌한 내용이다.

> 재능이란 오랜 기간에 걸친 인내이다. 중요한 것은 표현하고 싶다고 생각하는 것은 무엇이든 차분하게 충분한 시간을 들여 관찰하고 아직 누구도 보지 못하고 듣지 못한 면을 거기에서 찾아내는 것이다. … 타고 있는 불꽃이나 들판에 있는 나무 한 그루를 그리려 하더라도 우리 눈에 어떤 다른 불꽃이나 나무와 닮으려야 닮을 수 없는 것으로 보일 때까지 참고 그 앞에 서 있어야 하지 않겠는가?

그는 서문에서 스스로가 스승에게서 배운 것, 또는 외부에서 규정하고 있는 표현을 모두 그대로 말하지 않고 자신의 눈으로 관찰하고, 기존의 표현에 속박되지 않는 자신만의 시각을 획득하는 것이 새로운 세계의 발견 내지는 자기의 발견에 이르는 길이라고 표현하고 있다.

그는 "항상 같은 행위를 반복하면서 질리지 않는 사람은 행복하다"라고 하였듯이 그런 독창성은 오랜 기간에 걸친 인내를 통해 꾸준히 반복하면서 발견하는 것이고 그것이 바로 재능이라고 본 것이다.

몇 년 전 NHK의 〈프로들의 일하는 철칙〉이라는 프로그램에서 하부 요시하루(羽生善治)는 "재능이란 한순간의 영감이나 반짝거림이 아니라 정열과 노력을 계속할 수 있는 힘"이라고 하였는데 이 말이 NHK에서 한 해 시청자들에게 가장 기억이 남는 말로 선정되었다. 그는 일본 장기 분야에서 처음으로 7개 타이틀을 독점하였고 2012년에는 통산 타이틀 역대 1위를 달성하였으며 현재 92타이틀[34]을 획득한 일본 열도를 뜨겁게 달군 인물이다.

> 이전에는 나는 재능이란 일순의 영감이라고 생각했는데 요즘에 와서는 10년, 20년, 30년을 같은 자세로 같은 열정으로 매진할 수 있는 것이 재능이라고 생각하게 되었어요.
>
> 번뜩이는 직감 같은 것을 가진 사람은 많아요. 그렇다고 그들이 모두 프로가 되는 것은 아니에요. 의외로 그렇지 않더라고요. 거꾸로 그런 사람보다는 겉보기에는 느릿느릿해 보이고, 샤프한 면이 전혀 없어 보이지만 착실하게 스텝을 밟아가는 사람, 늘 같은 자세로 임하는 사람이 결과적으로 위로 올라간다는 인상을 가지고 있어요. 즉, 지속할 수 있는 열정을 가진 사람이 실력이 늘어나더군요.
>
> 확실하게 보답받을 수 있다면 누구라도 도전하겠지요. 그러나 보답이 없어 보이는 시점에서도 같은 열정, 기력, 모티베이션을 갖고 계속하는 것은 정말 어려운 일인데 저는 그것이야말로 재능이라 하고 싶어요.[35]

재능은 사전상의 의미로는 '사물을 잘 수행할 수 있는 능력'으로 기술이나 학문 예능 분야에서의 소질이나 능력이다. 또는 '훈련에 의하여

34 참고로 2위는 27타이틀을 달성했다.
35 하부 요시하루(羽生善治), 『決断力』, 角川書店, 2005.

획득된 능력'을 아울러 이른다. 재능을 좀 더 구분하면 '재지(才知)'와 '능력(能力)'이다. '재지'란 '지력으로 지혜나 현명한 의미'를 뜻하며 '능력'이란 '노력해서 계속 갈고닦아 쌓아 올리는 것'이다.

많은 사람들이 흔히 재능은 타고나는 것으로 생각하는 사람들이 많은데 그런 의미로는 천분(天分), 즉 타고난 재질, 소질이나 직분을 의미한다. 그러나 아무리 소질이 있다고 해도 이를 갈고닦지 않으면 빛나기는 어려운 법이다.

그러므로 재능의 의미에는 가능성이 스며들어 있다. 가능성을 지속하였을 때 비로소 재능이 되는 셈이다. 다시 말하면 '가능성 + 계속하는 힘 = 재능'이 된다.

재능에 관한 명언 몇 가지를 소개한다.

"천재란 노력하는 범재(凡才)이다."

- 아인슈타인

"물론 천부적인 능력은 무시될 수 없다. 그래도 역시 그건 덤에 불과하다. 끊임없이 노력하는 것이야말로 중요한 자질이자 성공의 요체이다."

- 에디슨

"위대한 의지력 없이 위대한 재능이란 없다."

- 발자크

"필요한 것은 재능이 아니다. 연습, 연습 그것뿐이다."

- Miles Dewey Davis III 재즈트럼펫 연주자

"천재란 끝없이 노력할 수 있는 능력이다."

- 토머스 칼라일

"천재란 영원한 인내이다."

- 미켈란젤로

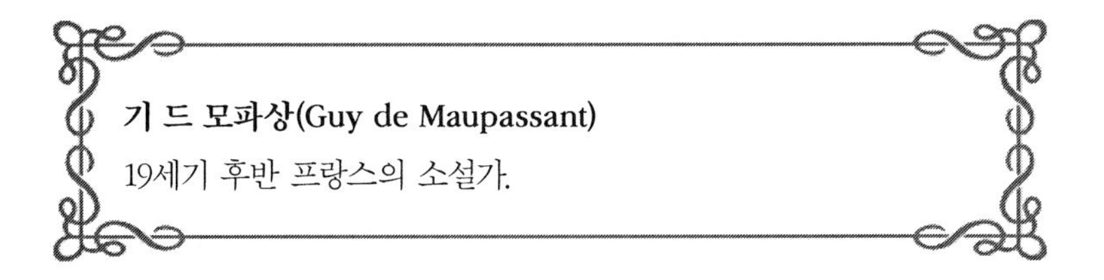

기 드 모파상(Guy de Maupassant)

19세기 후반 프랑스의 소설가.

49.

일이 즐거우면 인생은 천국이요 아니면 지옥이다

When work is a pleasure, life is heaven
When work is a duty, life is hell

– 막심 고리키 –

이 명언은 막심 고리키[36]의 초기 작품으로 러시아의 지하실에서 모인 밑바닥 인생을 사는 이들의 희망과 상처를 이야기하는 희곡 <밑바닥에서>에 나오는 대사이다. 밑바닥 인생을 사는 40대의 등장 인물 '싸친'이 말하는 대사이다.

> [끌레시치(자물쇠방 주인)] 도둑놈들은 힘 안 들이고 쉽게 돈을 벌지…. 도둑놈이 무슨 일을 하나.
>
> [싸친] … 일? 일이 재미만 있다면 나도 일을 하지…. 일이 편하게 되면 인생은 극락이야…. 하지만 일이 의무로 되면, 인생은 생지옥이란 말이야. 자, 가세.

천직을 추구하는 사람들의 모임에 참가한 적이 있다. 그런데 참가한 사람 중 상당수가 현재 자신이 현재 하고 있는 일이 맞지 않아 천직을

---

36 '러시아의 셰익스피어'라고 불리는 작가로 원래 이름은 알렉세이 막시모비치 페시코프(Aleksey Maksimovich Peshkov)이다. '고리키'는 그의 펜네임으로, 러시아어로 '힘들다, 고통스럽다'의 의미를 내포하고 있다고 한다.

찾는 경우가 많았다. 과연 천직은 있는 것인가. 파랑새처럼 찾아나서야 하는 것인가.

Labor는 라틴어의 Toil, Pain에서 유래하여 프랑스를 거쳐 14세기경 영국으로 들어왔다. 옥스퍼드 영어사전은 Labor의 정의를 'work, especially physical work'로 해두고 있다. 근본적으로 '힘들고 고된 일'을 의미한다. 중세유럽에서는 노예나 전쟁 포로를 광산에 끌고 가서 고된 노역을 시키는 것이 Labor였다.

반면 Work는 'Action = what a person does/did'으로 '일하는 것', '활동'을 의미한다. Work는 Labor 이상의 것을 말하는데 단지 시키는 대로 일하거나 할당량을 하는 것에 그치지 않고, 자신의 판단이나 궁리가 전제되어 있으므로 Labor과는 구별된다. 예를 들어 냉면을 만드는 사람이 돈벌이를 생각하면서 냉면을 만든다면 Labor이지만 맛있는 냉면 맛을 위해 실험을 거듭하며 만들어 나간다면 그것은 Work이다.

일은 우리의 인생 전체를 좌우한다. 그러므로 현재의 일에 의미를 부여하고 가치 있는 일로 만들려는 노력이 파랑새(천직)를 찾아나서는 것보다 우선이다.

"성공의 비결은 당신의 일을 휴가처럼 즐기는 데 있다."

\- 마크 트웨인

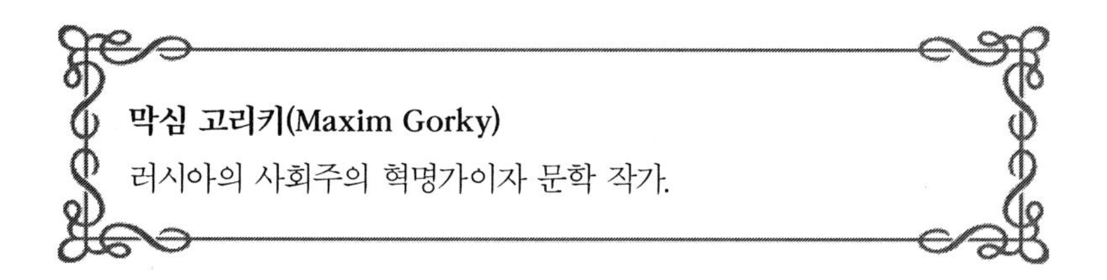

막심 고리키(Maxim Gorky)

러시아의 사회주의 혁명가이자 문학 작가.

50.

재능이란 자기 자신을, 그리고 자신의 힘을 믿는 것이다

Talent is believing in yourself and in your strength

– 막심 고리키 –

도대체 뭘 잘하는지 모르겠다

허미비아 아이바라의 저서 『Work Identity』의 서문에 나오는 말이다. 내가 만난 사람들이 가장 많이 하는 말이기도 하다. '당신이 좋아하는 일, 잘하는 일을 하라'고 자기계발 강사들은 외치는데 자신은 '도대체 뭘 잘하는지, 뭘 좋아하는지, 뭘 하고 싶은지 잘 모르겠다'는 것이다. 그래서 요즘 가장 많이 시도하는 게 자아성찰이다. 전문가들은 자아성찰을 통해 자신에 대해 알아낸 다음 그에 다른 정교한 계획과 로드맵을 정해 실행하라고 한다.

오랜 연구 끝에 나온 질문 항목에 답하는 과정을 통해 자신의 관심분야, 성격 유형, 재능이나 가치관 등을 파악하고 나서 그에 맞는 직업이나 일들을 찾아 목표로 설정하고 실행을 위한 체크리스트 등을 작성하는 순서로 진행된다. 요즘은 한 걸음 더 나아가 그 정교함을 더욱 강화하는 추세다. 진단 결과로 나온 각각의 경력 목표에 대한 세세한 실행 계획과 그것을 실현시킬 수 있는 전략적 서포트까지 감안한 두터운 실행계획을 완성하곤 전문가도 만족하고 본인도 뿌듯한 모습으로 워크숍을 마친다.

문제는 그다음이다.

자신이 진단에서 찾은 재능에 대해 확신을 하지 못하는 것이다. 왜냐하면 자신이 좋아하는 일과 잘하는 일이 무엇인지는 성찰이나 진단이 아니라 현실과 직접 만나는 경험에서 드러나기 때문이다. 자신이 어떤 사람인지 알려면 현실에서 부딪히면서 알아내야 한다. 머리로 아는 것도 있겠지만 대부분은 몸으로 부딪치고 행동하면서 알게 되는 경우가 더 많다. 경영학의 권위자 헨리 민츠버그가 '친숙하지 않은 새로운 가능성은 계획보다는 직접적인 접촉을 통하여 가능성을 확인하는 전략이 유효하다'고 하는 것도 그런 이유에서다.

우리 안에 있는 미처 깨닫지 못한 다양한 '나' 또는 '재능'은 세상에서 실험해 보면서 비로소 알게 되는 것이다. 그래야 자신이 재능에 대해 확신을 갖고 믿게 되는 것이다. '자신의 아이덴티티 발견은 과거의 자신을 성찰하여 알게 되는 것이 아니라 복수의 가능한 자기(Possible Selves)을 발견하기 위해서 행동하고, 시험해 보고, 학습하는 과정을 통해 자신의 아이덴티티를 발견하는 것'이라고 주장하는 허미비아 아이바라 교수의 말대로 재능의 발견도 같은 이치다.

인류학자들의 속설에 진정한 자아를 찾으려면 낯선 환경을 경험해야 한다고 한다. 낯선 자극과 부딪치면서 당연하게 보였던 것들이 낯설게 보이고 미처 알아보지 못한 부분들이 눈에 들어오면서 객관적으로 설명할 수 있게 된다는 것이다. 이처럼 '재능은 찾는 것이 아니라 발견하는 것이며 만들어 가는 것'이다. 나의 재능도 진단지에서 찾은 것이 아니라 다양한 업무를 접하면서 시험해 보고 경험하면서 알게 되었고 끊임없이 학습하는 과정을 통해 갈고 닦았다. 다양한 시도와 학습을 통해 확인된 재능은 성공 경험으로 연결되어 확신과 신뢰감으로 이어진다.

신문과 책, 방송에서 수시로 접하는 전문가들의 조언은 '진단부터 하라'는 것이다. 그것을 통해 디자인하고 로드맵을 만드는 계획을 우선한 후 실행하라는 것이다. 그렇다면 '과연 강의실에서 자신의 재능을 찾은 사람들이 자신의 인생을 걸고 모든 것을 그 재능에 기초하여 계획을 세우고 실행에 옮길 것인가?'에 대한 의문이 생긴다. 아이바라 교수의 지적대로 자기 성찰이란 답답함을 해소하여 마음을 안정시켜 주는 역할이야 하겠지만 그런 후에는 결국 현상을 벗어나지 못하고 다시 원점으로 돌아가거나 또 다른 진단지를 찾아 자아 성찰을 되풀이하지 않겠는가. 진단지에서 자신의 재능을 발견한 사람과 다년간 현장에서 실패와 성공의 경험 속에서 확인하고 또 확인해 온 사람의 재능에 대한 믿음의 차이는 두말할 필요가 없다.

존 레논도 '재능이란 자신이 무언가를 할 수 있다고 믿는 것'이라고 말했듯이 재능은 자신의 인생 경험 안에서 얻어야 가질 수 있는 것이다. 격변하는 시대를 항해하는 당신이 무기로 활용할 수 있는 재능은 그렇게 탄생하는 것이다.

> "행동하고 나서 생각하라. 가만히 서서 자신을 아무리 돌아보아도 새로운 가능성은 열리지 않는다."
>
> \- 허미비아 아이바라

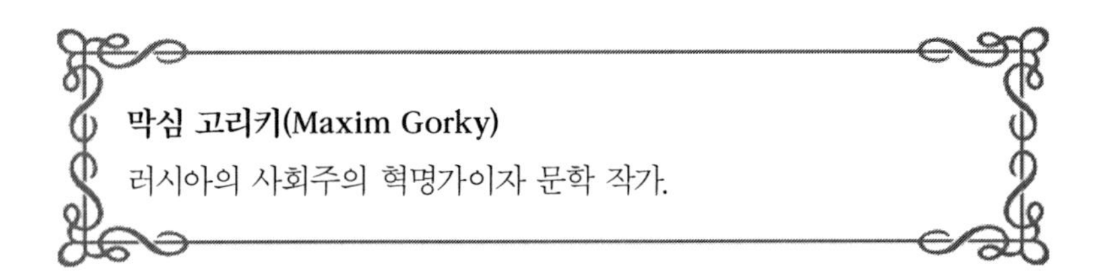

막심 고리키(Maxim Gorky)
러시아의 사회주의 혁명가이자 문학 작가.

51.

우리들은 네오필릭(Neophilic)을 좋아한다

We like neophilic

– 라이얼 왓슨 –

전문은 다음과 같다.

> 우리들은 네오필릭(Neophilic), 즉 새로운 것을 좋아한다. 그것이 인간으로서 살아가는 존재의 본질이다.

네오필릭(Neophilic)은 동물학에서 '새로운 영역을 탐험하거나, 새로운 먹잇감을 찾는 것'을 의미하는데 흔히 '새로운 것을 좋아하는'의 의미로 사용한다. 이 말은 라이얼 왓슨의 저서 『네오필리아: 새로운 것을 좋아하는 생태학』에 등장한다.

그는 저서에서 사자와 호랑이의 차이에 대해 다음과 같이 설명하고 있다.

'사자'와 '호랑이'는 모두 고양이과 동물로 해부학적으로는 구분할 수 없을 정도로 비슷하다. 그런데 심리학적으로는 정반대이다. 사자는 선천적인 게으름뱅이다. 먹이만 충분하면 나태로운 생활을 즐기고 행복해하며 잠에 빠지곤 한다.

반면 호랑이는 사자보다 원하는 것이 매우 많다. 신경계통상 하릴없는 것을 견디지 못한다. 그래서 장시간 쉬는 것을 받아들이지 못한다. 아무리 실컷 먹어도 우리 안에 가두어 놓으면 곧바로 싫증을 내고 우리 안을 어슬렁거린다. 할 일이 없으면 노이로제에 걸리기도 한다. 그만큼 호랑이는 우리에서 키우기 힘든 동물이다.

동물들은 대부분 사자 카테고리에 속하지만 사람은 경향적으로 호랑이 카테고리에 속한다고 한다. 그래서 도전하기를 좋아하고 스스로 새로운 것, 다른 것을 끊임없이 추구한다. 자극을 추구하다가 위험에 빠지기도 한다.

라이얼 왓슨(Lyall Watson)은 '네오필릭'이 '네오포빅'보다 변화하는 환경에 적응하는 데 유리하다고 한다. 네오포빅(새로운 것을 싫어하는) 타입의 동물은 스페셜리스트이다. 생존을 위한 특별한 방법을 궁리하고 다른 방법은 눈도 주지 않고 그에 맞추어 살아가는 패턴을 답습하는 타입이다. 왓슨은 개미핥기를 예로 든다. 개미핥기는 개미를 찾아서 잡아먹는 데에 발군의 재능을 발휘한다. 주변의 어떤 동물보다도 몸의 구조나 행동이 개미 먹기에 맞춰져 있다. 개미가 존재하는 한 별도로 문제될 점은 없다. 그러나 이 식량원에 문제가 생기면 개미핥기는 고대의 유물이 되어 버리고 만다. 전문 기술을 발휘할 수 없는 환경에서 스페셜리스트에겐 미래가 없다.

반면 네오필릭 타입의 동물은 단호한 비스페셜리스트이다. 자신에게 유리한 무언가를 찾으면서 자신의 범주를 넘어서는 것을 마다하지 않는다. 늘 무엇이 일어날 것인가에 대비하면서, 경우에 따라서는 스스로를 바꾸어 나가기도 하는데 이 점이 바로 사람의 성공 비결로 최고의 기회주의자(Opportunist)이다. 물론 쓸데없는 일도 저질러 부적절한 결과나 바보 같은 행동을 야기하기도 하는 단점도 있다.

100마리째 원숭이 현상

1952년 일본에서 어린 원숭이 한 마리가 밭에서 캐내어 흙이 묻어 있는 고구마를 물로 씻어 먹기 시작하면서 그 집단은 물론 먼 곳에 사는 원숭이 집단들도 그렇게 하는 것을 보고 라이얼 왓슨은 이를 '100마리째 원숭이 현상(the Hundredth Monkey Phenomenon)'라고 설명하였는데 1979년에 출판한 『Life Tide』(1979)에 소개되어 큰 반향을 일으켰다. 이것은 어떤 행위를 하는 개체의 수가 일정 숫자를 넘으면 그 행동은 그 집단에만 국한되지 않고 시간과 공간을 뛰어넘어 확산되어 가는 불가사의한 현상을 가리킨다. 1994년에 학설로 인정되어 많은 동물학자와 심리학자가 여러 가지 실험을 한 결과 원숭이 뿐 아니라 인간을 포함한 포유류나 조류, 곤충류 등에서도 볼 수 있는 보편적 현상이라는 사실이 밝혀졌다. 최근에는 왓슨의 지어낸 이야기라고 하는 설도 있다.[37]

우리 사회에서 필요한 것은 네오필릭한 사고방식이다. 안주하는 사자형 인간보다 호랑이형 인간을 늘려 다가오는 다양한 기회를 성장의 발판으로 삼는 기회주의자가 되도록 노력할 필요가 있는 것이다. 깨달은 10%의 사람에 의해 세상의 가치관이나 구조가 바뀐다는 100마리 원숭이의 현상처럼 10%의 누군가의 깨달음으로 나머지가 변화된다면 이 사회와 이 세계를 바꾸어 나갈 수 있지 않을까 하는 기대를 해 본다.

---

37 출처: 위키피디아 참조.

라이얼 왓슨(Lyall Watson)

남아프리카 태생의 영국 심리학자, 동물학자, 생물학자, 인류학자, 동물행동학자.

52.

가장 가혹한 형벌은 전혀 무익하고 무의미한 일을 하게 하는 것이다

The harshest punishment is
to do something totally useless and meaningless

– 도스토옙스키 –

도스토옙스키는 사상범으로 체포되어 사형을 언도받은 후 형 집행 직전에 사면을 받고 4년간 시베리아 유형에 처해졌다. 이러한 옥중 생활을 바탕으로 쓴 소설 『죽음의 집의 기록』에는 가장 흉악한 살인마마저 부들부들 떨게 만드는 전혀 무익하고 무의미한 일이 적나라하게 묘사되어 있다.

> "물은 한 수통에서 다른 수통으로 옮기고 다시 원래대로 옮기거나 흙을 한 장소에서 다른 장소로 그리고 원래 장소로 다시 옮기는 작업을 시키면 죄수는 누구라도 4~5일을 못 버티고 고개를 절래 흔들거나…."

그는 수형자들이 일에 대하여 의미 부여를 하는 행동도 기록하였다. 예를 들면 감옥에서의 힘든 노역이 수형자에게 흥미가 없고 지루한 것이라 해도 일로써 이익이나 의미가 있는 경우나, 또는 벽돌을 나르거나 벽을 칠하거나 밭을 경작하는 것과 같이 일에 분명한 목적이 있거나, 일하면 식자재가 생산되거나 집이 지어지는 등 결과가 나타나는 경우는 어떠한 강제적인 노동도 견딜 수 있다는 것이다.

얼마 전 노벨경제학상 수상자 밀턴 프리드먼이 개도국 공사현장에서 수많은 노동자들이 불도저와 같은 대형 굴삭기 없이 땅을 파고 있는 것을 보고 왜 그렇게 하느냐고 묻자 고용창출 때문이라고 답하는 것을 듣고는 "그렇다면 왜 삽을 줬어요? 차라리 숟가락을 주지"라고 했다는 기사를 보았다.

그 기사를 보는 순간 '프리드먼이 한 말의 진정한 의미는 숟가락으로 의미 없이 땅을 파는 일이 고용 창출이 아니라 얼마나 끔찍하고 무서운 형벌인가 하는 생각에서 도스토옙스키의 글을 연상해서 말한 것은 아닐까' 하는 생각이 들었다.

이처럼 도스토예프스키는 자신이 겪은 생생한 체험으로 무의미하고 무익한 노동이야말로 인간의 정신을 파괴하는 최악의 형벌로 규정하였다.

표도르 도스토옙스키(Fyodor Mikhailovich Dostoevskii)
19세기 러시아 문학을 대표하는 세계적인 문호로, 소설가·비평가·사상가.

건전한 신체에 건전한 정신이 깃든다

A sound mind in a sound body

– 유베날리스 –

“건전한 신체에 건전한 정신이 깃든다”는 말은 흔히 신체가 건강하면 정신도 건강하게 된다는 의미로 알고 있다. 이 말은 『풍자시집』 제10편 ‘인간의 욕망의 허망함’의 가장 마지막 부분에 나온다.

『풍자시집』 제10편은 행복을 얻기 위해 많은 사람들이 신에게 기도하는 목적(부, 지위, 재능, 영광, 장수, 미모)을 하나하나 열거하면서 그 어느 것이든 손에 넣기 어려울 뿐 아니라 설사 얻었다 하더라도 결코 행복해지지 않는다는 내용이 담겨 있다. 그러니 신에게 기도한다면 ‘심신 모두 건강하게끔 해 달라’는 정도로 충분하다는 것이다. 이 정도라면 누구든 손에 넣을 수 있고 또 손에 넣더라도 불행하게 되는 일이 없으니 이보다 더 큰 바람을 가져서는 안 된다는 의미의 풍자시이다.

그러니까 본래 이 명언의 뜻은 ‘(만일 신께 기도한다면) 심신 모두 건강하게 해달라’는 정도로, 그동안 우리가 들어왔던 의미와는 다르다. 유베날리스가 뜻한 바와는 전혀 다른 오역(誤譯)인 것이다.

명언의 라틴어 orandum est ut sit mens sana in corpore sano의 해석에 있어, 건강한(sano) 신체(corpore)에 건강한(sana) 정신이(mens) 깃든다(in)고 단정한 것이 아니라 소망(ut sit)을 말한 것이니 ‘건강한 신

체에 건강한 정신이 깃들게 하소서'라는 바람으로 해석[38]하는 의견도 있는 반면, 여기서의 in은 특별히 정신 건강과 신체 건강이 무언가의 관계가 있다기보다는 단순히 심신 모두 건강하기를 기원하는 의미로 보는 것이 타당하다는 의견도 있다. 즉, "You ought to pray that both mind and body be healthy"로 해석하는 것이다.

유베날리스는 당시 타락한 로마 시민에 대해 이처럼 풍자를 통해 유혹에 이겨내는 건전한 정신을 가질 것을 주문하고 있는 것이다.

마지막 부분의 원문은 다음과 같다.

> (만일 신에게 기도한다면) … 심신 모두 건강하길 기도하는 것이 좋다. 죽음에 대한 공포에서 해방되고 장수는 자연의 축복 중 가장 최저의 것으로 생각하여 어떤 어려움이라고 견디어 내고 화내지 말고 아무것도 바라지 않으며 미식(美食)과 사치, 쾌락에 빠진 아시리아 최후의 왕 사르다나팔루스(Sardanapalus)보다는 인류를 위해 힘든 고난을 이겨낸 헤라클레스가 더 훌륭하다고 생각하는 건전한 정신을 구하도록 하라. 내가 권유하는 것은 모두 누구든지 스스로 할 수 있는 것들뿐이다. 스스로 올바르게 행하기만 한다면 인생을 평온하게 보낼 수 있는 길이 반드시 열릴 것이다.
>
> … orandum est ut sit mens sana in corpore sano.
> fortem posce animum mortis terrore carentem,
> qui spatium uitae extremum inter munera ponat
> naturae, qui ferre queat quoscumque labores,

38 송형석, '건강한 신체에 건강한 정신이 깃드는가?', 국민체육진흥공단, 2012.9.6. (https://www.sportnest.kr/1483)

nesciat irasci, cupiat nihil et potiores
Herculis aerumnas credat saeuosque labores
et venere et cenis et pluma Sardanapalli.
monstro quod ipse tibi possis dare; semita certe
tranquillae per virtutem patet unica vitae.

- 『풍자시집』 제10편, 356~364행

우리가 사용하는 '건전한 신체에 건전한 정신이 깃든다'는 의미로 사용하게 된 것은 근세에 세계 규모의 전쟁이 시작되면서부터이다. 나치 독일을 비롯하여 각국은 슬로건으로 '건전한 정신은 건전한 신체로부터'를 내걸어, 신체를 단련하는 것에 의해 건전한 정신을 얻는 의미로 자의적으로 개조하여 군국주의를 밀고 나갔다.

그 결과 본래의 의미는 실종되고 전후의 교육에서도 그대로 잘못된 오역을 받아들여 각국의 군대나 스포츠업계 등 체육 분야에 뿌리 깊게 자리 잡고 있다. 지금은 군국주의를 표방할 필요가 없고, 자칫 신체 장애자에 대한 차별용어로써 해석할 우려가 있어서 신체와 정신의 밀접한 관계나 밸런스를 표현하는 데 있어 범위를 국한하여 사용되고 있다.

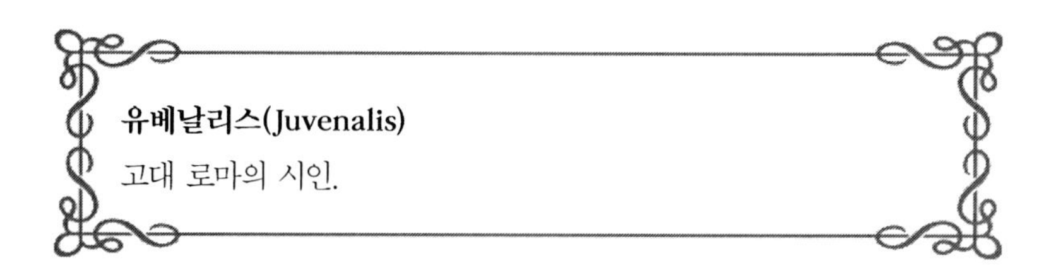

유베날리스(Juvenalis)
고대 로마의 시인.

CHAPTER 5.

인생

53.

인생에서 필요한 것은 사랑과 용기 그리고 구질구질하지 않을 만큼의 돈이다

All it needs is love, courage, and a little dough

– 찰리 채플린 –

1952년에 개봉한 영화 <라임라이트>에 나오는 대사이다. 라임라이트는 석회(石灰) 막대를 산수소(酸水素) 불꽃에 태웠을 때에 생기는 백색광(白色光)으로 19세기 후반 극장에서 무대용 조명으로 썼는데, 영화에서는 각광·명성 등을 뜻한다. 위대한 영화감독이기도 한 채플린이 언어의 마술사로 불리는 이유는 영화 <라임라이트>에서 고스란히 드러난다. 그의 인생 철학이 생생하게 담긴 명언이 넘치는 영화이기 때문이다.

<라임라이트>의 줄거리는 이렇다.

발레리나 테리는 다리 관절이 아파서 춤출 수 없게 되자 가스 자살을 기도한다. 우연히 만취한 왕년의 유명 코미디언 칼베로(채플린 분)가 쓰러져 있는 그녀를 발견해 자신의 방으로 데려가 마지막 소지품인 바이올린을 저당 잡혀서 그녀를 간호한다. 칼베로는 낙담한 테리에게 삶의 아름다움과 희망을 주었고 테리는 용기를 얻어 건강을 회복하게 된다.
칼베로는 테리의 부담을 덜어 주기 위해서 그녀의 곁을 떠난다. 몇 년이 지난 뒤 발레리나로 꿈을 이룬 테리가 떠돌이 악사가 된 칼베로를 만나자 은인을 위해 자선공연을 한다. 공연은 대성공을 거두었고 칼베로는 테리가 라임라이트 조명 아래에서 춤추는 동안 숨을 거둔다.

영화는 인생에 대한 자전적이고 회고적인 단상들을 풀어내는 사색적인 영화로 아카데미 음악상을 수상하였다. <라임라이트>는 채플린의 말년의 영화로 기존의 특유의 풍자와 비판적인 비유와는 달리 노령의 고독과 우수를 담아냈다. 칼베로는 살아가는 것에 절망하고 자살하려는 발레리나에게 아래와 같은 주옥같은 인생철학으로 열변을 토한다. '산다는 의미와 희망'을 강조한 왕년의 코미디언이 인생의 의미를 설명해 주는 장면이다.

> 인생은 두려워하지만 않으면 정말 멋진 것이야. 그러기 위해서는 사랑과 용기, 그리고 구질구질하지 않을 만큼의 돈만 있으면 돼.
>
> Yes, life is wonderful, if you're not afraid of it. All it needs is love, courage, and a little dough.

Some money로 알려진 경우가 많은데 영화 속 대사는 a little dough(속어로 돈을 의미)로 아주 조금만 있으면 된다는 의미이다. 'courage, imagination··· and a little dough'라는 식으로 좀 사이를 두고 말했는데 이는 가난한 칼베로가 자신의 처지를 고려하여 약간의 돈이 있으면 좋다는 식으로 표현함으로써 앞의 두 가지 요소, 즉 용기와 상상력과 함께 가장 중요한 것임을 강조하고 싶어 했다. 도망치지 말고 두려워 말고 앞으로 전진하려는 용기, 무언가를 이루려고 갈구하는 마음, 즉 희망, 구질구질하지 않게 살 정도의 약간의 돈··· 이것만 갖추면 인생은 멋지다는 것이다.

다음은 영화 속 대사들이다.

“나는 팔이 없는 남자를 알고 있는데 그런데도 그는 바이올린을 연주한다. 자기 다리로 바이올린을 연주하는 거야. 그런데 너는 싸워 보려고 하지를 않고 늘 병(病)과 죽음을 생각하면서 자신에게 투덜거리기만 하는구나.”

“죽음처럼 인간에게는 피할 수 없는 사실이 있단다. 그건 바로 삶이야. 인간의 삶!”

“각기 욕망이 있으니 장미는 장미대로 꽃을 피우고 싶어 하고 바위는 언제까지나 바위답게 있으려고 노력한단다.”

“이 순간을 살아내면 그걸로 된 거다. 멋진 순간이란 것도 있으니까.”

“왜 맞서지 않는가. 죽음처럼 도망칠 수 없는 거야. 그게 인생이고 삶이야!”

“살면서 고생하고 즐겨라. 인생은 아름답고 멋진 것이야.”

“나는 잡초다. 잘라내도 다시 자란다.”

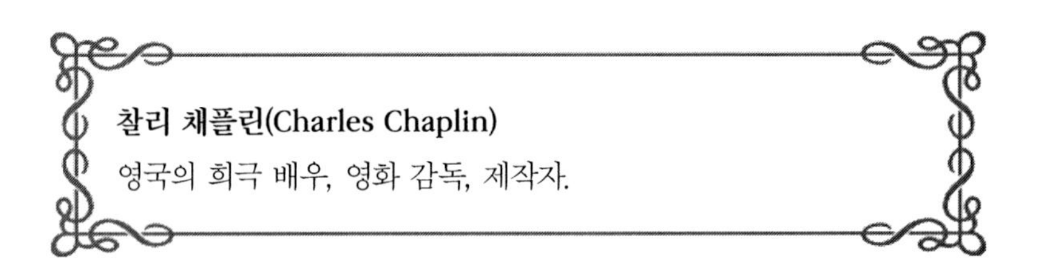
찰리 채플린(Charles Chaplin)
영국의 희극 배우, 영화 감독, 제작자.

54.

그대가 할 수 있는 모든 선을 행하시오

Do all the good you can

– 존 웨슬리 –

존 웨슬리는 영국의 종교개혁자(1703~1791년)이며 감리교회 창시자로, 위의 명언은 『행동의 규준』에 나오는 내용이다.

그대가 낼 수 있는 모든 힘을 다해
그대가 힘이 닿는 모든 방법으로
그대가 동원하는 모든 장소에서
그대가 낼 수 있는 모든 시간을
그대가 할 수 있는 모든 사람들에게
그대가 생명이 있는 마지막 순간까지
그대가 할 수 있는 모든 선을 행하시오.

Do all the good you can,
By all the means you can,
In all the ways you can,
In all the places you can,
At all the times you can,
To all the people you can,
As long as ever you can.

웨슬리의 깊은 신앙심과 정결한 생활은 회심(신앙에 불성실했다가 마음을 돌이켜 철저히 하나님을 믿는 것)에서 기인한다. 기록에 의하면 어느 기도 모임에 참석하여 루터의 로마서 주석 서문을 듣는 순간 '이상하게 마음이 뜨거워지는 경험'을 한 것이 계기가 되었다고 한다. 그는 경험 이후 '과거에는 때때로 승리했지만 현재에는 늘 승리하는 사람이 되어 있다'고 일기에서 밝히고 있다.

나도 웨슬리의 회심의 계기가 된 마르틴 루터의 로마서 서문을 읽어 보았다. 그중 몇 개를 소개한다.

"믿음은 사람의 마음속 깊은 곳에서 그에 상응하는 체험을 갖고 있지 않는 한 한낱 상상에 지나지 않는다. 그러므로 그것은 아무런 효력을 발휘하지 못하며 더 나은 삶을 가져오지도 못한다."

"믿음은 결코 행해야 할 선행이 어디 있는지 묻지 않고 오히려 그러한 질문이 던져지기 전에 선행을 이미 행하고 계속해서 선행을 행하고 있다. 이런 식으로 활동적이 되지 않는 사람은 믿음이 없는 사람이다."

"그러므로 믿음의 사람은 어디에서 내몰려서가 아니라 자발적으로 기쁘게 모든 사람들에게 선행을 하고 모든 사람을 섬기며 자기에게 그런 은혜를 보여 주었던 하나님의 사랑과 영광을 위하여 온갖 종류의 곤경을 겪고자 한다."

웨슬리가 전도 생활 — 복음을 전파하고 선(善)을 행하고 영혼(靈魂)을 구하는 노력 — 을 단 하루도 멈추지 않고 매진할 수 있었던 것은

'나는 오로지 이 일에만 매진한다'는 비범한 목적 추구의 정신에서 비롯되었다. 그는 집필 이외에는 해 본 적이 없는 사람처럼 집필하고 설교 이외에는 해 본 적이 없는 사람처럼 설교하며 지도 이외에는 해 본 적이 없는 사람처럼 지도했다. "세계는 나의 교구"라고 외치며 대중에게 설교하기 시작한 웨슬리는 88세로 세상을 떠날 때까지 65년에 걸친 공식 사역 기간 동안 말과 마차를 타고 전국을 순회하면서 4만 회에 이르는 설교를 했다. 그동안 다녔던 거리는 무려 36,200㎞이며 저서는 설교집, 주해서, 신학서, 전도서, 일기 등 3,421권에 이른다. 그는 여행하는 시간조차도 헛되이 보내지 않았다. "역사, 철학, 시작(詩作)은 보통 말 위에서 흔들리면서 보았다. 그 시간 이외에는 다른 일이 기다리고 있기 때문이다"고 말하는 웨슬리의 강인한 체력, 끊임없는 열정, 인격과 경건함은 두고두고 인구에 회자되었다고 한다. 그는 자기연마를 게을리하는 설교자들에게 다음과 같이 지도했다.

"그러니까 군(君)의 설교의 재능이 좋아지지 않는 거다. 군(君)의 설교는 7년 전과 비교해서 하나도 나아지지 않았다. 활기는 있지만 깊이가 없다. 무엇을 들어도 내게는 똑같이 들린다. 사상(思想)이 늘어나지 않는다. 그것을 보충하기 위해서는 매일 독서하고 명상하고 날마다 기도를 해야 함에도 그것을 하지 않아 군(君)은 자신에게 큰 피해를 끼친 셈이다. 내가 말하는 것처럼 하지 않으면 군(君)은 결코 훌륭한 설교자가 될 수 없으니 명심하고 지금 바로 시작하라. 매일 시간을 정해 개인적인 수련의 시간을 가져라. 지금은 그렇지 않더라도 점차 좋아질 것이다. 처음에는 대의(大義)에서 시작한다 해도 나중에는 즐거움으로 될 것이다. 좋든 싫든 매일 독서하고 기도하라. 이는 생사가 달린 문제다. 그 이외에는 방법이 없다. 그렇지 않으면 군(君)은 아무 가치도 없는 경박한 설교자로 끝날 것이다. 혼(魂)이 성장하기 위한 시간과 수단을 강구해야 한다. 더 이상 자신(자신의 혼魂)을 굶겨서는 안 된다."

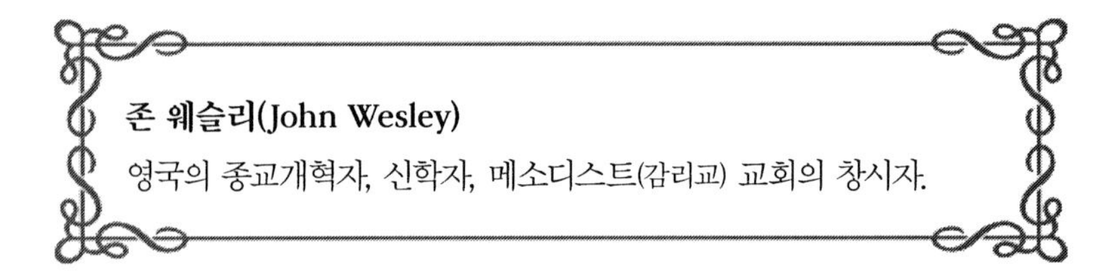

존 웨슬리(John Wesley)

영국의 종교개혁자, 신학자, 메소디스트(감리교) 교회의 창시자.

55.

일생을 마친 뒤에 남는 것은 우리가 모은 것이 아니라 우리가 남에게 준 것이다

It's not what you gather,
but what you scatter that tells what kind of life you have lived

– 제라르 샹드리 –

이 명언은 우리나라에서도 많이 알려져 있는데, 대부분 명언의 출처를 미우라 아야코(三浦綾子)의 『(속) 빙점』으로 소개하고 있다. 이러한 오류는 그녀의 소설에서 제라르 샹드리의 말을 인용했다는 내용을 누락시킨 채로 발표하여 생긴 것이다.

소개한 명언은 『(속) 빙점』에서 주인공 요오코가 아버지에게 보내는 편지에서 자신의 삶의 방향이 서서히 바뀌게 된 것은 다음과 같은 할아버지 말씀 때문이라는 대목에 나온다.

> "일생을 마친 다음에 남는 것은 우리가 모은 것이 아니라 우리가 남에게 준 것이다"라는 제라르 샹드리라는 사람이 한 말이 왠지 자꾸만 머리에 떠오르는구나. 나는 자신의 공적이나 명성만을 모으기 위해 살아온 셈이다. 너희들에게 대체 무엇을 준 것이 있겠니?"

요오코는 아직 어린 자신이 '일생을 마친 후에 남는 것'을 생각하는 것은 우스꽝스러운 일인지 모르겠지만 자신이 작년에 이 세상을 떠나려고 했던 사람으로 만약 그때 죽었더라면 자신은 대체 무엇을 남겼을까 하고 회상한다. 할아버지의 다음 말씀도 기억에 남는다고 요오코는 편지를 잇는다.

> "재미있는 일이야. 악착같이 모은 돈이나 재산은 그 누구의 마음에도 남지 않지만 남몰래 하는 적선, 진실한 충고, 따뜻한 격려의 말은 언제까지나 남는단다."

이 말을 듣고 주인공 요오코(陽子)는 '어떻게 살아야 하는가?' 하는 의문에 대해 한 가닥의 해답이 되었다고 한다. 아직 자신은 인생의 목적이나 살아가는 이유는 잘 모르지만 제라르 샹드리의 말이 마치 한줄기 빛이 되어 가슴속으로 스며들어오는 것 같았다고 한다. 즉, 남에게 아무것도 주지 못하는 생활 태도와 그렇지 않은 생활 태도, 그런 것을 생각하게 되어 자각적인 걸음을 내딛게 되었다는 것이다.

그런데 제라르 샹드리의 명언의 번역을 보면 '남에게 준 것'이라고 하기도 하고 다른 곳에서는 '남에게 뿌린 것'이라고 하기도 하는데 이러한 차이는 영어에서는 ' ~ scatter'라고 번역하였고 불어에서는 '~ donné(affordable)'로 번역하여 생긴 것으로 보인다.

그런데 제라르 샹드리(Gérard Chaudry)에 대해서는 알려진 게 없다. 미우라 아야코의 『(속) 빙점』에서 인용한 것으로 알려진 그에 대해 궁금해하는 사람들이 많아 일본 국회도서관에서 적극적으로 조사에 나섰지만, 프랑스계라는 것만 확실할 뿐이어서 경력 미상으로 소개되고 있다.

"우리들은 세상으로부터 얻은 것으로 살아가므로 당연히 세상에 이로움을 주며 인생을 살아가야 한다."

- 윈스턴 처칠

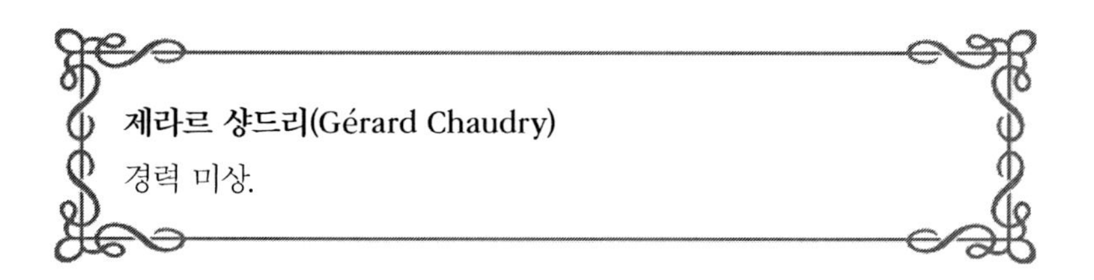

제라르 샹드리(Gérard Chaudry)

경력 미상.

56.

당신이 태어날 때,
당신만 울고 세상 사람들은 미소 지었다
당신이 세상과 이별할 때
당신만 미소 짓고 세상 사람들은
슬퍼하는 그런 삶을 살아라

When you were born you cried while those around you smiled
May you live so that when you die, you may smile,
while those around you cry

– 체로키족 속담 –

에드워드 커티스(Edward S. Curtis)의 『Native American Wisdom』[39]에 소개되어 있는 체로키족의 속담이다. '체로키'란 산이나 동굴에 산다는 'Cha-La-Kee'의 의미도 있지만, 크릭(Creek)족의 말로 '판단하기 어려운 말을 사용하는 사람들'이란 의미도 있다고 한다. 이 책의 저자 커티스는 23년간 자신의 일생을 걸고 인디언을 추적해 온 민족학자이자 사진가이다. 그가 촬영한 인디언들은 한결같이 위엄과 고귀한 품격을 갖춘 모습이다. 자연과 공생하여 온 그들의 언어는 소박하면서도 엄격하고 예지가 넘친다. 특히 그들은 자연을 예리하게 관찰하여 그 움직임이나 살아가는 모습을 자신들의 표본으로 하여 삶을 살아 나간다. 환경에 젖어들어 그 일원이 될 수 있도록 스스로를 만들어 나간다.

39 에드워드 S. 커티스 지음, 이노우에 아츠오 옮김, 『ネイテイブ アメリカンの教え』(井上篤夫 譯, RHブックス プラス.

아래는 19세기 후반 어느 수족(族)의 주술사가 한 말이다.[40]

"나 자신의 체험을 갖고 이야기한다. 사람은 누구나 어떤 동물이나, 나무, 식물이나 특정의 장소에 마음이 쏠리기 마련이다. 그 매력에 걸맞은 가치가 있는 존재가 되기 위하여 자신이 끌리는 것에 마음을 정하고 무엇을 해야 가장 좋은가를 모색한다. 그때 사람은 혼이 정화되는 꿈을 꾸게 된다. 자기가 좋아하는 동물을 정하는 것이 좋다. 그리고 그 동물에서 배우는 거다. 꾸밈새 없는 자연 그대로의 삶을 배우는 거다. 우는 방법, 움직이는 방법을 배우는 거다. 동물들은 사람과 친하고 싶어 한다. 사람은 오랜 시간을 들여 식견을 몸에 익히도록 노력해야 하는 법이다."

일본의 교육심리학자 가토 다이조는 『아메리칸 인디언의 가르침』이라는 그의 번역서[41]에서 같은 이름의 산문시를 소개했는데 총 11행으로 구성된 이 시는 일본에 처음 공개되던 당시에 큰 반향을 가져왔다고 한다.

"비판을 받고 자란 아이는 비난을 잘한다.
적대감 속에서 자란 아이는 누구하고도 싸운다.
놀림을 받고 자란 아이는 수줍어진다.
시기심을 받고 자란 아이는 죄책감을 배운다.
마음이 너그러운 사람들 사이에서 자란 아이는 끈기 있어진다.

---

40 에드워드 S. 커티스 지음, 이노우에 아츠오 옮김, 『ネイティブ アメリカンの教え』, RHブックス プラス.
41 가토 다이조 지음, 『ネイティブ アメリカンの教え』, ニッポン放送出版.

격려를 받고 자란 아이는 자신감 있는 아이가 된다.

칭찬 속에서 자란 아이는 고마움을 알게 된다.

공명정대 속에서 자란 아이는 정의로운 마음을 가진다.

배려 속에서 자란 아이는 신앙심을 가진다.

인정 속에서 자라난 아이는 자신을 소중히 여긴다.

동료애 속에서 자란 아이는 세상에서 사랑을 발견한다."

다음은 인디언의 속담들이다.[42]

"자연은 부모로부터 주어진 것은 아니다. 조상으로부터 받은 것도 아니다. 어린이들로부터 빌려온 것이다."

"인생이란 무엇인가? 밤에 깜박 반딧불의 빛이다. 버펄로가 겨울에 토하는 숨이다. 초원을 달리고 황혼 함께 스스로 사라지는 작은 그림자이다."

- 블랙 푸트족

"우는 것을 두려워하지 마라. 마음이 싹트고, 슬픔에서 자유롭게 될 수 있다."

- 호피족

"부모는 자녀의 것은 아니다. 신으로부터 받은 것이다."

- 호크족

42 에드워드 S. 커티스 지음, 이노우에 아츠오 옮김, 『ネイティブ アメリカンの教え』, RHブックス プラス.

57.

과거 탓, 남의 탓이라는 생각을 버릴 때 인생은 호전한다

Life is better
when give up the idea of the past and stop blaming others

– 웨인 다이어 –

웨인 다이어(1940~2015)는 세계에서 가장 영향력이 있는 심령주의자(spiritualist)로 동기부여의 아버지, 자기계발의 아버지로 불리고 있다.

그는 매슬로우의 자아실현의 심리학을 더욱 발전시킨 신개인주의의 기수로서 사회와 조직 안의 '개인'을 중시하는 신개인주의를 제창하여 세계적으로 평가받았다. 30여 권에 이르는 책을 썼고 수많은 강연과 TV, 라디오에 고정 출연하면서 많은 사람들에게 위안과 희망의 메시지를 전해 왔다.

1940년 미국 미시간주 디트로이트에서 태어난 그는 어린 시절에 아버지가 집을 나가 버려 어머니가 어쩔 수 없이 자신과 형을 고아원에 맡겼던 불우한 과거가 있지만 꿈을 이루기 위해 숱한 역경을 지혜롭게 이겨내면서 자신만의 인생철학을 확립했다. 웨인주립대학교에서 교육 카운슬링 박사 학위를 받았고 뉴욕에 있는 세인트존스 대학교에서 조교수로 일했다. 미국 전역을 순회하며 수백만 명을 대상으로 '꿈을 이루는 법'을 강연했다.

웨인 다이어는 우리가 '과거 탓, 남의 탓으로 돌리는 것'에는 다음의 두 가지 문제가 있다고 진단한다.

첫 번째, 과거의 탓이나 남의 탓으로 치부하는 불편한 감정은 어디까지나 자신이 선택했다. 그는 사람들은 자신의 감정은 외부의 원인으로 인해 생기는 것이므로 자신은 선택할 수 없다고 생각하기 쉽지만 그렇지 않다고 강조한다. 자신이 아니라면 도대체 누가 내 머릿속의 생각을 컨트롤하고 있는 것인가? 그는 우리들에게 되묻는다.

두 번째, 과거의 탓이나 남의 탓을 하느라 귀중한 현재를 낭비하는 것이다. 과거를 생각한들 소용이 없고, 남에 대해 섭섭해한들 본인이 할 수 있는 것은 없는데 결국 귀중한 '현재'라는 시간을 자신이 아무것도 하지 않으면서 낭비하는 결과만 초래한다는 것이다. 따라서 변명은 자신의 잘못이 아니라는 핑계를 댈 수 있는 편리한 도구이지만, 현재를 낭비하는 것이며 또 자신이 할 수 있는 것은 아무것도 없다고 스스로의 한계를 긋는 최악의 적이 될 뿐이다.

인생을 개선하고 싶다면 자신의 지금의 현실을 만든 것은 바로 자신이라는 것, 그리고 자신에게는 새로운 사고로 행동하는 능력이 있다는 자각을 하는 것 이외에는 없다.

그러므로 '과거 탓'이 아니라 '과거 덕'으로, 즉 가난해서가 아니라 가난한 덕분으로 '남의 탓'이 아니라 남의 덕'으로, 즉 '도와주지 않아서'가 아니라 '도와주지 않은 덕분으로'라는 식으로 '부정적 사고'에서 '긍정적 사고'로 발상을 전환하는 것이다. 부정적인 감정에 함몰되느니 긍정적인 요소를 끄집어내면, 앞으로 전진하고자 하는 전향적인 마음이 생기게 되어 내가 어떻게 하면 잘할 수 있을까 하고 주체적인 의식을 갖게 되고, 잘될 수밖에 없는 재료들이 비로소 눈앞에 여기저기 널려 있는 것이 보여 실패를 두려워하지 않고 한 번 도전해 보겠다는 동기가 저절로 넘치게 된다.

웨인 다이어(Wayne Dyer)
미국의 세계적인 베스트셀러 작가. 가장 뛰어난 자기계발 전문가로 평가받는 심리학자.

58.

40세는 청년기의 노년기요 50세는 노년의 청년기이다

Forty is the old age of youth; fifty is the youth of old age

– 빅토르 위고 –

『레미제라블』 속 장발장의 인생은 빅토르 위고의 인생과 유사하다. 탈옥수는 아니었지만 파란만장(波乱万丈)하다는 의미에서는 그는 장발장 같은 인생을 살았다. 그런 위고가 '40세는 청년의 노년기요, 50세는 노년의 청년기이다'라고 말하고 있다. 40세가 청년기의 노년기라 함은 그때까지의 경험을 살릴 기회가 왔다는 것이고, 50세 노년기의 청년이라 함은 마음먹기에 따라 인생을 새로이 스타트할 수 있다는 의미이다. 마음먹기에 따라 전 생애를 청년기처럼 살아갈 수 있다는 것으로, 연령이 80을 넘어도 꿈과 희망으로 살아간다면 그는 노인이 아니라 성년(盛年)인 것이다.

젊은 시절이 외형적인 세계에 몰두하는 시기라 한다면 50세는 자신의 한계와 인생의 유한성을 깨닫고 내면의 정신적 세계에 적응하는 전환의 시기다. 지금까지의 삶이 조직의 요구에 맞추기 위해 가정을 꾸리고 자녀들의 뒷바라지를 위해 정신없이 달려온 삶이라고 한다면, 50대 이후의 인생은 본래의 참모습을 추구함으로써 자신의 개성화를 이루는 시기다.

중년기 심리학자 칼 융은 이 시기를 생의 전환기(Lebenswende)라고 불렀다.

"우리는 인생의 오후를 아침 프로그램으로 살 수 없다. 왜냐하면 아침에 위대했던 것들이 밤에는 보잘것없어지고 아침에 진실이었던 것이 밤에는 거짓이 되기 때문이다."

- 칼 융, 『인생정오론』

앤 모로 린드버그는 저서 『바다의 선물』에서 50회 생일을 맞이해 바닷가에 앉아 인생을 사색하며 이렇게 읊조린다.

"오늘부터 내 인생의 오후가 시작된다."

오전을 50세 이전이라 한다면 50세는 정오고, 50세 이후는 오후가 되는 셈이다. 다섯 아이를 키워낸 그녀가 50세를 맞아 다시 인생의 오후의 출발을 선언한 것이다. 조용하면서도 통찰력이 넘치는 내용으로 전 세계 사람들에게 용기를 준 『바다의 선물』은 미국 베스트셀러가 되어 77판을 찍어내는 대기록을 세운다.

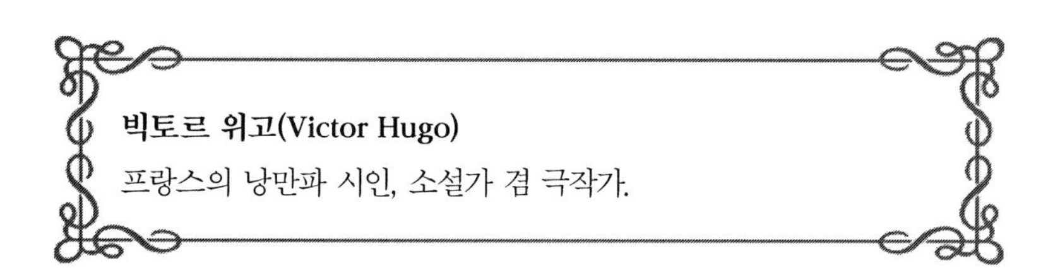
빅토르 위고(Victor Hugo)
프랑스의 낭만파 시인, 소설가 겸 극작가.

59.

인생에서 가장 중요한 날이 이틀 있는데 첫 번째 날은 내가 태어난 날이고, 두 번째 날은 내가 이 세상에 왜 태어났는지 그 이유를 알게 되는 날이다

The two most important day in your life are the day
you are born and the day you find out why

– 마크 트웨인 –

미국 미주리 출신의 작가 마크 트웨인[43]의 소설은 유머가 넘치고 독설이 있으면서도 사람의 심금을 울린다. 그가 남긴 말들은 지금도 세계 곳곳의 강연이나 스피치에 가장 많이 인용되고 있다. 헤밍웨이는 "모든 현대 미국 문학은 마크 트웨인의 『허클베리 핀의 모험』이라는 책에서 유래한다"고 주장하였는데, 이런 주장에 이의를 제기하는 사람이 없었을 만큼 미국 현대 문학에 큰 영향을 끼쳤다.

누군가 "당신은 왜 태어났습니까?" 하고 묻는다면 "글쎄요. 생각해 보지 않았는데… 내가 태어나고 싶어서 태어났겠어요?"라는 반문이 돌아오기 일쑤다.

그렇다면 우리 모두 다음 글을 읽어 보자.

43 본명은 새뮤얼 랭혼 클레멘스(Samuel Langhorne Clemens)이며 마크 트웨인('물 깊이 두 길'의 뜻)이란 필명은 그가 소설가가 되기 전에 증기선에서 도선사 자격을 취득한 데에서 비롯되었다고 한다.

당신이 태어나기 위해서는 두 사람의 양친이 필요합니다.

이 양친이 태어나기 위해서는 각각의 양친이 필요합니다.

2대가 네 명이 되고 3대는 여덟 명, 4대는 열여섯 명이 됩니다.

이런 식으로 기원을 거슬러 올라가면

20대에 이르러 백사십만 팔천오백칠십오 명

25대에 이르면 삼천삼백오십오만 사천백삼십이 명

30대에 이르면 십억 칠천삼백칠십사만 천팔이십사 명이 됩니다.

아마도 50대, 60대로 거슬러 올라간다면 천문학적 숫자가 될 겁니다.

이 수많은 선조 중에서 단 한 사람만이라도 없었다면

지금의 당신의 생명은 존재하지 않았습니다.

한 사람 한 사람 생명의 불씨가 꺼지지 않고 이어져 온 결과

오늘 당신이 여기 살아 있는 것입니다.

다시 묻겠습니다. 당신이 태어난 이유는 무엇입니까?

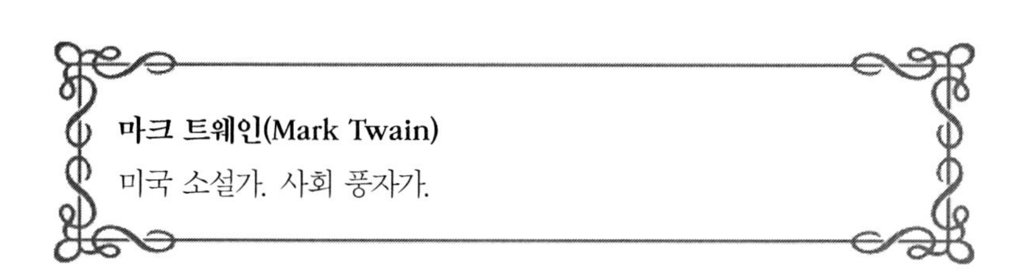

마크 트웨인(Mark Twain)

미국 소설가. 사회 풍자가.

60.

청년 시대의 나머지를 여행에 사용하라 세간(世間)이라는 큰 책에서 배워라

– 르네 데카르트 –

데카르트의 대표작인 『방법서설(Discours de la Méthode)』에 나오는 글귀다. 데카르트는 대단한 수재로 20세에 대학에서 배우고 있는 것에 만족하지 못하고 세계를 여행하면서 '세간(世間)'이라는 큰 책을 통해서 배우겠다고 하면서 당시 세계 최고 학부인 파리 대학을 나와 여행에 나선다. 당시, 18세기에서 19세기 걸쳐서 유럽에서는 최선진국 연합왕국의 부유층 자제를 중심으로 대학을 졸업하면 수개월에서 수년간 유럽 각지를 여행하는 '그랜드 투어(Grand Tour)'가 유행했다고 한다.

이하 『방법서설』에 나와 있는 내용을 설명한다.

> 나는 어린 시절부터 책에 의한 학문으로 성장하고 그로 인해 삶에 유익한 모든 것에 대해 명백하고 확실한 인식을 얻을 수 있다고 수도 없이 들어왔기 때문에 그것을 배우려고 하는 열정을 안고 있었다. 그러나 학업 과정을 모두 마치고 남들처럼 학자의 일원에 들어가자마자 내 생각은 완전히 바뀌었다. 왜냐하면 나는 많은 의심과 오류로 고생하면서 지식을 얻으려고 노력하였지만 도리어 드디어 자신의 무지를 드러냈다는 것 이외에는 아무런 이익도 얻지 못한 듯이 생각했기 때문이다.

> 이런 이유로 나는 성년이 되어 자신의 선생님들의 손에서 해방되자마자, 책의 학문을 완전히 버리고 말았다. 그리고 자기 자신의 속에서, 또는 또한 세계라는 큰 책 속에서 발견될 수 있는 학문 외에는 더 이상 어떤 학문도 요구하지 않겠다고 결심하고, 청년 시절의 나머지를 여행에 사용, 곳곳의 궁정이나 군대를 보고 다양한 기질과 신분의 사람들을 찾아 다양한 경험을 거듭하고 운명이 나에게 내미는 다양한 사건 속에서 나 자신을 시험하려고 하고 도처에서 자신의 앞에 나타나는 사물에 대해 반성하고 거기서 뭔가 이익을 얻으려고 노력하면서 나머지 청년 시절(20~23세)를 보냈다.

데구치 하루아키 씨(出口治明, 입명관아시아태평양대학 학장)는 평소 책에서 배우고 사람에게서 배우고 여행에서 배우라고 강조한다. 자기 나름대로 분석한 것에 따르면 해보면 책에서 50%, 사람에게서 25%, 여행에서 25% 정도로 지식을 얻는다고 한다. 그는 희귀의 독서가로 1만 권 이상을 통독했으며 여행도 무려 70개국, 1200개 도시를 다녀 보았다고 할 정도다. 여행을 다녀 보니 정말 세상은 넓다는 것을 알게 되었고 시야도 훨씬 넓어졌다고 강조하면서, 그러한 경험이 새로운 발상을 가져다주고 사고를 깊게 해 줌은 물론 인간으로서의 폭도 넓게 이어지게 한다는 것이다. 역시 인간은 한 장소에만 있으면 좀처럼 배울 수 없다고 하면서 호모 모빌리타스(움직이는 사람)라는 말이 있는 것처럼 여행을 하는 것은 사람의 본능 중의 하나라는 여행 예찬론을 펼친다.

꽤 오래전이지만 《뉴욕타임스》의 칼럼니스트인 데이비드 브룩스(David Brooks)는 '대학 졸업 후부터 완전 자립 이전까지'의 시기를 '오디세이기(Odyssey Years)'로 규정했다. 그는 자신의 칼럼에서, "과거엔 일생을 4단계(아동기, 청소년기, 성인기, 노년기)로 구분했지만 지금은 오디세이기와 '활동적 은퇴기'를 추가해 6단계(아동기, 청소년기, 오디세이기, 성인기, 활동적 은퇴기, 노년기)로 구분해야 한다"고 주장했다. 20~30대 방황기를 일컫는 '오디세이기'란 표현은 고대 그리스의 영웅 오디세우스가 트로이 전쟁을 마치고 수년간 방황한 이야기를 기록한 서사시 『오디세이』에서 따왔다. 이 시기는 5~7년간 지속된다.

데카르트의 대학 시절 유럽 전역에서 그랜드 투어가 유행했듯이 지금의 대학생들도 오디세이기를 이용해서 여행을 통해 세간이라는 큰 책에서 배웠으면 하는 것은 나만의 바람인가?

> 세상 사람들을 이해하기 위해서는 지리와 역사를 배우고 자신의 발로 그 토지를 걸어 보는 수밖에 없다.
>
> \- 헨리 키신저

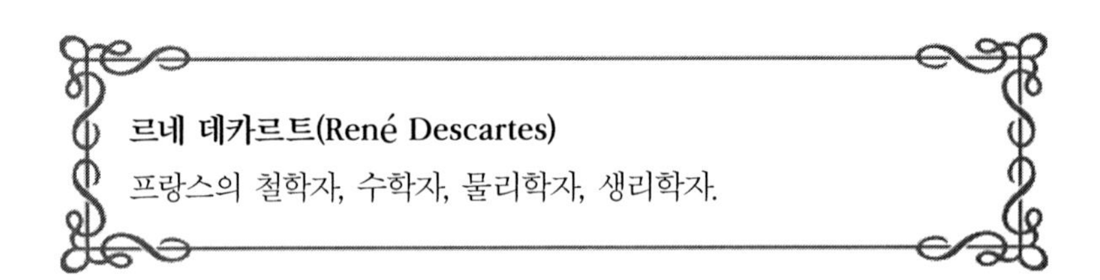

르네 데카르트(René Descartes)

프랑스의 철학자, 수학자, 물리학자, 생리학자.

61.

인생은 우리가 만드는 것이다
항상 그래왔고 앞으로도 그럴 것이다

Life is what we make it; always has been, always will be

– 그랜마 모제스 –

그랜마 모제스는 평생을 농업에 종사한 후 75세에 들어서 우연히 시작하게 된 그림을 통해 자신의 잠재 능력을 발굴하고 끊임없이 발전시켜 포크 아트의 제1인자로 성장했으며 101세로 죽을 때까지 무려 1,600점의 작품을 남겼다. 여러 번 미국의 크리스마스카드 연간 매출 넘버원을 차지하였고 우표에도 실린 그녀는 '미국의 양심'이라 불릴 만큼 널리 미국 대중의 사랑을 받은 인물이다.

그랜마 모제스의 본명은 안나 매리 로버트슨 모제스(Anna Mary Robertson Moses)이다.

그녀는 1860년 뉴욕주의 작은 농촌, 그리니치에서 태어났다. 12세부터 근처의 농가에서 15년간 일하고 27세에 결혼하여 10명의 아이를 낳았는데 그중 5명이 죽고 67세에는 남편인 토머스 모제스도 사별한다. 남편 사후에는 병약한 딸을 돌보기 위해 버몬트주 베닝턴으로 가지만 관절염 때문에 자수를 오래할 수가 없어 손녀의 권유에 따라 재활에 도움이 되는 붓을 잡게 된다.

처음에는 잡지의 그림을 보고 따라 하는 수준으로 세세한 기법에는 애초부터 관심을 가지지 않고 그저 자신의 주변을 조감하는 시선으로 숲의 초록색이나 설경의 흰색, 사람과 동물의 모습을 생생하게 그리고 소박하고 따뜻하고 서정성 있게 그려냈다. 그녀의 그림의 소재는 밭에서 경작하는 풍경이나 수확, 결혼식 등 미국 동부 지역의 농촌 생활이나 행사, 자연의 변해 가는 모습 등 주변에서 흔히 볼 수 있는 계절감이 담뿍 담겨 있는 풍광이 많은데 실제 현실의 풍경을 그린 것이 아니다.

그녀가 그림 그릴 당시는 월가의 주가 대폭락으로 농민은 집과 토지를 버리고 도시로 이주하였고 농업의 근대화로 인해 농촌 고유의 생활과 전원 풍경은 사라진 뒤였다. 그래서 자신이 수집한 신문 사진이나 농기구 사진, 일러스트 자료 등을 통해 유년 시절의 기억을 더듬으며 포크 아트풍으로 소박하고 따뜻하게 그려내었다. 그녀의 풍부한 인생 경험이 그림으로 이어진 것이다.

그림을 시작한 후 3년째가 되는 해 우연히 뉴욕에서 온 어느 예술품 수집가의 눈에 띄게 되어 80세가 되던 해 처음으로 개인전을 열었는데 이 개인전에 유명 백화점이 주목하게 되면서 일약 명화가로 등극한다. 이후 화랑, 《라이프》, 《타임》 등에 소개되고 순식간에 모제스의 작품은 미국은 물론 세계 각국에 알려져 '그랜마 모제스'로 불렸으며 미국 트루먼 대통령도 알현하여 표창을 받는 등 명성이 대단했다. 루브르 근대미술관이 미국 작가로서는 최초로 그녀의 그림을 구입했으며 현재 그녀의 그림은 뉴욕의 메트로폴리탄 미술관, 파리 국립근대미술관, 모스크바의 푸시킨 미술관 등에 전시되어 있다.

그러나 그녀는 화려한 일상을 일체 사양한 채 농촌의 소박한 화가로서 자신의 생활 방식을 바꾸지 않았다. 그리고 101세로 죽기 두 달 전까지 열심히 그림을 그려 1,600점의 그림을 남겼다.

인간은 누구에게나 복수(複數)의 잠재 능력이 있다고 한다. 단지 다른 능력을 우선해서 선택했을 뿐이다. 잠재 능력을 발굴해 활용하면 어느 때라도 다시 시작할 수 있다. 그랜마 모제스가 그것을 생생하게 증명하였다.

"그림을 그리는 데에는 아무것도 필요 없다. 우선 시작하면 된다."

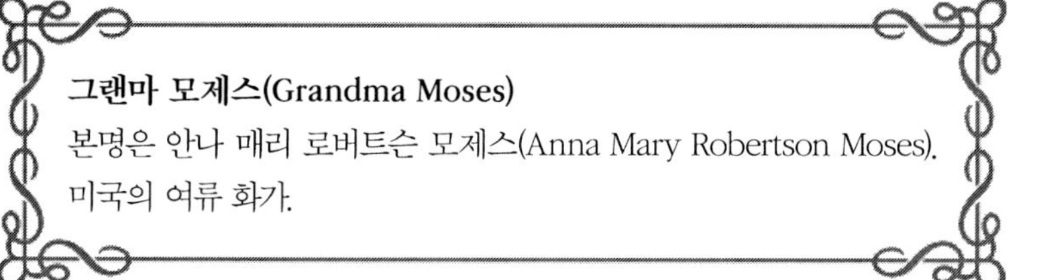

그랜마 모제스(Grandma Moses)
본명은 안나 매리 로버트슨 모제스(Anna Mary Robertson Moses).
미국의 여류 화가.

62.

당신은, 진심으로 살아가고 있는가?

Do you live from your heart?

– 요한 볼프강 폰 괴테 –

괴테의 대표적인 명언으로 희곡 『파우스트』에 나오는 구절이다.

괴테는 2부로 된 『파우스트』를 완성하는 데 무려 60년이나 걸렸다. '비극'이라고 부르는 제1부의 초연은 1808년에 열렸는데 이는 『파우스트』의 도입부에 지나지 않고, 제1부 초연 후 26년이 지나서 1831년에 발표한 제2부야말로 괴테의 인생목표에 걸맞은 이야기였다. 그는 제2부를 완성하고 얼마 되지 않아 마치 자신의 입문의식을 통과했다는 듯이 이 세상을 떠났다. 무려 60년 걸려 『파우스트』를 집필한 것이다. 한마디로 그의 인생의 '라이프 워크'가 『파우스트』라 할 수 있다. 주인공 '파우스트'의 모델은 16세기 점성술사이면서 연금술사인 '요한 게오르크 파우스트'로 그는 악마에게 혼을 팔아 최후에는 몸이 갈갈이 찢어졌다는 전설이 있다. 이 희곡은 인류가 원시시대에 시작한 진보의 경로를 상징적으로 묘사한 이야기로 이집트나 그리스 고대 신화처럼 탐구를 테마로 한 이야기이다.

괴테 연구가인 웨인 다이어의 설명을 들어보자.

웨인 다이어는 괴테의 82년 생애에서 그가 달성한 업적은 '현대판 올림푸스 신전'에 비유할 정도로 엄청난 132권에 달하는 전집이라며 자연과학 분야만 하더라도 무려 14권에 이르고 기타 동화, 소설, 역사극 등 실로 다양한 장르에서 왕성한 집필 활동을 하였다고 소개하고 있다. 그리고 웨인 다이어는 괴테가 우리에게 보내는 메시지는 방대한 독창적인 작품군이 아니라 그의 생활 태도, 즉 의욕적으로 충실한 인생을 보냈다는 것에 방점을 찍었다. 다양한 분야를 탐구하고 정력적으로 활동하며 살아가는 기쁨을 만끽한 그의 생명력, 창조적 에너지가 우리가 배워야 할 점이라고 강조한 것이다.

웨인 다이어는 『파우스트』에 나오는 이 명언이야말로 동서고금을 통틀어 향상심을 나타내는 구절로 가장 많이 소개되고 있다고 하였다. 이외에도 '과감하게 행동하면 저절로 재능, 생명력 신통력이 붙게 된다', '우선 시작해 보라. 그러면 일은 저절로 완성된다'는 구절이 가장 인상적이었다고 한다.

웨인 다이어는 저서 『조용한 사람들일수록 성공한다』[44]에서 『파우스트』에 나오는 이 구절들을 좀 더 자세하게 소개하고 있다.

> 오늘을 헛되이 하릴없이 보내면 내일도 또 마찬가지로 부질없는 하루가 되고 해야 할 일을 다음으로 미루게 된다. 결단을 피하게 되면 그만큼 늦어 버리게 된다. 결국 지나간 날을 한탄하는 신세가 된다. 당신은 진심으로 살아가고 있는가! 지금 이 순간을 충실하게 살아라. 과감하게 행동하면 저절로 재능, 생명력, 신통력도 붙게 되기 마련이다. 걱정하느니 행동에 옮기는 게 낫다. 어쨌든 활동하고 있으면 저절로 정신도 들기 마련이다. 우선은 시작해 보는 거다. 그러면 일은 저절로 완성된다.

---

44 ウェイン·W·ダイアー, 伊藤 淳, 『静かな人ほど成功する』, 幸福の科学.

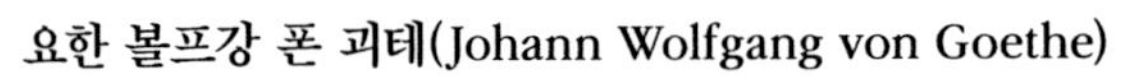

요한 볼프강 폰 괴테(Johann Wolfgang von Goethe)
독일의 시인, 극작가, 정치가, 과학자. 세계적인 문학가이며 자연 연구가.

CHAPTER 6.

성공

63.

오직 한 가지 성공이 있을 뿐이다
바로 자기 자신만의 방식으로 삶을 살아갈 수 있느냐이다

There is only one success
— to be able to spend your life in your own way

– 크리스토퍼 몰리 –

성공은 무엇인가?

'성공하는 사람들의 DNA'에 열광하는, 모두가 열망하는 성공은 무엇인가? 사회통념상 사회적으로 높은 지위, 명예, 부를 누리는 사람들을 성공한 사람들이라고 일컫는데, 그것은 '경쟁사회에서 승자가 되는 것'을 성공이라고 정의하기 때문이다. 우리 모두는 그러한 성공을 위해 맹렬히 내달리지만 극히 소수의 사람들에게만 주어질 뿐이다. 나머지는 깊은 패배감이나 무력감을 맛보지 않으면 안 된다. 요즘 사회적 이슈가 된 '1% vs. 99%'의 구도가 이를 잘 표현하고 있다. 이런 구도로 나누어 생각하면, 성공이 1%만이 독점하는 이 세상은 온통 실패자로 넘실거리는, 요즘 말로 바꾸면 '가성비 최악'의 세상인 셈이다.

크리스토퍼 몰리는 성공에 대해 기존의 사회 통념과는 다른 정의를 제시하고 있다. 성공은 '자신만의 방식으로 삶을 살아가는 것'으로 세상에 백 명이 있으면 백 개의 성공이 있다는 것이다. 미국의 청소년 교육에 있어서 강조하는 것 중 하나인 'Define your own success(당신에게 있어서의 인생의 성공을 정의하라)'도 같은 맥락이다. 영어의 Exist의 어원도 마찬가지이다. Exist(존재하다)는 라틴어의 Existere에서 유래한 것인데 'ex(~에서)'와 'sister(일어서다)'의 합성어로 '안에서 일어나다', 즉 '자신의 내부에 있는 본래의 자기를 실현하다'라고 해석할 수 있다. 어원에서 볼 때 우리가 이 세상에 존재하고 있다는 것은 우리가 자기다움을 발휘하면서 살아가는 것을 의미한다. 곧 우리가 존재한다는 것은 자기답게 살아간다는 것이고, 그것이 인생의 성공이라는 것이다.

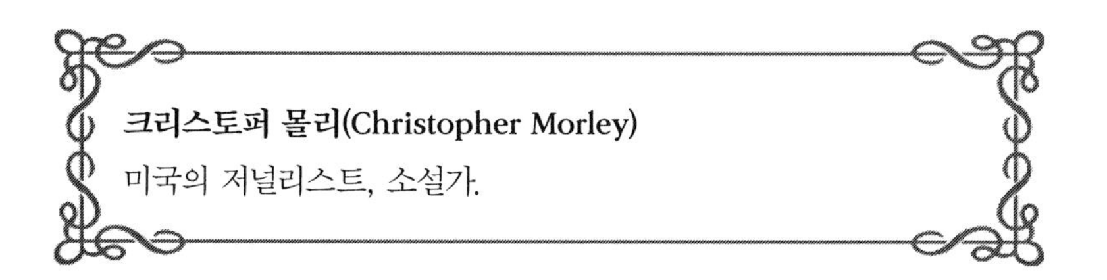

크리스토퍼 몰리(Christopher Morley)
미국의 저널리스트, 소설가.

64.

실패는 세상에서 가장 중요한 교육 중의 하나다

Failure is one of the most important educational subjects in the world

– 찰스 케터링 –

전문은 다음과 같다.

실패하는 것은 부끄러운 일이 아니다. 그 원인을 명확하게 하기 위해 모든 실패를 분석해야 한다는 것을 명심하라. 실패는 세상에서 가장 중요한 교육 과목 중 하나다.

찰스 케터링은 300개 이상의 특허를 가진 발명가답게 실패를 지혜롭게 이용하는 법을 배워야 한다고 말했다. 실패를 지혜롭게 이용하느냐, 아니면 포기의 이유로 삼는가는 자신에게 달려 있다.

찰스 케터링은 실패와 관련하여 다음과 같은 명언도 남겼다.

"실패의 가능성을 완전히 무시하는 것이 성공에 이르는 지름길이다. 999번 실패해도 1번 잘되면 되는 것이다. 그것이 발명가다. 실패는 잘되기 위한 연습이라고 생각하라(성공의 99%는 이전의 실패에서 만들어진 것이다)."

"이 세상에는 처음부터 제대로 되는 것은 거의 없다. 성공에 이르는 길은 실패, 그것도 거듭되는 실패의 연속이다. 실패하고 싶지 않다면 아무것도 하지 않고 가만히 있는 수밖에 없다. 시행착오를 거듭해 가면서 한 걸음 한 걸음씩 전진하는 것이다."

"실패를 포기의 명분으로 삼지 마라. 또 다시 시작하라."

"계속 앞으로 나아가라. 기대했던 것이 우연하게라도 잡게 되기 마련이다. 가만히 앉아서 우연히 기회를 잡았다는 이야기를 들은 적이 없다."

"자신을 믿고 자신의 생각을 믿는다면 성공은 자신의 것이다."

찰스 케터링은 오하이오주의 데니슨 대학에 제출한 보고서에 아래와 같은 실례를 들어 그의 주장을 뒷받침하였다.

그는 젊은 연구원들에게 힘든 과제를 주면서 도서관에 비치되어 있던 책들을 절대로 참고하지 못하게 하였다. 왜냐하면 케터링이 부과한 과제는 다른 연구원에 이해 이미 불가능하다고 결론이 났고 그 보고서가 도서관에 비치되어 있었기 때문이다. 이 사실을 알지 못한 한 젊은 연구원은 과제 연구에 최선을 다했다. 시간이 흐른 후 그는 전임 연구원의 결론을 뒤엎고 과제를 해결했다. 만일 그가 이전 연구 결과를 미리 알았더라면 일에 착수하기도 전에 자신감을 상실해 버렸을 것이다.

세상에 불가능한 일이 없는 것은 아니다. 그러나 너무 많은 일이 단지 불가능할 것이라는 선입견 때문에 불가능한 것처럼 보인다.

에디슨은 그가 9,999번 시험했는데도 전구가 켜지지 않자 "만 번째도 실패할 것인가?" 하는 질문을 받았다. 그때 그는 "실패한 게 아니다 전구를 켜지 못하는 새로운 방법을 발견했을 뿐이다"라고 대답했다고 한다. 다양한 시도가 얼마나 다른 결과를 낳는가를 발견한 것이다. 실패를 두려워하는 사람은 행동에 옮기지 않는다. 문제는 단지 행동하지 않는 것에 그치는 것이 아니라 논리적으로 행동을 기피하는 것이다. 정당화하는 것이다. 케터링은 그래서 '실패를 포기의 명분으로 삼지마라'라고 강조한다.

성공자는 실패하지 않는 사람이 아니라 단순히 자신이 원한 결과를 얻지 못하더라도 배우는 경험을 얻었다고 생각하는 사람들이다. 그들은 배운 것을 이용하여 이번에는 다른 방법으로 접근한다. 그리고 새로운 행동을 하고 또 다른 결과를 만들어 낸다.

"당신은 어떤 경험에서도 배울 수 있다. 당신이 무엇을 하든 성장하고 있다. 즉, 성공하고 있다는 말이다."

- 앤서니 라빈스

"무리라는 의심이야말로 배반자이다. 해 보려는 시도도 겁내게 하여 손에 넣을 수 있을지 모르는 것조차 놓치게 만들기 때문이다."

- 셰익스피어

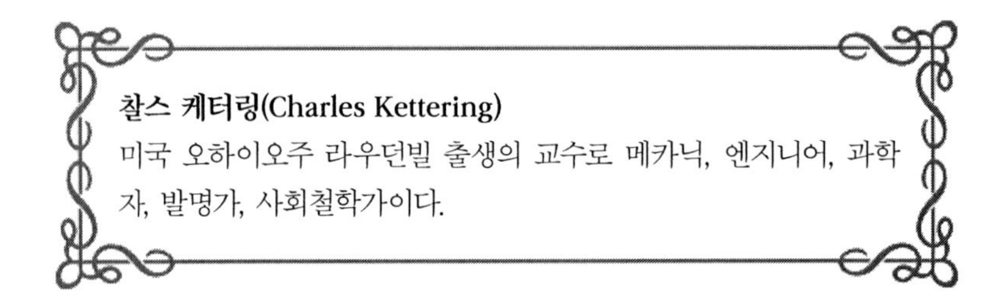
찰스 케터링(Charles Kettering)
미국 오하이오주 라우던빌 출생의 교수로 메카닉, 엔지니어, 과학자, 발명가, 사회철학가이다.

65.

성공은 마음의 평화이며
마음의 평화란
최선을 다했음을 아는 데에서 오는 자기만족이다

Success is a piece of mind, which is a direct result
of the self-satisfaction knowing you did your best
to become the best you are capable of becoming

– 존 우든(John Wooden) –

존 우든은 대학시절 뛰어난 선수로 활약하고 졸업 후에는 1948년부터 명문 UCLA코치로 1963~1964년 시즌부터 1974~1975년 시즌까지 12년간 10번에 걸쳐 NCAA를 제패하였다. 미국 대학농구 사상 최고의 감독으로 전승으로 우승한 시즌이 4번, 시즌을 건너뛰어 88연승이라는 경이적인 대기록을 수립하고 수많은 스타들을 키워냈다.

그의 명언은 저서 『Wooden』에 나온다.

그는 성공을 이기는 것이라 생각하지 않았다. 그는 성공을 모험이나 요행으로 바라보는 시각에 대해서도 부정한다. 그의 지론은 이기면 성공 지면 실패, 돈 벌면 성공 잃으면 실패, 조회 수가 많으면 성공 적으면 실패 등 그런 것은 성공의 기준이 아니라고 선을 긋는다.

그에 따르면 이기거나 우승하거나 돈을 벌거나 하는 것은 성공에 따라오는 부산물에 지나지 않는 것이고, 다만 최고가 되기 위해 얼마나 최대한의 질 높은 노력을 했는가 아닌가가 성공의 잣대라는 것이다. 그러므로 그는 선수들에게 그러한 노력을 했으면 시합에 져도 패자가 아니며, 그러한 노력을 하지 않았으면 시합에 이겨도 승자가 아니라고 가르쳐 왔다고 한다. 또한 부산물에 취하게 되면 성공의 본래 취지를 잃어버린다는 것을 강조하였다.

> 나는 우리들이 충분히 준비했다면 그것으로 충분하다고 생각한다. 만일 이기면 멋진 일이지만 그렇다 해도 결국 그것은 포상에 지나지 않는다. 내가 이기는 것 자체가 목적이라고 생각한 적은 한 번도 없다.

그런데 존 우든이 남긴 것 중에서 유명한 것은 성공 피라미드이다. 그는 성공을 이루기 위해서 필요한 것은 바로 신념과 인내이며, 그 신념과 인내는 투지와 경쟁력과 고결함으로 지탱된다고 하였다. 성공이라는 결과가 있기 위해서는 어떤 것이 그 뒤에 숨어 있는가를 보여 주는 것이라 할 수 있다. 토대가 부실하면 성공의 정점으로 가는 것은 어렵고 반대로 튼튼하다면 성공으로 향할 준비가 되어 있다고 하겠다.

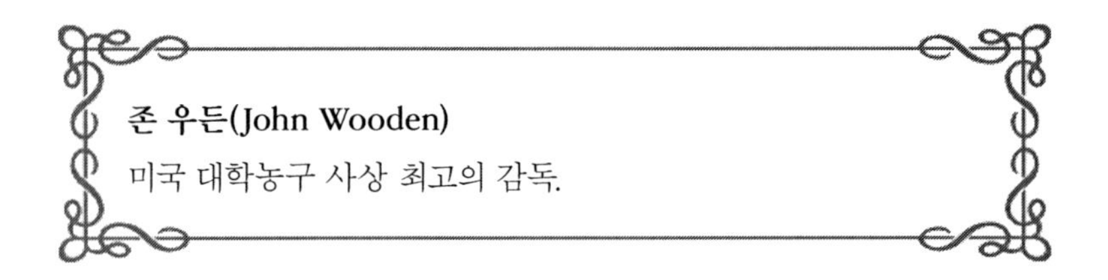
존 우든(John Wooden)
미국 대학농구 사상 최고의 감독.

66.

그들에게는 기개가 있었다

They had GRIT

– 앤절라 리 더크워스 –

"성공할 거라고 예측됐던 사람들에게선 한 가지 공통된 특성이 있었다. 그것은 좋은 지능도 아니었고, 좋은 외모나 육체적인 조건은 더구나 아니었다."

앤절라 더크워스 미국 펜실베이니아대 심리학과 교수는 세계적인 지식 강연인 '테드(TED)'에 연사로 참여해 경험담을 털어놓았다. 그녀는 경영 컨설턴트로 일하다 27세에 뉴욕시의 공립학교로 옮겨 수학을 가르친 경험이 있었다. 시험 문제와 숙제를 내 보니 성적이 좋은 학생과 나쁜 학생의 차이점은 지능지수(IQ)에 있지 않았다. 우수한 학생 중 일부는 IQ가 그다지 높지 않았고, IQ가 높은 학생 모두가 성적이 좋은 것도 아니었다.

'인생에서 성공하기 위해서, 재능보다 훨씬 더 중요한 다른 무엇이 있다면 그것은 무엇일까?' 이러한 의문을 품은 그녀는 교직을 그만두고 대학원에 진학해 심리학을 공부하였다. 어린이들과 어른들, 실패자들, 성공자들을 끊임없이 연구하며 이른바 성공의 비결은 무엇인가 헤맨 끝에 그녀는 해답을 찾았다. 그것은 기개(GRIT)였다.

GRIT: The power of passion and perseverance 기개, 근성, 끈기

앤절라 더크워스 교수는 기개는 목표를 향해 오래 나아갈 수 있는 열정과 끈기라고 강조한다.

> "해가 뜨나 해가 지나 꿈과 미래를 물고 늘어지는 거예요. 일주일, 한 달이 아니라 몇 년에 걸쳐 꿈을 실현하기 위해 열심히 노력하는 겁니다. 삶을 단거리 경주가 아닌 마라톤처럼 사는 겁니다."

앤절라 더크워스 교수는 기개를 기르는 법에 대해 4가지를 제시한다.

1. 관심사를 분명히 하라.
2. 질적으로 다른 연습을 하라.
3. 높은 목적의식을 가져라.
4. 다시 일어나는 자세, 희망을 품어라.

앤절라 리 더크워스(Angela Lee Duckworth)
미국의 학계, 심리학자 및 대중 과학 작가. 현재 펜실베이니아 대학 심리학 교수.

67.

성공은 하나밖에 없다 자기 방식대로 사는 것이다

There is one success — to be able to spend your life in your own way

– 애거서 크리스티 –

크리스티 소설은 사후 40년이 지났는데도 결코 진부하지 않으며 절판된 것 없이 간행되고 있다. 애거서 크리스티 협회에 따르면, 그녀의 작품은 전 세계적으로 20억 부 이상 출판되어 있으며, 60억 부가 넘는 성경과 셰익스피어 다음으로 많이 읽히고 있다. '사상 최고의 베스트셀러 작가'로 기네스북에 인증되어 있다.

그녀는 독특한 가치관을 갖고 있는 영국인 어머니 밑에서 자랐다. 어머니는 아이는 7세가 될 때까지 글을 가르치면 안 된다고 믿어 그녀는 또래보다 글을 깨우치는 것이 늦었다. 크리스티는 학교에 가지 않고 집 안에서만 생활하면서 아버지의 방대한 서적을 탐독해 이미 10살 무렵부터 시를 썼다. 당시 그녀의 목표는 피아노, 성악 같은 음악가가 되는 것이었다. 그래서 16세에는 파리 음악 학교로 유학을 갔다.

그런데 그녀에게는 약점이 있었다. 사람들 앞에서만 서면 몸을 부들부들 떠는 것이다. 사람들 앞에 나서지 못하는 그녀는 연주가 불가능했다. 결국 어릴 적부터 꿈꿔온 음악가의 길을 접은 그녀는 대중 앞에 나서지 않아도 되는 소설을 쓰기에 이른다. 자기 방식에 맞는 길을 택한 것이 성공의 지름길이 된 것이다. 주로 집 안에서 생활한 그녀는 자신의 경험을 실내 공간 안에 무한한 상상력으로 풀어냈으며, 자원간호사 경험을 바탕으로 독극물에 대한 풍부한 지식을 보여 주기도 했다. 그녀가 기존 추리 소설을 모방했다면 추리 작가로 성공하기 힘들었겠지만, 자신만의 독특한 지식과 상상력을 바탕으로 글을 쓴 결과 전 세계 독자로부터 작품을 인정받아 무려 45개국에서 번역되어 유네스코로부터 최다 번역 빈도로 추천받았다. 이처럼 성공을 거둔 사람은 공통점이 있다. 어떤 분야에서든 자기가 잘하는 일을 하는 것이다.

"성공은 자기가 잘할 수 있는 일을 하는 데에 있다."

- 헨리 W. 롱펠로, 『히페리온(Hyperion)』

애거서 크리스티(Agatha Christie)
영국 추리 작가.

68.

사람이 아침에 일어나 하고 싶은 일을 하고 밤에 잠자리에 들면 그 사람이야말로 성공자다

What's money? A man is a success if he gets up in the morning and goes to bed at night and in between does what he wants to do

– 밥 딜런 –

밥 딜런은 2016년 10월, 미국 음악에서 새로운 시적 표현을 창조해 낸 공로로 노벨문학상을 받았다. 그의 본명은 로버트 앨런 지머맨(Robert Allen Zimmerman)으로 1941년 미국 미네소타주에서 태어났다. 그는 어린 시절부터 시를 즐겨 썼고 독서와 음악을 좋아했지만 유대인이라는 이유로 친구들 사이에서 왕따를 당했다. 그는 1959년 미네소타 대학교에 입학하지만 1년도 채 다니지 못한 채 중퇴하고 뉴욕으로 건너간다. 클럽에서 노래를 부르면서 한 여성을 사랑하고 결혼을 약속하지만 이별을 하게 되어 자지도 먹지도 못하고 괴로워하면서 만든 곡들이 수록된 두 번째 앨범이 히트를 치면서 포크송 「Blowing in the Wind」로 일약 스타가 된다. 그의 노랫말은 대중들의 마음을 움직여 그는 곧 반전(反戰)과 자유와 저항 운동의 아이콘이 되었고, 이후에도 그는 노랫말에 정치, 사회, 문학 등 각 분야를 망라한 내용들을 시적으로 담아내어 대중음악의 가사를 문학의 경지로 끌어올렸다는 평가를 받는다. 동시대의 많은 예술인들 또한 딜런의 서정성과 철학적 사유의 깊이에 큰 영감을 받게 된다. 1962년 데뷔 이후 오늘날까지 음악은 물론 시, 산문, 희곡, 소설 등을 지속적으로 발표하였는데 2004년에 발표된 그의 자서전은 《뉴욕 타임즈》 '올해의 책'으로 선정되기도 하였다. 이처럼 그의 창작 활동은 미국 대중 음악사에 큰 족적을 남겼으며 그는 금세기의 위대한 시인으로도 인정받고 있다. 그리고 1980년대 말부터 시작된 순회공연은 미국 및 세계에 '네버 엔딩 투어'로 불릴 정도로 고령의 나이에도 불구하고 지속되고 있다. 77세였던 2018년 우리나라에서도 공연한 바 있다. 2016년 노벨상을 비롯해 2012년에는 미국 최고 훈장인 미국 국가 예술 훈장을 수훈받았고 그 외에도 유명한 상은 모두 받았다는 딜런이지만 지금도 그는 거칠고 탁한 목소리로 '귀로 듣는 시'인 노래를 부르고 있다.

흔히 "당신이 생각하는 성공자는 어떤 사람입니까?" 하고 묻는다면 우리는 늘 단순하게 사업을 일으키거나 조직에서 수장이 되거나 한 분야에서 지대한 업적을 세워 세인들의 존경의 대상이 되거나 연예계나 스포츠 분야에서 두각을 나타내 사람들이 부러워하는 부와 명예를 거머쥔 사람들을 떠올린다. 물론 그들은 성공자이다. 하지만 그러한 성공이 곧 인생의 성공이라고 확언하지 못하는 것은 무엇인가를 이루기 위해서는 반드시 아주 소중한 그 무엇인가를 놓치는 대가가 있음을 우리는 알고 있기 때문이다. 그런 면에서 노벨상 수상 후에도 변함없이 아침에 일어나 밤에 잘 때까지 하고 싶은 일을 하는 밥 딜런이야말로 본인인 말한 성공의 정의 그대로의 삶을 살고 있다고 하겠다.

아래에 소개하는 랄프 왈도 에머슨(Ralph Waldo Emerson, 1803~1882년)의 성공의 정의는 밥 딜런이 이야기하고자 하는 성공을 잘 표현하고 있다. 당신이 성공의 정의를 규정하는 데 참고가 되었으면 한다.

자주 그리고 많이 웃는 것
현명한 이에게 존경을 받고
아이들에게 사랑을 받는 것
정직한 비평가의 찬사를 듣고
거짓된 친구의 배반을 참아 내는 것
아름다움을 느낄 줄 알며
타인의 장점을 찾아내는 것
건강한 아이를 낳든
한 평의 정원을 가꾸든
사회 환경을 개선하든
자신이 태어나기 전보다
세상을 조금이라도 살기 좋은 것으로 만들어 놓고 떠나는 것
자신이 한때 이곳에 살았음으로 해서
단 한 사람의 인생이라도 행복해지는 것
이것이 진정한 성공이다.

우리 주변을 한 번 둘러보자.
당신을 비롯해 모두가 하루하루 참으로 열심히 살아내고 있다.
우리 모두는 성공자이다!

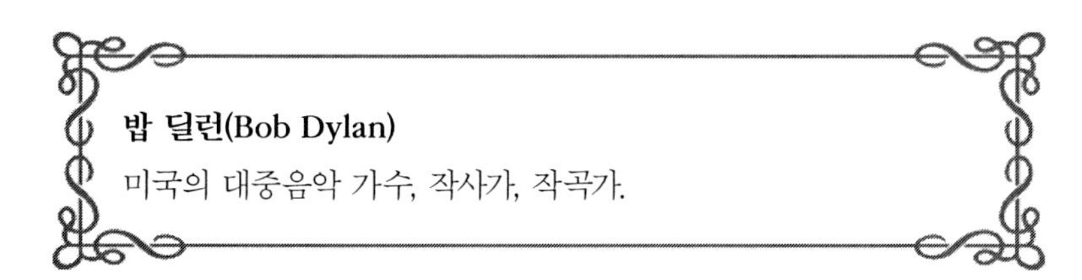

밥 딜런(Bob Dylan)
미국의 대중음악 가수, 작사가, 작곡가.

69.

가장 위험한 일은
목표를 너무 높게 잡아 도달하지 못하는 것이 아니라,
목표를 너무 낮게 잡아 간단하게 도달해 버리는 것이다

The greatest danger for most of us is not that our aim is too high and we miss it, but that it is too low and we reach it

– 미켈란젤로 부오나로티 –

그의 일화이다. 시스티나 성당의 천장화 작업이 반쯤 진행되었을 때 교황 율리오 2세(재위 1503~1513년)가 그림이 언제쯤 끝나겠는지를 물었다.

"교황 성하, 제가 그림을 완성하는 때입니다!"

사람들이 왜 그렇게 열심히 조각을 하느냐고 물었다.

"돌 속에 사람이 갇혀 있다. 빨리 꺼내주지 않으면 그들은 질식해서 죽어 버린다."

사람들이 왜 다비드 상과 같은 걸작을 만들게 되었느냐고 물었다.

"다비드는 이미 대리석 안에 들어가 있습니다. 나는 돌을 쪼아 안에 있는 다비드를 꺼내기만 하면 되었지요."

미켈란젤로는 1508년부터 12년간 높은 대좌에 올라 유명한 시스티나 대성당의 천장화를 그렸다. 어떤 예술가도 생각할 수조차 없는 엄청난 프로젝트였다. 미켈란젤로는 이 대사업에 가지고 있는 모든 열정과 재능을 쏟아부었다. 그야말로 높은 웅지 없이는 불가능한 일이었다.

그런데 이런 위대한 웅지는 어디에서 비롯되었을까?

웨인 다이어는 그의 저서 『조용한 사람일수록 성공한다』에서 이렇게 서술한다.

> "이 대예술가의 창조적 열정은 지구상의 제약이나 한계를 돌파해서 저 멀리 천상 세계를 동경하는 마음, 즉 자기를 초월한 숭고한 존재에 대한 간절한 사랑에서 비롯되었다."
>
> - 웨인 다이어

그는 미켈란젤로의 모든 걸작들이 신에 대한 사랑을 실천한 결과라고 하면서 우리들에게 "높은 뜻을 품고 작은 자신에 안주하지 마라. 그리고 무엇보다도 너무 큰 희망을 갖는 것을 두려워해야 한다는, 말도 안 되는 생각에 넘어가지 마라. 큰 희망을 품으면서 당신의 인생을 보기 좋게 재건하여 당신 자신의 걸작을 창조할 수 있다"고 하였다.

> 우리가 두려워해야 할 것은 높은 희망이나 이상을 버리고 안이한 희망에 안주하거나, 실제로 그 희망을 달성하기 위해 노력도 하기 전에 마음속에서 안이하게 목표를 낮추거나 자신의 웅지를 굽히는 일임을 명심하라.
>
> - 웨인 다이어

다음은 웨인 다이어가 미켈란젤로의 명언을 실천하는 데 필요하다고 제시한 팁이다.

1. 타인의 부정적 발언에 휘말리지 마라

'당신은 불가능해'라는 식으로 단정적으로 말하는 사람의 말에 귀를 기울이거나 해서는 안 된다. 만일 스스로 무언가 이뤄내고 싶다면 못해 냈을 때 다른 사람의 탓으로 돌리지 말고 자기 탓으로 돌려라.

2. 낮은 목표와 소박한 생각을 버려라

당신은 얼마든지 기적을 일으킬 수 있는 존재이다. '위대한 정신의 소유자가 항상 평범한 사람들에게서 거센 비판을 받는 법이다'라는 아인슈타인의 유명한 말을 상기하라. 그리고 큰 희망의 등불을 가슴에서 활활 타오르게 하라.

3. 미켈란젤로의 명언을 가슴에 새겨라

당신이 인생에서 꼭 실현하고 싶은 것이 있는데 아직 마음에 준비가 되지 않았다면 500년 전에 이 89세의 미켈란젤로의 모습을 상기하라. 그는 그 나이가 되어서도 어김없이 그림을 그리고 조각칼을 잡고 그리고 시를 썼다.

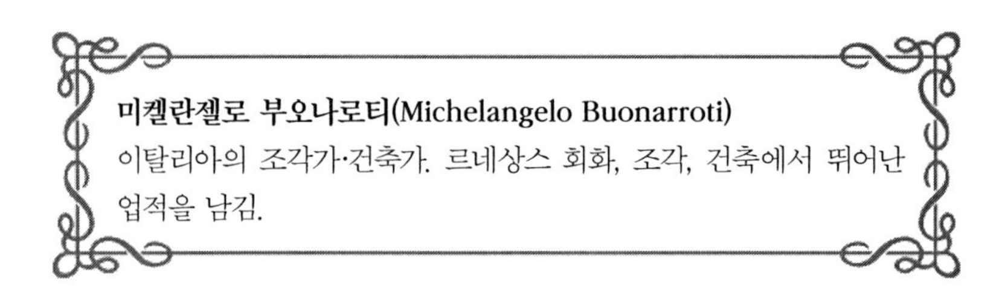

미켈란젤로 부오나로티(Michelangelo Buonarroti)
이탈리아의 조각가·건축가. 르네상스 회화, 조각, 건축에서 뛰어난 업적을 남김.

70.

나는 연습에서든 실전에서든 이기기 위해 농구를 한다

I play to win, whether during practice or a real game

– 마이클 조던 –

나머지 부분은 다음과 같다.

"그 어떤 것도 승리를 위한 나의 결정적 열정에 방해되지 않도록 하겠다."

"And I will not let anything get in the way of me and my competitive enthusiasm to win."

그의 승리에 대한 염원이 느껴지지 않는가.

마이클 조던은 시카고 불스를 여섯 번 우승으로 이끌고 다섯 번의 MVP, 여섯 번의 NBA MVP 수상, 올림픽 금메달 2회라는 업적으로 그의 현역 시대 등번호 23번은 영구결번이 되었고 2009년 명예의 전당에 입성함으로써 농구의 신으로 불린다. 프로 농구 올스타전 덩크슛 콘테스트에서 전력으로 달려온 뒤 프리드로 라인 부근에서 쏜 덩크슛은 NBA 전설로 남아 있다. ESPN이 1995년부터 2015년까지 20년간 전 종목을 통틀어 가장 뛰어난 활약을 펼친 스포츠 스타 20인을 선정했는데 그중 1위에 선정된 그는 한마디로 농구의 레전드이다.

32세에 코트로 복귀하겠다는 의사를 밝힐 때 "I'm back" 짧은 한마디는 큰 화제를 불러일으켜 유행어가 되었으며 나이키가 발매한 에어 조던(Air Jordan)은 하나의 사회 현상이 되었다. 《뉴욕 타임즈》는 36세 그의 두 번째 은퇴를 보도하면서 "미국에서 피할 수 없는 3가지는 세금, 죽음, 마이클 조던이다. 그는 스포츠 선수가 아닌 하나의 문화이자 미국의 상징이다"라고 하였다.

이런 위업을 달성한 조던은 처음부터 우수한 선수는 결코 아니었다. 실제로 그의 스토리를 알면 알수록 좌절과 실패의 반복이었다. 학생 시절에는 레귤러 멤버에도 끼지 못했고 대표팀 선발에도 떨어졌지만, 그는 신념을 굽히지 않고 노력해온 결과 세계적인 스타로 성장할 수 있었다.

"10번 연속으로 슛을 놓쳐도 나는 주저하지 않는다. 다음 1번이 성공하면 100번 연속으로 성공하는 최초의 슛일 수도 있기 때문이다."

"나는 농구 인생 속에서 9천 번 이상의 슛을 실패했다. 3백에 가까운 경기에서 패배하고, 승패를 결정짓는 슛을 실패한 경우도 26번이나 된다. 나는 인생에서 끊임없이 실패를 거듭했다. 이것이 바로 내가 성공한 이유이다."

이러한 그의 말들은 실제로 많은 사람들에게 희망과 용기를 불어넣으면서 인생의 실패와 도전에 대해 어떻게 자신을 컨트롤할 것인가에 대해 다시금 생각을 하게 한다.

"절반의 기분으로 하면 결과도 절반이 된다."

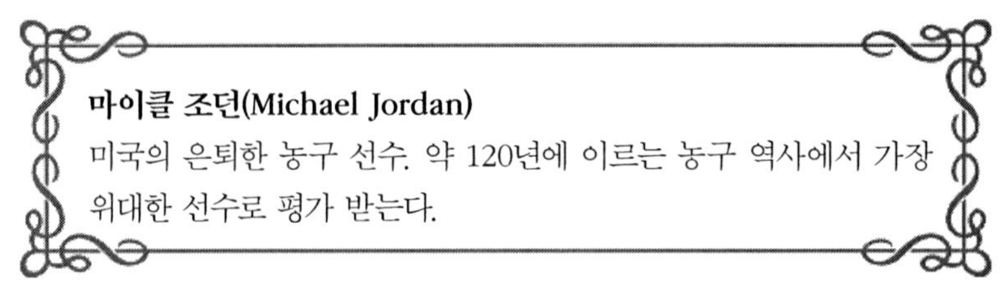

마이클 조던(Michael Jordan)
미국의 은퇴한 농구 선수. 약 120년에 이르는 농구 역사에서 가장 위대한 선수로 평가 받는다.

71.

인간은 패배했을 때 끝나는 것이 아니라 포기했을 때 끝나는 것이다

A Man is not finished when he's defeated;
he's finished when he quits

– 리처드 닉슨 –

닉슨 전 미국 대통령이 35대 대통령 선거에서 TV를 홍보 수단으로 활용한 케네디에게 0.2%의 근소한 차이로 패했을 때 기자들에게 한 말이다.

변호사, 하원의원, 상원의원, 부통령 그리고 대통령으로 이어지는 그의 인생은 마치 거침없이 달려온 듯 매우 화려하지만, 실제로는 수많은 좌절과 패배를 거치고 재도전을 되풀이하면서 이루어낸 것이다.

닉슨은 유복했던 가정이 궁핍해지면서 생활비가 없어서 장학금이 보장된 하버드 대학을 포기한다. 대신 고향의 휘티어 대학에서 수학하고 차석으로 졸업 후 장학금을 받고 듀크 대학 법과대학원에서 법을 공부하여 변호사의 길을 가게 된다. 그 후 부통령 후보 선거에서는 지원기금단체의 자금 원조를 받은 것에 대한 비판이 거세지자 그 유명한 체커즈 연설(Checkers speech)[45]을 통해 형세를 역전시켜 당선된 것은 물론, 대통령 선거에서 패배한 후 주지사 선거에서도 대패하여 닉슨은 더

45 궁지에 몰린 당시 회견에서 지원자로부터 받은 선물 중 '체커즈'라고 아이들이 이름붙인 점박이 개만큼은 돌려줄 수 없다고 한 유머.

이상 정치 일선에 나설 수 없을 것이라고 한 세론의 예상을 뒤엎고, 다시 대통령 선거에 재출마한다. 접전 끝에 험프리 후보를 따돌리고 37대 대통령에 당선된 것 등 그의 인생은 패배는 있어도 결코 포기할 줄 모르는 삶의 연속이었다.

"재능과 능력 등이 아니라 그 정신에 따라 각각의 인생에 큰 차이가 있다."

"위대한 목적에 몰두한 적이 없는 사람은 인생의 진수(眞髓)를 경험하지 못한다. 사람은 모름지기 무언가에 몰두할 때 비로소 자신을 알 수 있는 법이다."

그는 대통령 사임 연설에서 이런 말을 남겼다.

"위대한 열정과 위대한 헌신을 아는 사람, 가치 있는 목표를 위해 몰두하는 사람, 잘되면 성취의 승리감을 알고 최악의 경우 실패해도 최소한 과감히 도전하다 실패한 사람처럼, 내 몸에 숨결이 남아 있는 한 번영과 평화를 위해 노력하겠다."

리처드 닉슨(Richard Nixon)
캘리포니아 주 연방 하원의원과 상원의원을 역임한 뒤에 미국의 제37대 대통령(1969~1974년)으로 당선됨.

소년이여! 야망을 가져라

Boys, be ambitious

– 윌리엄 클라크 –

졸업식장에서 많이 회자되는 이 명언은 영미권에는 그다지 알려지지 않았다. 한국과 일본에서만 유명하다. 그 이유는 19세기 삿포로농학교(현 삿포로 대학) 개교 시 초대 교감이었던 윌리엄 클라크가 한 말인데 우리나라에는 일본 영문법 참고서를 거쳐 소개되었기 때문에 유명해졌다.[46]

메이지 정부는 보신 전쟁[47]으로 많은 젊은이들이 목숨을 잃고 나라가 피폐해지자 홋카이도 개척을 통해 부흥을 도모할 역할을 담당할 젊은이들을 양성하기 위해 삿포로농학교(현 삿포로 대학)를 설립하게 된다.

당시 교수들의 맹렬한 반대를 무릅쓰고 미국 메사추세츠 농과대학을 설립한 클라크를 초대 교감으로 초청하는데, 남북전쟁으로 많은 젊은이들의 희생을 치룬 경험을 가진 클라크 학장은 같은 처지에 놓인 일

46 출처: 위키피디아 참조.

47 1868년부터 1869년 사이에 도쿠가와 막부의 세력과 교토 어소에 정치 권력 반환을 요구하는 세력과의 싸움으로, 일본에서 일어난 내전.

본을 돕기로 결심하게 된다. 그의 재직은 8개월에 불과했지만 그의 남다른 교육에 대한 열정과 낙농 기술을 전수받은 제자들은 후에 홋카이도 낙농의 육성의 초석이 되었다. 클라크 또한 '자신의 인생 중에서 최고의 시기가 생도들과 보낸 시간'이라고 후에 회고한다.

그의 명언 "Boys, be ambitious"은 그가 1877년 8개월의 임기를 마치고 귀국하는 길에서 배웅 나온 1기생들에게 말 위에서 한 말이다. 우리나라에서도 야망을 가지라는 의미로 널리 쓰이고 있는 이 명언은 최근에 와서 〈NHK 역사비화〉에도 소개될 만큼 일본 내에서 논의의 대상이 되고 있다. 그 이유는 "Boys, be ambitious"의 뒤에 이어지는 말이 있기 때문이다. 원분은 "Boys, be ambitious like this old man"으로, "소년이여, 야망을 품어라 이 노인(나)처럼"이라는 뜻으로 1894년 동창회지 《惠林》 13호에 게재되어 있다.

일본 부임 당시 클라크는 50세로 당시 기준으로 보면 노년에 해당한다. 그는 26살의 어린 나이에 교수가 되었다. 전쟁에서는 대령으로 싸우고 후에는 농과대학을 직접 건립함으로써 "소년이여, 야망을 품어라. 이 노인(나)처럼"이라고 말할 만큼 그의 인생은 연령과 상관없는 젊은 기개와 열정이 용솟음쳤다.

이 명언과 관련된 또 하나의 사례는 일본 중고교 교과서에도 일부 게재되고 있고 우리나라에서도 여러 칼럼을 통해 알려져 있는 "Boys, be ambitious! Be ambitious not for money or for selfish aggrandizement, not for that evanescent thing which men call fame. Be ambitious for the attainment of all that a man ought to be"이다.

번역하면 "소년이여, 야망을 가져라. 돈을 위해서도 아니고, 이기적인 성취를 위해서도 아니고, 명성이라는 덧없는 것을 위해서도 아니고, 오

직 인간이 갖추어야 할 모든 것을 얻기 위해서 야망을 가져라"로 해석 된다.48

이 명언은 1964년 3월 아사히 신문의 '天声人語'에 소개된 것으로 출전을 1944년 '明治初期教育思想の研究'에 두고 있는데 이를 클라크 박사의 것으로 인정하기에는 무리가 있다.

그 이유는 말 위에서 배웅 나온 학생들에게 한 인사말로는 적당치 않기 때문이다. 더구나 부와 명예를 부정하고 내면의 가치를 중시한 것은 평소 부와 명예를 경시하지 않았던 클라크 박사의 뜻과 거리가 멀다.49

결론적으로 Boys, be ambitious!에 이어진 긴 명언은 후세에 덧붙여진 것으로 파악된다. (누가 덧붙였는지는 불분명하다.)

48 출처: 글쓰기(http://www.swritingworks.com).

49 출처: 北海道大學附屬圖書館.

CHAPTER 7.

처세

72.

당신의 성격을 조심하라 그것은 운명이 된다

Watch your character, for it becomes your destiny

– 프랭크 아웃로 –

전문은 다음과 같다.

당신의 생각을 조심하라. 그것은 말이 된다.
당신의 말을 조심하라. 그것은 행동이 된다.
당신의 행동을 조심하라. 그것은 습관이 된다.
당신의 습관을 조심하라. 그것은 성격이 된다.
당신의 성격을 조심하라. 그것은 운명이 된다.
Watch your thoughts, for they become words.
Watch your words, for they become actions.
Watch your actions, for they become habits.
Watch your habits, for they become character.
Watch your character, for it becomes your destiny.

이 명언은 매우 유명하여 여기저기 인용이 많이 되고 있다. 몇 년 전 상영된 영화 마가렛 대처의 일대기를 다룬 〈철의 여인(Iron lady)〉(2011)에 대사로 나오기도 했다.

페이스북 출신인 아담 디엔젤로가 만든 '쿼라'50에서는 '이 문구가 간디인가? 마가렛 대처인가? 서로 영향을 준 것인가?' 하는 질문이 나오기도 했는데, 이미 이전부터 무수한 논의 과정을 거쳐 다듬어져 왔음을 여러 자료들이 보여 주고 있다.

프랭크 아웃로는 1977년에 《텍사스 신문》에 기고한 글에서 이 말은 오래전부터 사람들의 입에 오르내리면서 최신의 표현으로 변해 왔다고 주장하였다. 따라서 이 명언은 한 사람의 혜안으로 만들어진 것이 아니라 오랜 세월 동안 무수한 사람들의 생생한 경험 안에서 농축되고 숙성되는 과정을 거쳐 왔음을 알리고 있다.

출처를 전문적으로 조사하는 사이트 'QI'51에서 내린 결론은 이 명언의 출처는 프랭크 아웃로이지만, 이 표현은 1800년대의 다수의 표현들을 거치면서 진화했고 2500년 전의 붓다 경전이나 에머슨 등에 의해 눈에 보이지 않지만 실질적인 영향을 받아 완성된 것이라고 마무리 짓는다.

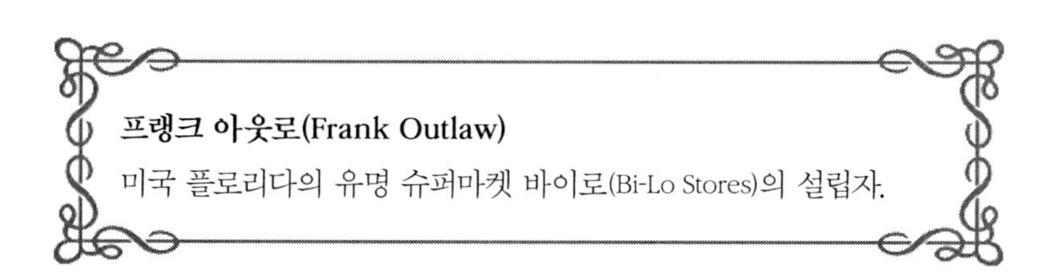

프랭크 아웃로(Frank Outlaw)
미국 플로리다의 유명 슈퍼마켓 바이로(Bi-Lo Stores)의 설립자.

50 www.quora.com.
51 quoteinvestigator.com.

73.

인간은 자신이 잘 모르는 것은 무엇이든 부정하려고 든다

Humans try to deny anything they don't know very well

– 블레즈 파스칼 –

파스칼의 소논문집 『기하학적 정신에 대해서』에 나오는 명언이다. 기하학적 정신이란 기하학적 방법에서 볼 수 있는 것과 같이 소수의 원리에서 출발하여 질서를 따라 논증해 나가는 합리적 정신, 이른바 '엄격한 정신'을 말한다.

무지에 대한 성찰

파스칼은 "무지(無知)를 두려워 말고 잘못된 지식을 두려워하라"고 하였다. 원래 인간이란 자신의 약점을 보이고 싶어 하지 않는다. 그래서 잘 모름에도 불구하고 알고 있는 척하는 면이 있다. 다시 말해 인간이 성인군자가 아닌 이상 잘 모르는 무지(無知)한 면이 많을 수밖에 없다. 그러나 자신이 무지(無知)함을 자각하고 있는 사람은 마땅히 그에 걸맞은 지식을 얻으려는 의욕이 샘솟겠지만 잘못된 지식임에도 불구하고 올바른 지식이라고 생각하고 있는 사람은 스스로 생각하고 탐구하려는 의욕은 부족할 수밖에 없다.

그러니까 현재의 무지(無知)를 부끄러워하지 말고 오히려 미래를 향해 올바른 지식의 습득을 위해 노력하는 자세가 필요하다. 적어도 제대로 알아보지도 않고 무조건 자신의 지식이 올바른 지식이라고 믿어 버리는 안이한 태도만큼은 삼가는 것이 좋다.

파스칼이 명언에서 의도하는 바는 '원리는 명백하지만 통상 사람들은 습관(모르는 지식을 받아들이는 습관)이 안 되어 쳐다보려고 하지 않지만 조금만이라도 관심을 갖고 바라본다면 '원리'(여기서는 지식)는 누구라도 충분히 알 수 있을 것이며 결코 눈을 피해갈 수 없을 만큼의 명확한 모습을 하고 있으니 열린 마음으로 받아들이라'는 것이다.

물론 파스칼의 말대로 인간은 원래 자신이 이해가 안 되는 것은 받아들이지 못하는 완고한 마음이 있다. 자신이 모르는 것, 자신의 이해가 미치지 못하는 것을 사람들은 간단하게 부정해 버린다. 그러나 곰곰이 생각해 보라. 인생에서 사람이 알고 이해할 수 있는 지식이란 아주 극소수에 불과하지 않은가! 그러나 그런 무지함의 벽을 스스로 넘어서려는 노력을 하지 않고서는 향상이란 있을 수 없다. 새로운 사실을 알게 되는 순간부터 자신의 탐구의 여정이 새롭게 시작되는 것이다. 늘 되풀이되는 결코 끝나지 않는 여정이 지식 분야이다.

한 유명한 저널리스트의 말이다.

> "미디어는 잘 모르는 것은 반드시 비판한다. 어쨌든 비판을 해 놓으면 자신은 (책임을 지지 않는다) 안전하기 때문이다. 혹시 칭찬이라도 했다가 나중에 잘못되면 문제가 생길 수도 있기 때문이다."

그런데 이런 현상이 미디어 업계에만 해당되는 이야기이겠는가.

기업에서도 참신한 아이디어가 나오면 사고가 경직된 상사나 간부는, 이해가 안 될 경우 그것을 이해하려고 하기보다는 문제점을 들어 부정하려 든다. 새로운 시도는 언제든 부작용이 있기 마련이므로 문제점을 찾아내는 것은 어렵지 않기 때문이다. 그래서 새로운 개혁이 부정되는 경향이 많다.

인간은 자신이 잘 모르는 것은 무엇이든 부정하려고 드는 심리적 배경에는 매몰비용[52]도 작용하는 것으로 생각된다. 지식 분야에서 매몰비용은 새로운 정의를 받아들이면 자신이 알고 있는 지식이 쓸모없게 될까 부정적으로 받아들이는 경우를 말하는 것이라고 해석할 수 있다.

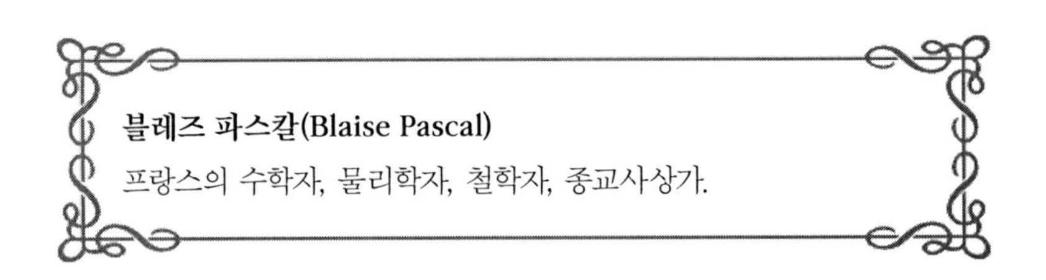
블레즈 파스칼(Blaise Pascal)
프랑스의 수학자, 물리학자, 철학자, 종교사상가.

52 매몰비용이란 이미 매몰되어 버려서 다시 되돌릴 수 없는 비용, 즉 의사 결정을 하고 실행한 이후에 발생하는 비용 중 회수할 수 없는 비용을 말한다.

74.

나는 인생이 장난감에 좌지우지되게 하고 싶지 않아

I don't want my life to be dominated by toys

– 클린트 이스트우드 –

여기서 장난감은 스마트폰을 지칭한다. 잡지사 취재진이 <히어 애프터> 촬영 때 클린트 이스트우드를 면담한 내용 중 일부다.

> "iPad를 이용하긴 하는데 읽어야 할 모든 각본을 넣기 위해서이다. 화면에 그 각본을 터치하면 확 튀어나오니까 멋지다고 생각한다. 그렇지만 이메일을 보낸 적은 없다. 운 좋게 비서가 다 해 주고 있기 때문이다. 장난감에 좌지우지되고 싶지 않다. 아이들이 계속 (스마트폰을) 만지고 있는 것을 보면 '인간다움'과는 동떨어진 것처럼 느낀다."

과거 이메일이 없는 생활은 상상할 수 없었던 시절이 있었다. 요즘에는 스마트폰이 없는 세상을 상상할 수 없다. 한국, 일본 미국의 지하철을 타면 거의 대부분 스마트폰을 보고 있는 사람들뿐이다. 책을 읽는 사람은 거의 보이지 않는다.

MIT 대학의 셰리 터클(Sherry Turkle) 박사는 30년 동안 컴퓨터 인터넷, SNS가 사람에게 끼치는 영향에 대해 조사한 전문가인데 1990년대에는 이들의 활용이 현실의 생활을 윤택하게 해 주었지만, 최근에 이르러서는 지금까지와는 반대로 오히려 사람들을 망치고 있다고 주장한다.

그녀는 "예를 들어 메시지의 짧은 문장은 아무리 중복해도 회화는 아니다. 그것은 읽고 싶은 것만 읽는다. 그 상황이 회화였다고 가정한다면 상대방의 이야기 중 듣고 싶은 것만 듣는 것과 다름없다. 인간관계에서는 아무리 하찮은 이야기라도 사람됨을 알 수 있다. 적당한 거리와 관계성으로 자신을 컨트롤할 수 있다는 것이 메시지의 특징이지만 결국 사람들과 어울리는 것이 약해지고 자신과 마주하려는 자기관찰력, 즉 내성(內省)이 없어지게 된다"고 말한다.

그럼에도 불구하고 거기에 매달리는 이유는 누구도 자신의 이야기를 들어주지 않고 관계해 주지 않는다는 심리에서 비롯된다. 정보를 발신하는 페이스북이나 트위터에 의존해 치유받고자 하는 마음에서 오는 것이라고 하면서 "나는 나누기 때문에 고로 존재한다"라는 명제의 또 다른 현상으로 해석하고 있다.

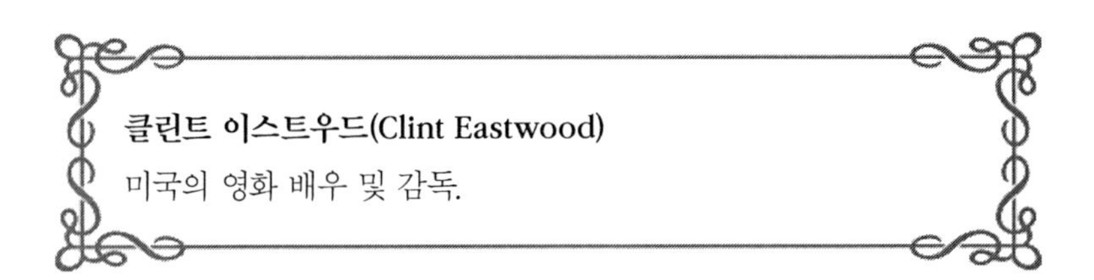

클린트 이스트우드(Clint Eastwood)
미국의 영화 배우 및 감독.

75.

어린이 한 명을 구하는 것은 축복입니다
어린이 백만 명을 구하는 것은 신이 주신 기회입니다

Saving a child is a blessing
Saving a million childen is a god-given opportunity

– 오드리 헵번 –

오드리 헵번의 어린 시절은 2차 세계 대전으로 암울한 시기였다. 게다가 6살 때 집을 나간 아버지의 빈자리를 채워 주던 친척이 수송열차 폭파 용의자로 지목되어 거리에서 공개 처형을 당하는 바람에 충격을 받는다. 또한 전쟁으로 인해 극심한 가난으로 굶어죽을 위기에 처했을 때, 유니세프의 전신인 국제 구호 기금의 도움으로 연명하게 된다. 그녀는 후에 모두가 알다시피 세계적인 스타로 부상해 부와 명성을 갖게 된다. 그녀가 배우로 왕성한 활동을 하던 중에도 틈틈이 어려운 처지의 어린이들을 찾아 지원한 것은, 어린 시절의 도움에 대한 보은과 곱고 아름다운 심성 때문인 것 같다. 50대 후반부터는 스스로 요청한 유니세프 친선 대사로 수단, 에티오피아, 방글라데시, 소말리아 등 50여 개국의 열악한 환경에 있는 어린이들을 찾아가서 돕는 구호 활동에 힘을 쏟는다. 그녀의 이러한 헌신은 유명인들의 후원을 이끌었고, 세계적으로 기부 활동에 대한 관심을 높이면서 일반 사람들의 참여를 촉발하는 계기가 되었다. 그러나 짧은 기간에 많은 나라를 방문하고 비참한 상황을 목도하면서 쌓인 아픔과 슬픔으로 병을 얻게 된다. 그럼에도 그녀는 63세에 죽기 전까지 쇠약해진 몸으로 진통제를 먹어 가며 어린이들을 위한 구호 활동을 멈추지 않았다.

> "사랑은 행동이에요. 말만으로는 안 돼요. 말만으로 끝난 적은 한 번도 없었어요. 우리들은 날 때부터 사랑하는 힘을 갖추고 있어요. 그렇지만 근육처럼 그 힘을 단련하지 않으면 쇠약해져 버리는 걸요."

그녀는 생을 마감하기 전 두 아들에게 미국 시인 샘 리벤슨(Sam Levenson)[53]의 시를 남긴다. 따라서 이 시를 그녀의 유언이라고 소개하는 글들이 많은데 그 이유는 그녀의 아들인 션 헵번 페러(Sean Hepburn Ferrer)가 어머니를 기리기 위해 출간한 『Time Tested Beauty Tips』(2005)에 실렸기 때문이다. Quote Investigator의 조사에 의하면 그녀가 임종한 1993년보다 이전인 1973년에 출간된 샘 리벤슨의 저서 『In One Era and Out the Other』에서 인용한 것으로 밝혀졌다.

> 아름다운 입술을 가지고 싶으면 친절한 말을 하라.
>
> 사랑스러운 눈을 갖고 싶으면 사람들에게서 좋은 점을 봐라.
>
> 날씬한 몸매를 갖고 싶으면 너의 음식을 배고픈 사람과 나눠라.
>
> 아름다운 머리카락을 갖고 싶으면 하루에 한 번 어린이가 손가락으로 너의 머리를 쓰다듬게 하라.
>
> 아름다운 자세를 갖고 싶으면 결코 너 혼자 걷고 있지 않음을 명심하라.

---

53 미국의 유머 작가, 작가, 교사, TV 호스트 및 기자.

For attractive lips, speak words of kindness.

For lovely eyes, seek out the good in people.

For a slim figure, share your food with the hungry.

For beautiful hair, let a child run his fingers through it once a day.

For poise, walk with the knowledge that you will never walk alone

특히 다음 구절은 샘 리벤슨이 손녀 조지어의 생일에 보낸 편지의 내용 중 일부인데, 많은 이들이 오드리 헵번의 명언으로 자주 인용하고 있다.

기억하라. 만약 도움의 손이 필요하다면 너의 팔 끝에 있는 손을 이용하면 된다. 네가 더 나이가 들면 손이 두 개라는 걸 발견하게 된다. 한 손은 너 자신을 돕는 손이고 다른 한 손은 다른 사람을 돕는 손이다.

Remember, if you ever need a helping hand, you'll find one at the end of your arm. As you grow older you will discover that you have two hands. One for helping yourself, the other for helping others.

오드리 헵번은 영화에서처럼 상큼 발랄한 젊고 아름다운 스타의 모습으로 팬들 가슴 속에 영원히 살아있을 수 있었다. 또한 노년의 시간을 우아하게 보내는 모습으로 보는 이들을 미소 짓게 할 수도 있었다. 그러나 어느 날 그녀는 용감하게도 그녀를 사랑했던 많은 팬들 앞에 주름이 자글자글한 늙은 얼굴로 나타난다. 어린이 구호 활동을 위한 홍보였다. 그리고 세계적인 스타라는 수식어가 무색하게도 친근하고 다정한 이웃집 할머니의 모습으로, 참혹한 환경에 처한 아이들에게 도움을 주기 위해 몸을 사리지 않고 뛰어다녔고, 그 후 병이 깊어져 죽음을 맞이하였다.

이렇게 오드리 헵번의 삶은 진정한 아름다움에 대한 성찰을 이끌어내면서, 비로소 우리는 그녀가 고귀한 영혼을 가진 참으로 아름다운 사람임을 알았고, 시의 구절마다 그녀가 투영되어 그녀가 시화(詩化)되었음을 알게 되었다.

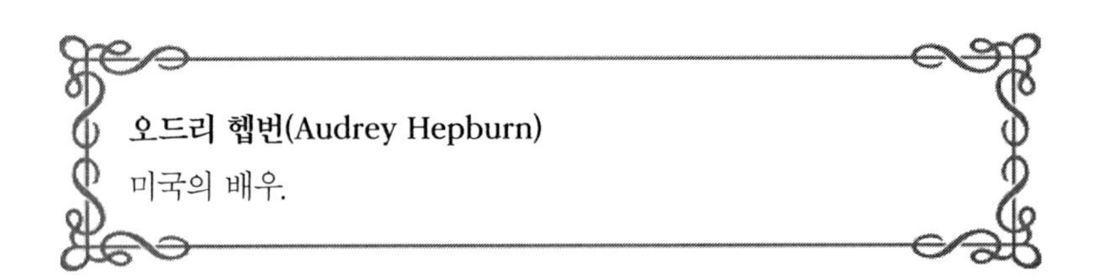

오드리 헵번(Audrey Hepburn)
미국의 배우.

76.

자신의 가치를 떨어뜨리는 사람과 같이하지 마라

Keep away from those who deviate from your values

– 에픽테토스 –

자신을 향상시켜 주는 사람들하고 교제하는 것이 중요하다.

그들과 있으면 자신의 장점이 도출되기 때문이다.

고대 그리스의 철학자 에픽테토스는 자신에게 긍정적인 영향을 미치는 인간하고만 관계를 맺으라는 다소 극단적인 주장을 하였다. '도덕심이 없는 사람', '행복을 해칠 사람', '능력을 발휘하지 못하게 하는 사람'과 함께 있으면 안 된다는 것이다. 참으로 어려운 일이 아닐 수 없다.

한 칼럼[54]은 그 이유를 다음과 같이 나열하고 있다.

〈자신의 가치를 떨어뜨리는 사람과같이 있어서는 안 되는 이유〉

1. 같이 있게 되면 같은 부류로 보인다
2. 소홀하게 여겨진다
3. 희망을 갖기 어렵다
4. 신용이 떨어진다
5. 부정적으로 변한다
6. 자존감이 낮아진다

54 출처: SPITOPI(Spiritual media).

7. 책임을 전가당한다

폴 허드슨(Paul Hudson)은 인생, 사랑, 성공 등 수많은 주제에 철학적 관점에서 접근한 인기 작가이다. 2014년 12월 《엘리트 데일리(Elite Daily)》에서 새해에는 '이런 사람과의 인연은 연내에 차단한다'고 발표한 목록을 소개한다. 어떤 사람과의 인연을 차단해야 할지 에픽테토스의 그것과 비교해서 참고해 보자.

〈자신의 성장을 위해 지금 피해야 할 10가지 타입〉

1. 함께 있어 스트레스를 느끼는 사람
2. 당신을 이용하는 사람
3. 감사를 잊는 사람
4. 신뢰 관계를 짓밟는 사람
5. 거짓말하는 사람
6. 남을 욕하는 사람
7. 곤경에 손을 내밀어 주지 않는 사람
8. 과거에 사로 잡혀 있는 사람
9. 미래를 같이 이야기할 수 없는 사람
10. 당신의 자유를 빼앗는 사람

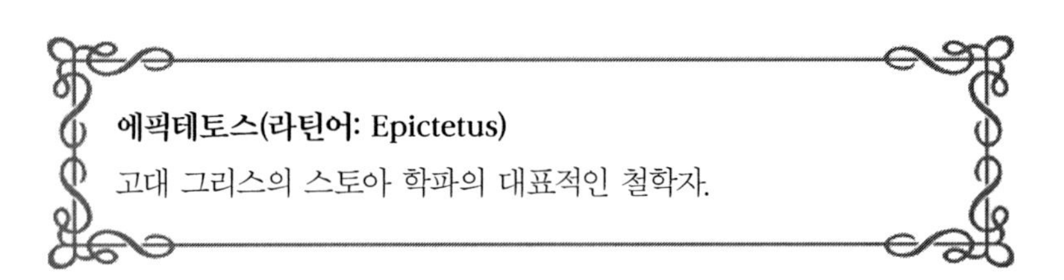

에픽테토스(라틴어: Epictetus)
고대 그리스의 스토아 학파의 대표적인 철학자.

77.

고독은 천재의 학교다

Solitude is the school of genius

– 에드워드 기번 –

원래 전문은 "Conversation enriches the understanding, but solitude is the school of genius"인데 축약한 것이다.

『로마제국 흥망사』로 잘 알려져 있는 에드워드 기번(Edward Gibbon)은 '대화는 이해를 풍부하게 하지만 고독은 천재의 학교'라고 하였다.

고독은 생각을 깊게 하고 성장시켜 주는 청년 시절의 소중한 동반자다. 역사상 위대한 인물로 일반인과는 다른 위업을 이룬 자들은 대부분 고독과 마주한 시절을 갖고 있다. 기번도 어렸을 적에는 병약하여, 후일 '어머니와 간호사에 둘러싸인 불쌍한 아이'라고 스스로의 어린 시절을 회고하였다.

천재는 주위에서 이해하기 어렵고 고독한 환경에 친숙한 성질을 갖고 있다. 세간과의 교류가 지나치게 많으면 평범한 발상에 익숙해져 천재다운 새로운 발상이 나오기 어렵기 때문에 마치 출산의 고통처럼 천재가 무언가를 창출해 내기 위해서는 고독이라는 괴로움을 수반하여야 한다는 의미를 함축하고 있다.

사람은 사회적 동물로 집단에 속해 있을 때 안정감이 느껴져 자연스레 동료를 만들려고 한다. 일반적으로 우리가 동료를 고를 때는 자신과 가치관이나 성격, 사고방식이 동떨어지지 않은 사람을 고르기를 원하는 법이다. 천재는 그런 면에서 볼 때 동료로서 선택될 가능성이 아주 낮고 반대로 스스로도 자신의 동료를 찾기 어렵기 때문에 자연스레 고독을 자신이 머무를 곳으로 생각하고 선호하게 되는 것이다.

고독을 경험한 사람은 그렇지 않은 사람에 비해 훌륭한 성과를 낸다는 가설을 증명하는 실험 데이터도 있다. 심리학자 앤더 에릭슨의 실험에서는 베를린 음악 아카데미 바이올린 전공 학생을 3그룹으로 나누어 극히 우수, 우수, 연주자 수준 이하의 그룹으로 나누어 실험을 하였다. 그 결과 주 50시간 같은 시간을 연습했는데 상위 두 그룹의 학생들은 개인 연습에 대부분의 시간을 소모했다고 한다. 이런 결과는 다른 조사에서도 같은 양상으로 나타난다. 체스의 세계에서는 혼자서 얼마나 열심히 공부하는가가 프로가 될 수 있는 지침이 되는데, 그랜드 마스터는 수행 시절에 평균 10년간 5,000시간을 혼자서 공부하며 연구한다고 한다. 알베르트 아인슈타인은 작금의 과학자조차 놀랄 만한 이론을 세운 인물이지만, 그 이론은 1902년부터 1909년까지 약 7년 동안 스위스 특허국 옆 혼자만의 방에 틀어박혀 낸 연구 성과이다.

프로는 수만 수천 시간 외로운 시행착오를 계속해 온 사람이다. 이와 같은 천재들의 고독을 고독력(Solitude)이라 한다. 고독력은 누구나 원래 가지고 있는 능력으로 의식함으로써 높아지고 혼자 있는 것을 두려워 않고 오히려 자신을 관조하면서 즐길 수 있게 된다. 그러나 '연말연시인데 아무도 연락할 곳이 없어', '회사에서 인간관계가 원만하지 않아 걱정이야', '누구 하나 내게 말을 걸어 주지 않아서 쓸쓸해'와 같은 기분은 고독감(Lonliness)으로 고독력과 다르다.

창조로 연결되는 고독은 고독감이 아니라 고독력이다.

고독감이 수동적이라면 고독력은 적극적이고 능동적인 마음의 상태를 말한다.

고독감이 느낌이라면 고독력은 혼자 있을 수 있는 힘이다.

자신을 일부러 고독하게 만드는 그만큼 강한 사람이다.

고독감은 고독함에 빠져 스스로를 우울하게 만들지만 고독력은 고독함을 통해 고고(呱呱)한 자아의 심연에 빠져들게 한다.

이러한 고독력은 충분한 성찰을 통해 문제 해결 능력을 키우고 삶을 창조적으로 이끌 수 있을 뿐 아니라, 대인관계도 좋아지도록 하기 때문에 다른 사람들에게 부담이나 피해를 주지 않고 있는 그대로의 일상을 즐길 수 있다. 고독감을 고독력으로 바꾸는 열쇠는 베풀고 느끼고 감사하는 행동에 있다. 그럼으로써 자신이 무언가와 연결되어 있다는 감각을 느낄 수 있는, 품격 있는 삶을 살 수 있다.

78.

변화의 과정을 거치지 않고 사물이 유용하게 되는 것은 도무지 불가능한 일이다

Without going through the process of change
it is impossible for things to be useful

– 마르쿠스 아우렐리우스 –

마르쿠스 아우렐리우스는 로마제국의 제16대 황제로 서구에서는 로마제국의 황금기를 상징하며 재위 기간 수많은 법을 공표하고 국민들의 삶을 보살핀 5현제 중 한 사람이다. 그의 『명상록』은 '자신에게'라는 제목으로 쓴 일종의 수필집으로 사적인 기록이지만 사장되는 것을 안타깝게 여긴 후대 사람들이 『명상록』이라는 제목을 달아 출판하였다. 이 글의 전후를 좀 더 살펴보자.

> 자연이 변화보다 더 소중히 여기고 더 적절히 생각하는 것이 어디에 있겠는가? 장작이 연료로 변화하지 않는데 따뜻한 물로 목욕하는 것이 가능하겠는가? 음식물이 변화를 거부하는데 어떻게 영양을 섭취할 수 있겠는가? 변화의 과정을 거치지 않고 사물이 유용하게 되는 것은 도무지 불가능한 일이다.

나는 1,900여 년이 지난 지금에도 변화에 대해 이보다 더 날카롭게 설명한 글을 보지 못했다. 변화는 Transition의 의미로 '옛것을 버리고 새것으로 가는 과정'으로 정의한다. 그런데 우리는 변화를 수용하기보다 현재의 상태를 선호한다. 그래서 변화를 위기로 생각하고 심지어는 기피의 대상으로 여기기도 한다. 아우렐리우스는 그러한 우리들에게 변화는 우주의 섭리로 변화 없이 존재할 수 있는 것은 없다는 사실을 일깨운다.

이를테면 지금까지는 선진국의 8억 명이 가격을 결정했는데 지금은 인도, 중국 등의 25억 명이 가격을 결정하는 시대로 변했다, 경영의 구루 피터 드러커는 우주 항공 산업의 한 회사를 예로 들었다. 20년 전에는 제조업 분야가 6,000명에 전략컨트롤 부문이 500명이었는데, 지금은 제조 부문은 400명이고 전략 부문이 38,000명이라고 하면서 지식 노동이 증가하고 제조 부문은 축소 내지는 세계의 제조 공장으로 이동하고 있다고 경고했다. 이러한 변화에 맞춘 해결책은 아우렐리우스의 조언처럼 지금의 변화를 받아들이면서 당사자 의식으로 자신에게 투자하여 스스로의 부가가치를 높이고 자신의 고용가능성(Employability)를 높이는 것 외에 무엇이 있겠는가?[55]

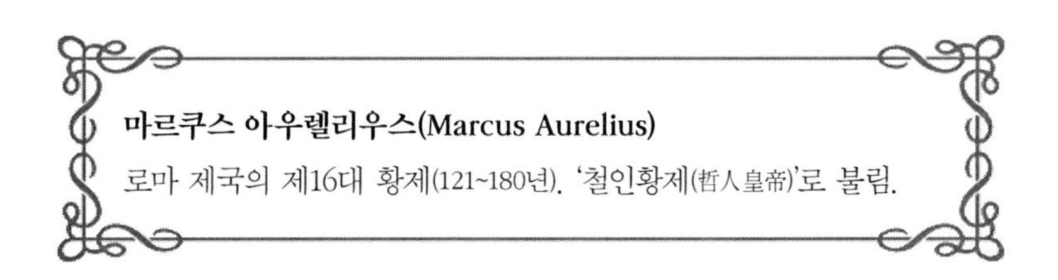
마르쿠스 아우렐리우스(Marcus Aurelius)
로마 제국의 제16대 황제(121~180년). '철인황제(哲人皇帝)'로 불림.

55 오영훈, 『커리어 위너』, 행간, 2011.

79.

이 세상에서 가장 큰 불행은 자신이 누구에게도 필요하지 않다는 것을 느끼는 것이다

– 마더 테레사 –

전문은 다음과 같다.

> 최악의 병과 최악의 고통은 (자신을) 필요로 하지 않는다는 것, 사랑받지 못한다는 것, 배려받지 못한다는 것, 모든 사람들에게 거절당한다는 것, 자신이 아무도 아닌 사람이 되었다는 것이라는 것을 더욱 깊이 깨닫게 되었다.
>
> I have come realize more and more that greatest disease and the greatest suffuring is to be unwanted, unloved, uncared for, to be shunned by everybody, to be just nobody.

마더 테레사의 말 속에는 사랑, 감사, 미소, 친절 등 많은 가르침이 들어 있다. 이 말은 앤서니 라빈스의 명언집인 『나를 일순간에 바꿔준 명언집』56에서 발췌한 것으로, 마더 테레사는 젊은 시절 우연히 사경을 헤매는 여인이 자신의 팔에 안겨 숨을 거둔 사건을 계기로 삶의 방향이 바뀌었다고 한다. 이처럼 유무형의 나눔이 누군가에게 꼭 필요한 도움이 됐을 때 단순히 기분 좋은 것이 아니라 인생이 바뀌기도 한다.

---

56 清水康一朗, 『一瞬で自分を変える変える言葉』, 角川フォレスタ, 2013.

사회는 제각각의 역할이 유기적인 연대를 이루고 있어 어느 누구도 필요로 하지 않는 사람이 없다. 단지 그것을 인지하지 못할 뿐, 한 사람 한 사람 모두 없어서는 안 될 중요한 존재이다. 오늘 아침 내가 먹은 조촐한 식사는 수많은 사람들의 무수한 공정을 거쳐 나의 아침 식탁에 올랐다. 아니면 혼자서 무슨 방법으로 모든 식자재를 구입해 식탁에 올릴 수 있겠는가. 가진 것이 많아 상대적으로 없는 이들을 업신여기는 이들조차 그 업신여기는 사람들의 손길이 없었으면 밥알 한 톨 입 안으로 넣는 게 가능하겠는가. 이것이 비단 식사에 관련된 것뿐이랴. 우리 모두는 타인의 협력이나 도움이 없이는 살아갈 수 없다. 그것이 우리가 살아 있는 한 어떤 형태로든지 사회와 타인에게 도움이 되는 행동을 해야 하는 이유이다.

앤서니 라빈스는 빌딩 청소부 아르바이트를 하면서 17세부터 2년간 약 700권의 성공철학과 심리학에 관한 책을 독파하고 NLP 창시자 리처드 벤들러, 자기계발의 대가 짐 론의 가르침을 바탕으로 약관 24세에 억만장자가 된 세계 넘버원의 코치이다.

앤서니는 빈곤한 가정에서 자라났지만 감사절에 전혀 낯선 집에 들러 축하를 받으며 식사대접을 받고 감동과 감사의 마음을 경험하고는 자신도 사람들에게 도움이 되는 인생을 살겠다고 마음먹고 19살부터 식사를 나누어 주는 봉사활동을 시작했다. 그것이 지금은 매년 56개국 수백만 명에게 식사를 나누어 주는 규모로 커지게 되었다. 그렇게 확대된 원동력은 어려운 사람들이 기뻐하는 것을 보고 앤서니 자신이 만족을 느꼈기 때문이라고 한다.

"타인에 대한 도움이 우리들을 행복과 자유로운 삶을 이끌어가는 길잡이다. 타인으로부터 칭찬이나 감사를 구할 필요가 없다. 자신이 세상에 도움이 되고 있다는 자기만족으로 충분하다."

- 알프레드 아들러

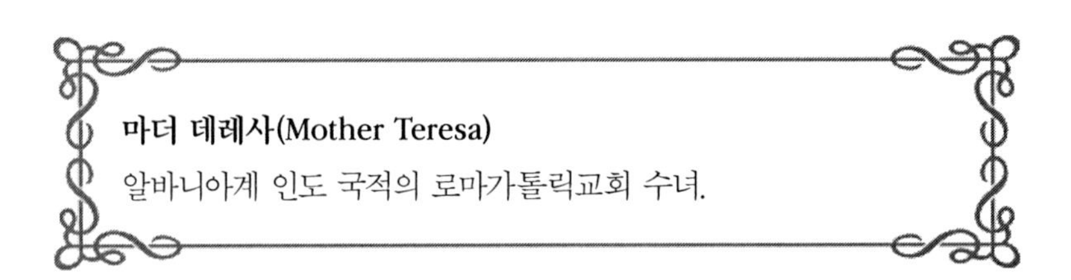

마더 데레사(Mother Teresa)

알바니아계 인도 국적의 로마가톨릭교회 수녀.

80.

어제 고찰한 계획도 오늘 아침에 냉소할 수 있어야 한다

– 리처드 프랜시스 버튼 –

리처드 프랜시스 버튼은 영국 퇴역 군인의 아들로 태어나 어릴 때부터 양친을 따라 유럽 각지를 전전한 관계로 유럽 방언을 포함하여 아랍어 등 생애를 통해 약 30개 이상의 언어를 구사할 수 있었다. 그는 나일강의 원류를 조사하다가 탕가니카호를 발견하는 등 중앙아프리카 호수 지역 탐험을 통해 아프리카 대륙 조사에 큰 업적을 남기기도 하였는데 말년에는 『아라비안 나이트』를 번역하는 등 문필가로서도 명성을 날렸다.

탐험가이자 모험가인 그는 전날 면밀하게 날씨를 예측하여 다음 날 일정을 검토하는 등 만전의 준비를 했더라도 실제로 그다음 날 자그마한 풍향이나 상황 변화로 당초 예측이 틀릴 것이 예상되면 지체 없이 전날 수립했던 계획을 전부 변경했다. 항상 그때그때 상황에 맞는 최선의 방책을 강구하여 예기치 않은 위험에 빠질 수 있는 혹독한 자연 환경 속에서도 살아남았다고 한다.

조령모개(朝令暮改)는 "아침에 영을 내리고 저녁에 고친다"는 의미로 『한서(漢書)』의 「식화지食貨志)」 편[57]에 나오는 말이다. '법령에 일관성이

---

57 '食'은 식물(食物)의 의미이고 '貨'는 재산의 의미로, 『食貨志』란 경제 동향을 정리한 책이다.

없어서는 안 된다'는 뜻이다.

"빈곤이란 작물이 모자라면 생기는 것으로 작물이 모자라는 것은 경작을 하지 않기 때문입니다. 경작을 하지 않으면 농민은 토지에 정착하지 않게 되고 토지에 정착하지 않으면 집이나 가족을 경시하게 됩니다. 그렇게 되면 국민은 새나 들짐승과 다름이 없어져 예를 들면 성벽을 높게 하고 굴을 파고 법률을 엄격하게 처벌을 해도 국민은 떠돌이(流民化)가 되는 것을 막을 방도가 없습니다. … 농민은 춘하추동 일 년 내내 쉴 새 없이 일해야 하는데 죽은 자를 조문하거나 병문안을 가야 하는 등 뼈를 깎는 어려움 속에 있을 때 홍수와 한발의 재해를 당하거나 갑자기 세금이나 부역을 당하기도 하며 이것은 일정한 때도 정해져 있지 않아, 아침에 영을 내리고 저녁에 고친다(朝令而暮改)….

- 오영훈, 『살아 있는 퇴직 이야기』

그런데 리처드는 조령모개를 오히려 적극적으로 추구하라는 의미로 어젯밤에 고찰한 계획이라도 (상황이 변하면) 용기 있게 바꿀 수 있어야 한다는 것이다.

세븐 일레븐을 창설하고 얼마전까지 세븐 아이 홀딩스를 이끌었던 카리스마 경영자 스즈키 도시후미도 '고사성어의 의미가 완전히 역전되어 사용될 정도로 환경이 급변하고 있다'고 하였다.

지금까지는 과거의 경험에 덧붙이거나 덧붙일 줄만 알면 환경에 적응할 수 있었습니다. 그러나 과거의 경험을 덧붙이는 시대는 이미 완전히 끝났습니다. 환경이 급변하고 마켓 전체가 축소하고 역풍이 불고 일처리 방법 또한 지금까지 경험한 바 없는 어려운 상황입니다. 지금까지 조령모개는 부정적인 의미로만 쓰였습니다. 일정한 방향으로 성장을 계속할 때에는 한 번 정한 것을 뒤집으면 판단력이나 결단력의 부족을 탓하였습니다.

그것이 지금은 한 번 말한 것이라도 환경이 변화하여 통용이 되지 않으면 바로 정정하고 새로운 방침을 제시하지 않으면 생존할 수 없는 상황에 처해 있습니다. 오히려 조령모개를 주저 없이 할 수 있어야 우수한 리더의 조건이 되었습니다. 고사성어의 의미가 완전히 역전되어 사용될 정도로 환경이 급변하고 있는 것입니다.

- 스즈키 도시후미, 『朝令暮改の発想』

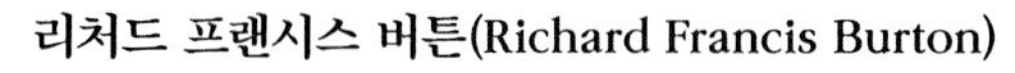

리처드 프랜시스 버튼(Richard Francis Burton)

영국의 탐험가, 인류학자, 작가, 언어학자, 번역가, 군인, 외교관.

CHAPTER 8.

관계

81.

모든 참된 삶은 만남이다

All real living is meeting

– 마르틴 부버 –

마르틴 부버는 오스트리아 빈 출신의 유대계 종교 철학자다. 젊은 시절 시오니즘(유대인의 팔레스티나 복귀 운동)에도 참가하였으며 그 후 운동을 그만두고 연구 생활에 들어가 프랑크푸르트 대학교수로서 비교종교학을 가르친다. 그러나 유대계인 데다가 나치의 대두로 인해 모든 공식 활동을 일체 금지당하면서 팔레스티나로 이주하여 헤브라이 대학에서 교편을 잡고 일생을 마친다. 부버의 사상은 한마디로 자신이라는 존재를 눈앞에 있는 현실과의 관계 속에서 바라보는 것, 즉 자신은 누구인가라고 말할 때 흔히 자신의 내면만을 바라보기 쉽지만, 주변과의 관계 속에서 자신을 찾는 것이라는 부버의 생각이다. 이 명언은 부버의 대표작 『너와 나』에 실려 있다.

"너와 나는 오직 온 존재를 기울여서만 만날 수 있다. 온 존재에로 모아지고 녹여지는 것은 결코 나의 힘으로 되는 것은 아니다. 그러나 나 없이는 결코 이루어질 수 없다. '나'는 '너'로 인해 '나'가 된다. '나'가 되면서 나는 '너'라고 말한다. 모든 참된 삶은 만남이다."

'나'와 '너'의 관계를 기조로 한 부버의 인격주의적 철학은 실존주의와 함께 제1차 대전 후의 유럽, 미국의 기독교 신학이나 철학, 또한 정신의 학계에까지 넓고 깊은 영향을 끼쳤다.

'참된 삶은 만남'이라는 생각에 기초한 대화가 부버 사상의 특징이다. 모든 참된 삶은 만남이고 만남을 가능하게 하는 것이 '대화'이다. 인간의 진정한 관계는 '나'와 '너'의 관계이며 이 관계는 온 존재로서 만날 때 가능하다는 것이다. 부버는 세상에는 '나'와 '너'의 관계와 '나'와 '그것'의 관계가 존재하는데 참다운 삶을 살아가기 위해서는 '나'와 '너'의 관계를 맺어야 한다고 주장한다.

'나'와 '너'의 관계는 서로가 인격적으로 마주하는 관계로서 무엇과도 바꿀 수 없는 유일한 '나'와 대체 불가능한 '너'가 깊은 신뢰 속에서 존재한다. '나'와 '너'의 관계는 '나'와 '너' 사이에서 발생하는 것이며 일방적이지 않고 상호적인 데 비해 '나'와 '그것'의 관계는 전적으로 주관적이고 상호성이 결여되어 있다. 도구적 관점에서 세상을 바라보며 언제든지 대체될 수 있는 일시적이고 기계적인 관계이다. 이해, 소유, 목적 관계가 얽혀 있다. '나'와 '그것'(또는 '그')의 '나'는 개체라 하여 자기를 경험과 이용의 주체로 인식한다. 개체가 타인과 관계를 맺지 않으려고 하는 것은 경험하고 이용하기 위함이며 그 목적은 단지 자신만을 위해서다. 그로 인해 개체는 철저히 개인주의적이 되며 타인을 하나의 '대상'으로만 여긴다. 이러한 의미에서 '나'에게 '그'는 그리고 '그'에게 '나'는 사실상 존재하는 것이 아니고 없는 것이나 다름없다. 이러한 세계는 오로지 '사물들의 세계'이며 '무의미의 세계'이다. 우리는 수많은 사람들을 접촉하지만 금전이나 물질을 다른 가치보다 우선시하는 자본주의나 물질주의에 익숙해 있어 '나'와 '너'보다는 '나'와 '그것'으로 관계를 맺는다. 타인의 존재 그 자체보다는 유용한 거래를 위한 수단으로 여기는 탓에 타인과 전면적 소통보다는 상대에 대한 정보를 통해 소통하는 것에 익숙해 있다.

반면 '나'와 '너'의 관계는 내가 상대방을 있는 그대로 수용하기 때문에 그 어떤 다른 수단적이고 기능적인 것이 침투하지 못한다. 그래서 존재의 의미와 가치를 인정하고 서로에게 융합하며 배려하는 관계로 되어 진정한 대화가 가능해진다.

부버는 이를 '번데기'에서 '나비'가 된다고 표현한다. 그는 인간이 참다운 자신의 내면을 발견하기 위해서라도 '나'와 '너'의 관계를 맺어야 한다고 주장한다. 왜냐하면 인간은 관계 속에서만 진정한 자아를 찾을 수 있기 때문이다. 인간은 홀로 존재하는 것이 아니라 관계 속에서 의미를 찾는다. '태초에 관계가 있었다'고 말한 부버는 인간 존재와 삶의 의미를 관계 속에서 찾았다. 인간으로서의 가치와 존엄성을 잃어버린 현대의 비극은 인간과 인간 사이의 참된 관계와 대화를 상실한 데서 기인한다고 진단하였다.

또한 '나'와 '너'에 있어 '너'에 대한 해석은 자연이나 동물, 신에 이르기까지 '영원한 너'가 될 수 있다고 하였다.

그러나 부버의 '나'와 '너'의 사상은 '대화의 사상'인 만큼 사람들과의 진정한 소통이 가장 중요한 핵심이다.

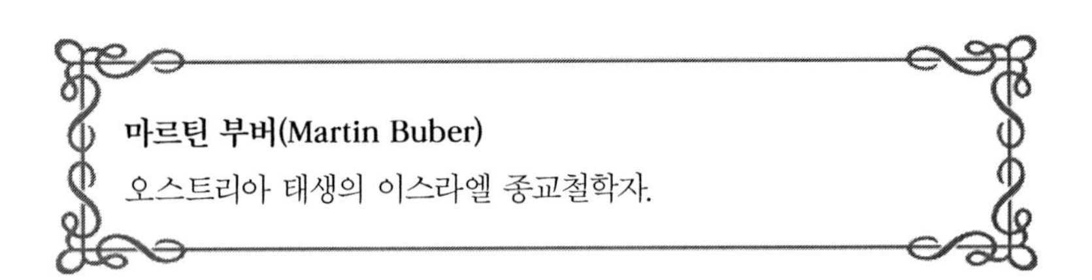

82.

한 명의 아버지가 백 명의 교장을 이긴다

One father is more than a hundred schoolmasters

– 조지 허버트 –

아버지에 의한 교육이 백 개의 학교에 다니는 것보다 자녀에게 도움이 된다는 이 말은 색다른 격언이라는 의미의 영국의 『Outlandish Proverbs』(George Herbert)에 수록되어 있다.

현대 사회는 하루가 다르게 극심하게 변화하고 있다. 사회구성의 기초가 되는 가정 또한 변화를 겪고 있고 가족 구성원, 그 위상에도 많은 변화가 있다. 그중에서 가장 눈에 띄는 변화 중 하나가 아버지의 존재감이다.

몇 해 전 이웃나라에서는 남자의 품격, 여자의 품격, 회사의 품격, 아버지의 품격 등 품격 시리즈가 유행처럼 발간되었다. 그렇다면 품격과 인격과의 차이는 무엇일까? 먼저 인격은 '사람이 하나의 인간으로서 가치를 가지고 독립해서 존재하는 데 필요한 정신적 자격, 됨됨이'이고, 품격은 '그 사람이나 물건이 갖추고 있는 본바탕, 기품, 품위'로 성질이나 사람 됨됨이가 높은 수준을 뜻한다. 아무튼 품격 있는 사람이라는 말을 듣는다면 최고의 칭찬임에 틀림없다. 가와기타 요시노리는 저서 『아버지의 품격』58에서 현재 가정의 가장 큰 문제는 아버지의 품격의

58 川北義則, 『父親の品格』, 中経の文庫, 2007.

저하이며 이를 되돌려야 한다고 주장하였고 아버지에 대한 평가를 재고하도록 요구하고 있다.

1970년대 내가 학생이었던 시절이지만 지금도 기억에 생생하다. 어머니가 "아버지한테 말할 거다" 하면 제발 그것만은 말아 달라고 하소연하였고, 어머니는 뭔가 거절하기 힘들면 늘 아버지에게 물어보라고 하셨다. 그리고 아버지에게서 가장 많이 들은 말씀은 "안 돼", "절대 안 돼"였다. 그 결정이 옳든 아니든 따라야 했다. 어린 시절 아버지의 존재는 모든 것의 구심점이요, 든든한 기둥이었고 말씀은 법이었다. 그렇게 아버지라는 역할은 가정이라는 울타리의 중심이고 제가(濟家)의 근본이었다. 대들보 같은 존재로 가풍의 중심에 서 있었고, 무엇보다 삶의 자세가 오롯이 전달되는 자식들의 본보기였다. 실제로 가정은 지금도 생생한 교육의 현장이다.

그럼에도 지금은 올바른 자녀 키우기보다 성공하는 자녀 키우기라는 블랙홀에 빠져 아버지의 품격이나 위상은 뜬금없는 말로 저 멀리 방치된 느낌을 지울 수 없다.

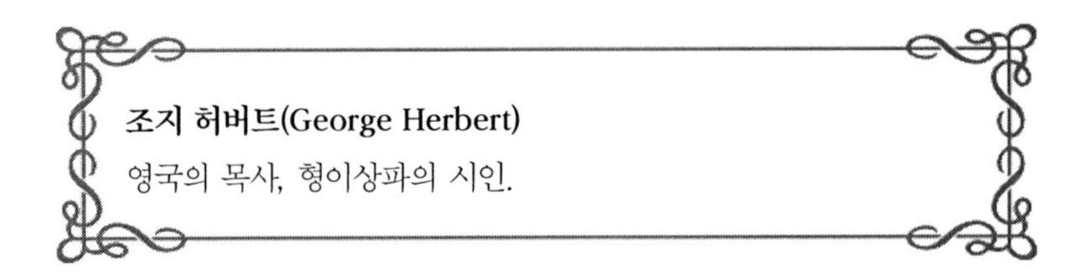

조지 허버트(George Herbert)

영국의 목사, 형이상파의 시인.

83.

용서는 오직 용서할 수 없는 것을 용서하는 것이다

Forgiveness forgives only the unforgivable

– 자크 데리다 –

자크 데리다가 파리 사회과학고등연구원에서 진행했던 세미나를 엮어낸 책 『용서하다』에 나오는 명언이다. 원래 'Pardon(용서)'이라는 단어의 음절(par-don)에 포함된 라틴어의 어원을 보면 'Par(= 철저히)', 'Don(= 준다)'의 의미로 Pardon은 '철저하게 준다'에서 '용서하다', '관용'이라는 의미로 굳어졌다.

철학자 블라디미르 얀켈레비치(Vladimir Jankelevitch)는 홀로코스트 같은 '반인류 범죄'는 용서가 불가능하다 — 용서는 죽음의 수용소에서 죽었다 — 고 주장했다. 데리다는 저서에서 얀켈레비치의 주장을 논평하며, '용서할 수 없는 일을 용서해야 용서'라는 사유를 전개한다. 누구나 쉽게 용서할 수 있는 것을 용서하는 것은 용서가 아니기에, '용서 — 불가능한 일을 용서하라는 요구를 받았을 때'에야 용서의 '가능성'이 시작되는 것이라고 주장했다.

"만약 용서할 만한 것만 용서하겠다고 한다면 용서라는 바로 그 개념 자체는 사라지게 될 것이다. … 용서는 오직 용서할 수 없는 것을 용서하는 것이다."

자크 데리다의 용서를 실제로 실천한 사례를 소개한다.

베트남전이 한참이던 1972년 6월 당시 9살 소녀였던 킴 푹은 동네 근처의 한 사찰에 가족과 함께 숨어 있다가 살상력이 큰 화염 무기 '네이팜 폭탄'의 폭격에 거리로 뛰쳐나갔다. 어린 소녀는 파편에 맞아 불타는 옷을 벗어 버리고 알몸으로 내달렸다. 소녀는 심한 화상을 입은 채 달렸고, 이런 소녀의 극적인 모습이 AP통신 사진기자에 찍히며 '네이팜 소녀'로 알려진 사진은 전 세계의 많은 사람들에게 큰 충격을 주었다.

세월이 흐르고 1996년 워싱턴에서 열린 월남전 기념비 제막식에 킴 푹이 초청되어 연설하게 되었다. 연설에서 그녀는 "만약 민간인 마을에 폭탄을 투하한 비행기 조종사를 만나게 된다면 나는 그를 용서할 것이다"라는 발언을 하였다. 그런데 놀랍게도 마침 그 자리에 폭탄을 투하했던 비행기 조종사 존 머플러가 참석해 있었다. 그녀의 연설을 들은 그는 도저히 그냥 앉아 있을 수 없었고 벌떡 일어나 소리쳤다. "정말 죄송합니다. 제가 그 조종사입니다. 저의 오판으로 고통을 드려서 정말 죄송합니다. 그 일로 인해 저는 그동안 고통스러운 마음으로 살아왔습니다. 나를 용서해 주십시오. 나를 용서해 주세요" 그러자 킴 푹이 말했다. "용서합니다, 괜찮습니다. 저는 다 용서합니다. 용서합니다".

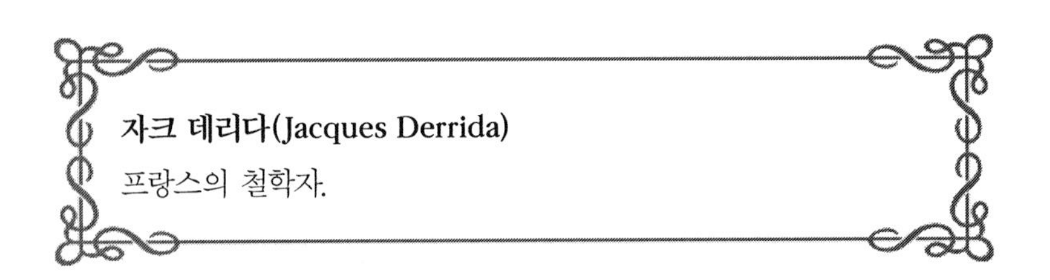

자크 데리다(Jacques Derrida)
프랑스의 철학자.

84.

미숙한 사랑은
'당신이 필요해서 당신을 사랑한다'고 하지만
성숙한 사랑은 '사랑하니까 당신이 필요하다'고 한다

Immature love says: "I love you because I need you."
Mature love says: "I need you because I love you."

– 에리히 프롬 –

『사랑의 기술』의 저자 에리히 프롬의 명언이다. 우리나라에서는 윈스턴 처칠의 명언으로 알려졌는데 오류다.

우리는 '결혼은 정보다'라는 광고가 난무하는 시대에 살고 있다. 그래서인지 젊은 사람들, 그 부모 연령에 해당하는 사람들조차 그 정보의 바다에 빠져 결혼 상대자를 찾는 데에 손익계산을 하고, 그것을 당연한 현상으로 받아들이는 사람들이 많아졌다. 그래서 돈 많고 예쁘고 잘생기고 직장 좋고 집안 좋은 상대를 일등 신랑감, 신붓감으로 생각하는 현대판 사랑과 결혼이 진행 중이다. 그리하여 '결혼은 눈에 콩깍지가 씌어야 한다', '제 눈에 안경이다' 등 오랫동안 전해온 이 친숙한 속어가 무색할 지경이다. 그러나 이 속어야말로 팔색조인 사랑과 결혼의 신비를 잘 드러내지 않는가.

에리히 프롬이 말하는 '당신이 필요해서 당신을 사랑한다'라는 전제 역시 자신의 손익과 관계있다. 이는 '당신은 사용할 수 있는 존재이기 때문에 당신을 곁에 두고 싶다'와 다르지 않다. 따라서 사랑과 결혼은 물건이나 상품이 갖는 가치를 보고 고르는 것과 같다. 이는 에리히 프롬의 소유가치에 해당하여 '결혼은 정보다'는 광고와 오차 없이 들어맞는다.

'당신을 사랑하기 때문에'라는 전제는 자신의 이익도 물론 포함할 수 있지만 그것을 뛰어넘는 의미다. 당신이라는 존재는 내 자신보다 더 소중하고 귀하여 하늘의 별도 따다 줄 수 있을 것 같은 기쁨과 행복의 존재이다. 에리히 프롬의 말하는 존재가치에 해당한다.

그는 '성숙한 인간'에 대해 다음과 같이 말한다.

> "성숙한 인간은 자신의 힘을 생산적으로 발달시키는 사람, 스스로 이를 위해 일한 것 이외에는 갖고 싶어 하지 않는 사람, 전지전능이라는 나르시즘적인 꿈을 버린 사람, 순수한 생산적 활동에서만 얻을 수 있는 내적인 힘에 의해 뒷받침되는 겸손을 몸에 익힌 사람이다."

'성숙한 사랑'에 대해서도 이렇게 갈파한다.

> "성숙한 사랑은 자신의 전체성과 개성을 유지한 채로의 결합이다. 사랑은 인간 안에 있는 능동적인 힘이다. 사람을 다른 사람들로부터 분리시키고 있는 벽을 부술 수 있는 힘이며, 사람과 사람을 연결하는 힘이다. 사랑으로, 사람은 외로움·고립감을 극복하지만, 여전히 자기 자신 그대로이며, 자신의 전체성을 잃지 않는다. 사랑에 있어서는 두 사람이 하나가 되고, 게다가 두 사람으로 계속 있는 역설이 일어난다."

사랑에 대한 참으로 예리한 묘사이지만, 지금 세태에서는 프롬의 '성숙한 사람'과 '성숙한 사랑'은 어렵고 낯설어 얼마나 공감대를 얻을 수 있을지 미지수이다. 그러나 우리 사회는 '친숙한 속어'에서 보듯 일찍부터 '성숙한 사랑'에 눈떠 건강하고 활기차게 이어지고 있다. 일부에서는 '결혼은 정보다'라는 소유가치를 강조하는 광고에 현혹되기도 하지만, 당신을 사랑해서 당신이 필요하다는 존재가치에 목숨이 거는 사람도 많다는 현실이 얼마나 다행인지 모르겠다.

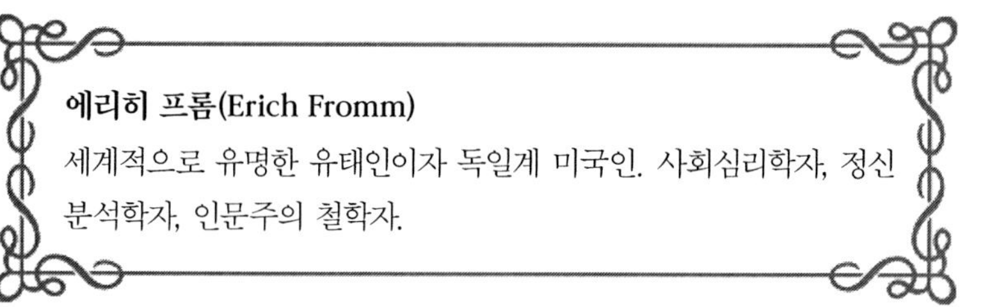

에리히 프롬(Erich Fromm)
세계적으로 유명한 유태인이자 독일계 미국인. 사회심리학자, 정신분석학자, 인문주의 철학자.

85.

나무에 가위질을 하는 것은 나무를 사랑하기 때문이다

– 벤저민 프랭클린 –

전문은 다음과 같다.

> 나무에 가위질을 하는 것은 나무를 사랑하기 때문이다. 부모에게 꾸중을 듣지 않고 자란 아이가 훌륭하게 될 수는 없다. 겨울의 추위가 심할수록 이듬해 봄의 나뭇잎은 한층 더 푸르다. 사람은 역경에 단련되지 않고서는 큰 인물이 될 수 없다.

열대나무에는 나이테가 없다.

나무가 봄부터 여름에 걸쳐 만들어 내는 세포들(춘재)은 일반적으로 지름이 크고 세포막이 얇으며, 늦은 여름부터 초가을에 걸쳐 만들어 내는 세포들(추재)은 지름이 작고 세포막이 두껍다. 그래서 춘재는 색깔이 엷고, 엉성해 보이고, 추재는 색깔이 짙고 치밀해 보이는 테가 나타난다. 침엽수에서는 춘재와 추재와의 경계가 뚜렷한데, 활엽수에서는 뚜렷하지 않은 경우도 있고 특히 열대의 수목에서는 뚜렷하지 않은 경우가 더 많다고 한다.

일본의 사도섬(佐渡島)에서 자라는 삼나무는 금강(金剛) 삼나무라고 불릴 정도로 단단하다. 사도섬은 원래 바람이 세고 겨울에는 몇 미터나 되는 눈 속에 묻히는 등 아주 척박한 환경으로 유명하다. 그래서 사도섬의 삼나무는 인공림보다 성장이 훨씬 느리고 나이테는 인공림의 그것에 비해 아주 촘촘해진다. 좁은 나이테 사이에는 수지(樹指)가 빽빽이 들어차는, 금강 삼나무로 자라면서 다이아몬드처럼 단단하게 만들어져 강한 재목이 되는 것이다.

동물의 세계도 마찬가지다.

콜로라도 계곡에서 서식하는 독수리는 돌처럼 단단한 나뭇가지에서 가지를 물어와 둥지를 만든다. 그런데 이 독수리들이 둥지를 지을 때 쓰는 이 나무에는 매우 날카로운 가시가 무성히 돋쳐 있다. 그래서 둥지를 지을 때 새끼들이 찔리지 않도록 가지를 잘 포갠 다음에 나뭇잎이나 깃털, 풀을 켜켜이 쌓아 부드럽게 만든다. 그런데 새끼들이 독립할 때가 되면 어미 독수리는 본능적으로 그 부드러운 쿠션을 치워버려 새끼들이 할 수 없이 둥지 밖으로 기어 나간다. 일단 새끼들이 둥지 밖으로 나오면 어미는 새끼들을 벼랑 끝으로 유인해서 벼랑 아래로 수직 낙하도록 하고 어미는 쏜살같이 날아가 새끼를 물어 올리고 다시 떨어뜨리기를 반복한다. 그런 과정을 거쳐 마침내 새끼 독수리들은 공중에서 낙하하는 것에 대한 공포심을 극복하게 됨은 물론 하늘의 제왕답게 큰 날개를 펴고 비행하는 법을 배우게 되는 것이다.

인간도 다르지 않다. 부모로서 사랑하는 자녀들을 어떻게 교육할 것인지 먼저 큰 그림을 그리고 그 안에 무엇을 채워갈 것인지 진중하게 고민해야 한다.

벤저민 프랭클린(Benjamin Franklin)

미국의 정치가·외교관·과학자·저술가.

86.

사랑은 인생에서 가장 훌륭한 치유제다

Love is the greatest refreshment in life

– 파블로 피카소 –

피카소의 작품은 13,500점의 유화와 소묘, 10만 점의 판화, 34,000점의 삽화, 300점의 조각과 도기 등 그 양이 엄청나다. 다작의 예술가로서 기네스북에 오를 정도다. 게다가 숫자만 많은 것이 아니다. 피카소는 자기 작품을 눈이 어지러울 정도로 변화시켜 가면서 한 사람 안에 몇 명이 화가가 들어 있는 것처럼 다양한 작품을 지속해서 그려 내었다. 항상 새로운 것을 만들어 내면서 막대한 양의 작품을 계속해서 그려내는 피카소의 일생. 도대체 무엇이 그를 그렇게 만들었을까. 키워드는 바로 여성이다.

피카소는 작풍을 수시로 바꾸듯이 사귀는 여성도 수시로 바꿨다.

10대가 끝나갈 즈음부터는 사람도 배경도 청색 일변도로 그리는 '청의 시대'가 시작된다. 당시 피카소는 극빈층이었다고 한다. 그러나 연인인 페러낭드 올리비에를 만나고서부터는 일전해서 밝은 색을 추구하기 시작한다. 피카소의 이 시대를 '장미색 시대'라고 한다. 다음으로는 색에서 형(形)으로 그 특징을 변화시킨다. 배경이나 물건이나 모두 단순화시켜 평면의 이어지도록 그리는 '큐비즘'의 시대다.

연인을 그린 「페르낭드의 초상」도 이 기법으로 그린 것이다. 28세 시기다.

30세가 되어서 페르낭드와 헤어지고 새로운 연인 에바 구엘과 사귀게 되면서는 큐비즘에서 멀어지고 콜라주 작품에 몰두한다. 그러나 교제 시작 4년이 지난 후 에바가 병으로 죽자 피카소의 작품에도 변화가 찾아온다.

이혼을 해 주지 않아 피카소를 애먹인 올가 코클로바를 만나게 된다. 36세의 시기다. 발레단의 댄서인 올가에 흠뻑 빠진 피카소는 그녀와 결혼하는데 결혼하자마자 완전히 화풍이 바뀌어 주위를 놀라게 한다. 그것은 클래식 수법으로 그린 조작과 같은 회화다. 그녀를 그린 「올가 피카소」는 완벽한 구도로 옷의 주름이나 음영까지 표현하고 있다.

그러나 올가와의 관계가 악화되어 별거에 이르자 피카소의 그림은 또 다시 변화한다. 초현실주의(Surrealism)가 바로 그것이다. 그 사이 새로운 연인이 나타난다. 18세의 마리 테레즈 발터다. 그녀를 길에서 초상화를 그려 주겠다고 유혹해 구설수에 올랐다. 그때 피카소의 나이는 45세. 그림만 아니라 사생활도 초현실주의였다. 그러고 나서 56세. 피카소의 최고 걸작이라고 하는 「게르니카」를 그리게 된다. 이때 애인은 유고 출신인 사진가 도라 마알이다. 그런데 당시 마리 테레즈와의 관계도 지속되었기 때문에 둘이서 서로 다투었다고 한다. 어느 쪽이 나갈 것인지 확실히 정해 달라는 테레즈의 성화에 피카소가 둘이 싸워서 정하라고 답한 이야기는 유명하다.

60세가 넘어서도 피카소는 열정은 식지 않았다. 그림도 계속 그리고 물론 연애도 계속했다. 피카소의 6번째 여성은 프랑소와즈 질로다. 둘 사이에서 아이를 낳은 때가 피카소 나이 67세였다. 남들은 아들이 아니라 손자를 볼 나이였다. 피카소가 70이 되었을 때 올가가 사망했다. 부부관계는 훨씬 이전에 끝났지만 올가가 이혼해 주지 않았기 때문에 사망과 더불어 재혼이 가능하게 되었다. 이때 상대는 20대 후반의 자클린 로크였다. 그녀가 피카소의 병시중을 든 최후의 여성이다. 그림과 여성으로 살아온 피카소. 그는 91세로 죽기 3년 전 이런 말을 남긴다.

"아직 지금부터 그릴 그림이 남아 있어."

어제의 자신이 마치 라이벌이나 되듯이 계속해서 새로움을 추구해 온 피카소는 자클린의 돌봄 아래 파란만장한 일생을 마친다.

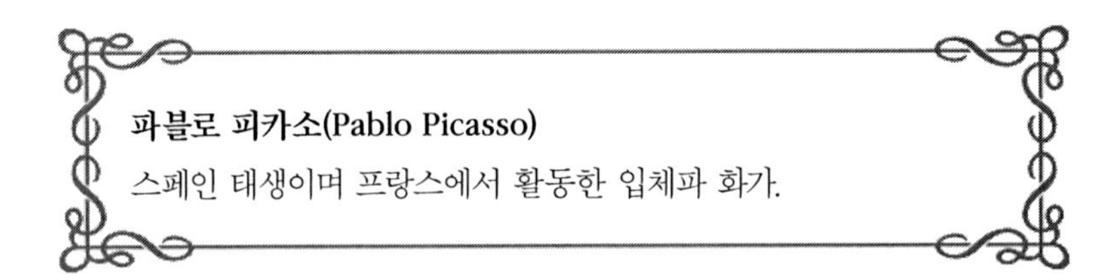

파블로 피카소(Pablo Picasso)
스페인 태생이며 프랑스에서 활동한 입체파 화가.

87.

남에게 호감을 얻고자 한다면 단 한 가지만 기억하라 그것은 경청이다

Remember one thing if you want to have a good feeling
It is listening

– 벤저민 디즈레일리 –

벤저민 디즈레일리와 윌리엄 글래드스턴의 일화가 있다.

당대 유명한 두 남자는 뭇 여성의 마음을 설레게 했다. 한 여성이 두 명과 모두 데이트를 하는 행운을 거머쥐었다. 호기심에 가득 찬 친구들이 그 둘을 비교해보니까 어떠냐고 물었다.

"글쎄… 글래드스턴은 날 극장에 데려갔는데 헤어질 무렵이 되니까 그 사람이 세상에서 가장 세심하고 똑똑하고 매력적이라는 생각이 들었어."

한 친구가 다시 질문을 던졌다.

"그럼 디즈레일리는?"

그 여성은 대답했다.

"약간 차이가 있어. 디즈레일리는 나를 오페라에 데려갔는데 헤어질 때쯤 되니까 내가 이 세상에서 가장 세심하고 똑똑하고 매력적인 사람이라는 생각이 들던걸."

거의 모든 사람들은 자신이 이야기하는 것을 좋아한다. 그런데 사람은 하루 활동의 대다수를 듣기에 쓴다고 한다. 그리고 보니 작금에 우리들은 가정이나 학교, 사회, 매스미디어 등에서 끊임없이 흘러나오는 말의 홍수 속에 살고 있다. 따라서 이러한 홍수 속에서 각자가 필요한 것을 선별하여 잘 듣는 능력이 더욱 중요해졌음에도, SNS 이용이 보편화되면서 대면을 통한 소통의 기회가 점점 줄어들고 있고, 자연히 듣기 능력 또한 점차 저하되고 있다. 요즈음은 인간관계의 어려움이 직장인 스트레스에서 1위를 차지하고 있다. 그 원인을 추적하는 가운데 돌출된 것 중 하나가 소통의 부재였는데, 그것은 듣기 능력의 부족에서 기인한다고 볼 수 있다. 상대방의 이야기에 적극적으로 귀를 기울여 듣는, 경청(傾聽)의 태도가 부족한 것이다. 때때로 선입견이나 편견이 일조를 한다.

우리가 경청을 잘하지 못하는 이유를 알아보자.

첫째, 사람은 본래부터 감각적으로 듣는 시간이 말하는 시간보다 길게 느껴진다. 둘째, 상대방이 이야기를 할 때 상대를 이해하려는 의식보다는 이야기의 답을 생각하는 경우가 많다. 셋째, 자신의 가치관, 경험담을 앞세우려 한다. 특히 이런 일은 선후배나 직장 내 상하관계의 대화, 부모 자녀간의 대화에서 빈번히 일어난다. 넷째, 일반적으로 사실관계나 논리적 구조를 중심으로 들으려고 애를 쓰는 반면, 그 사람의 감정이나 욕구를 이해하려는 것에는 익숙하지 않다. 다섯째, 듣는 것은 상당한 집중력이 필요하다. 이외에도 많은 이유가 있을 것이다.

인간관계에서 상대방의 호감을 얻는 일은 매우 중요하다. 무슨 일을 하든 사람들의 협력이 필요하기 마련이고 상대방의 협력은 호감을 통해 얻는 것이 비교적 수월하다. 또 하나 중요한 것은 적을 만들지 않는 것이다. 좋아하는 이상, 적이 될 리는 없다. 그런데 호감을 얻기가 쉽지 않아 도움 또는 이익을 제공해 호감을 사려고 애를 쓴다. 그때 디즈레일리의 명언이 필요하다. 상대방의 이야기를 경청하는 것이다.

훌륭한 경청자는 상대를 받아들이고, 상대의 입장에서 상대의 이야기를 적극적으로 듣고 정확하게 이해해서, 신뢰관계를 맺으려는 노력과 태도(Rapport)를 지닌 사람이다. 디즈레일리 자신도 그렇게 하여 총리의 자리까지 올라갔다고 고백하지 않았던가. 디즈레일리는 훌륭한 경청자였다.

"다른 사람의 이야기를 잘 들어주면 인생의 80%는 성공한다."

- 데일 카네기

"신이 인간에게 하나의 혀, 두 개의 귀를 준 것은 말하기보다 듣기를 두 배로 하라는 뜻이다."

- 에픽테토스

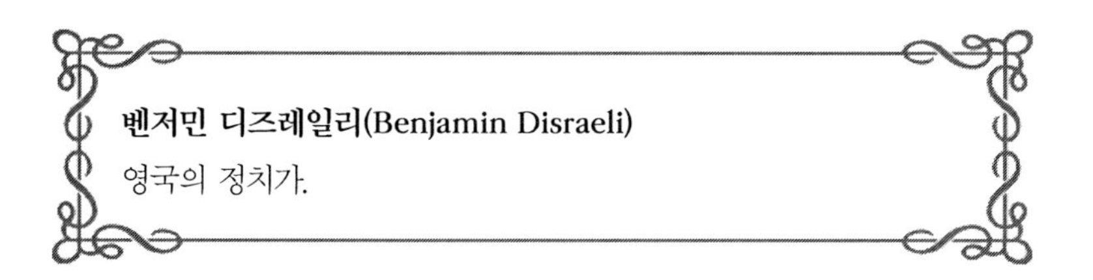

88.

용서는 자신에게 베푸는 선물이니 내가 행복해지기 위해 용서해야 한다

– 달라이 라마 –

그는 『용서』라는 저서에서 다음과 같이 말한다.

> "용서는 단지 우리에게 상처를 준 사람들을 받아들이는 것만을 의미하지 않는다. 그것은 그들을 향한 미움과 원망의 마음에서 상처받은 내 영혼을 위해 숨 쉴 수 있도록 스스로를 놓아 주는 일이다. 그러므로 용서는 자기 자신에게 베푸는 가장 큰 자비이자 사랑이다."

헝가리의 유명한 음악가이자 피아니스트인 리스트의 일화이다.

리스트가 독일을 방문하게 되었다. 독일에 도착하여 호텔로 가는 길에 어느 공연 포스터를 보게 되었다. 독일의 무명 피아니스트가 공연을 하는 내용이었는데, 프로필에서 그는 자신을 리스트의 제자라고 소개하였다.

이 무명 피아니스트는 공연하기 전날, 리스트가 입국한 사실을 알게 되었고, 고민 끝에 리스트를 찾아가 자신의 사정을 말하고 용서를 빈다. 리스트는 무명 음악가에게 진실로 용서해 주는 대신 하나의 조건을 제시한다. 공연을 위해 준비한 곡을 지금 그 앞에서 연주해 보라는 것이었다. 그는 곧 연주를 하였고, 리스트는 그에게 충고와 격려를 아끼지 않았다. 그리고 리스트는 "이제 나에게 한 번이라도 레슨을 받았으니 내 제자이다"라고 말한다. 게다가 공연 마지막에 리스트 자신에게도 연주할 기회를 달라는 청을 하였다. 그 후 이 무명 피아니스트는 이 사건을 일평생 잊지 못했다고 한다.

달라이 라마(Dalai-Lama)
티베트 불교(라마교)의 가장 대표적 종파인 거루파(格魯派)의 수장(首長)인 법왕(法王)의 호칭.

명언의 반전 4

천재는 1%의 영감과 99%의 노력이다

Genius is one pecent inspiration, 99 percent perspiration

– 토머스 에디슨 –

우리가 어린 시절부터 귀에 못이 박히도록 들어온 유명한 명언이다. 그 의미는 노력이 매우 중요하다는 것으로 노력의 중요성을 강조할 때마다 등장하곤 하였다.

그러나 에디슨이 이 명언에서 전하고자 했던 의미는 다르다.

그는 훗날 "나는 1%의 영감이 없으면 99%의 노력은 낭비라고 한 것이다. 그런데 세상은 제멋대로 미담으로 몰아, 내가 노력하는 사람을 미화하고 노력의 중요성만을 성공의 비결로 말했다고 착각하고 있다"라고 한 회견에서 발표하였다.[59] 이전에 기자가 자신이 한 말을 듣고 낙담해서인지, 아니면 대중에게 일부러 어필하려고 해서인지 노력을 강조하는 뉘앙스로 바꿨다고 말한 것으로 전해지고 있다.

그의 진의는 영감을 얻기 위해서 노력이 필요하다는 점에 있다. 즉, 에디슨은 노력하는 것은 두말할 필요 없이 당연한 것이나 성공하기 위해서는 아주 작더라도 영감이 중요하다는 말을 하고 싶었던 것으로

59 猪原賽, 'エジソンの名言『天才とは1%のひらめきと99%の努力である』は誤訳だった？彼が本当に伝えたかった事とは？', News ACT, 2012.12.7.(http://news-act.com/archives/20749242.html).

'1%의 영감이 없으면 99%의 노력은 소용없다', 즉, '1%의 영감이 있으면 99%의 노력도 힘들지 않다'는 의미로 말한 것이다. 에디슨이 얼마나 영감을 중시하는가를 알 수 있는 대목이다. 이에 대해 한편에서는 '천재는 1%의 영감과 99%의 땀이다'의 영역이 'Genius is one pecent inspiration, 99 percent perspiration'인데 에디슨은 Inspiration(영감), Perspiration(땀)이 각운(脚韻)이고 Percent, Perspiration이 두운(頭韻)으로 세칭 멋을 부린 말인데 노력을 중시하는 것으로 잘못 회자되고 있다는 해석도 내놨다.

본심과는 달리 알려진 에피소드에 대해 후에 에디슨은 다음과 같이 이야기한다.

> "예를 들어 1%라도 하이어 파워[60]의 지성의 존재를 확인할 수 있으면 노력도 결실을 보지만 그렇지 않으면 아무리 노력해도 소용없다. 이 발상의 원점인 리틀 피플의 소리, 즉 1%의 영감이 중요한데 모두 이걸 모르고들 있다.[61]

그렇다고 해서 에디슨이 노력을 간과했다는 것은 아니다.

영감도 노력도 중요하지만 노력이 없으면 영감을 살릴 수 없다는 것이다. 에디슨은 여러 인터뷰에서 노력이야말로 영감에 필요한 것이며 노력이 무엇보다도 중요하다는 취지의 발언도 많이 남겼다.

---

60 자신을 넘는 자신보다 크다고 인정되는 힘.

61 浜田和幸 著, 『快人エジソン』, 日経経済新聞社, 1996.

천재는 영감에 의한 것이라는 토론이 에디슨 앞에서 벌어졌을 때 그는 이렇게 이야기했다고 한다.

"흥! 천재는 영감이 아니다. 영감은 먼저 땀을 흘려 노력하는 것에서 생기는 법이니까."[62]

그의 모국인 미국에서는 이 명언이 천재는 노력이 필요하다는 의미로 사용되고 있다고 한다.

알칼리 축전지의 경우 5만 번의 실험을 반복해서 개발한 것이다. 그리고 세상에서 빛을 본 발명보다는 빛을 보지 못한 발명이 훨씬 더 많았다. 천재라고 불리는 배경에는 범인(凡人)들의 짐작을 훨씬 넘어서는 초인간적인 노력이 있었던 것이다. 따라서 평생 30분씩 토막잠을 자면서 연구에 몰두한 에디슨은 99%의 노력이 아니라 99% 즐기는 도전과 응전으로 아마도 깊게 몰입하면서 획득한 어느 한 순간의 영감을 저렇게 표현한 것이 아닐까 추측해 본다.

"실패란 그것은 잘 안 되어 간다는 것을 확인한 '성공'이다."

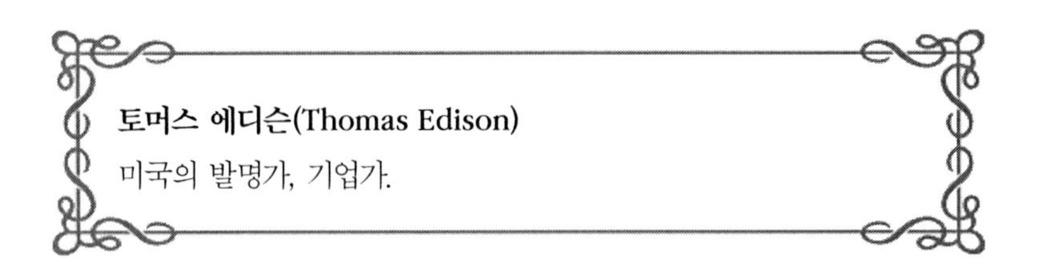

토머스 에디슨(Thomas Edison)

미국의 발명가, 기업가.

62 출처: 쿼트인베스티게이터닷컴(quoteinvestigator.com).

CHAPTER 9.

자유

89.

생각하는 대로 살아야 한다
그렇지 않으면 결국 사는 대로 생각하게 될 것이다
We must live as we think
— otherwise we shall end up by thinking as we have lived
– 폴 부르제 –

폴 부르제는 프랑스 아미앵 출신이다. 그는 소설『정오의 악마』에서 현대인들은 더 많이 일하고 더 배부르게 먹고 더 풍족한 생활을 즐기는 것 같지만 쳇바퀴 돌듯 멈출 수 없는 무한 반복의 삶에 갇혀 내려오지 못하면서 그것만이 유일하게 사는 길이라고 믿게 되어 버렸다고 탄식한다. 그 모습은 100여 년 전, 산업화 과정에서 주어진 상황을 따라가기에 급급한 당대 사람들의 모습과 하등의 다를 바가 없다는 것이다.

사는 대로 생각할 것인가? 아니면 생각하는 대로 살 것인가?

사는 대로 생각한다는 것은 '자신이 아닌 타인의 생각이나 의지에 맞추어 살아온 것'이라는 의미이다. '그들 눈에 어떻게 비칠까', '그들이 어떻게 생각할까', '재능이 없어', '이것 때문에 어쩔 수 없어', '돈이 부족해', '부모에게 누를 끼칠까 봐 그래', '30년을 이 일만 했는데 이제 와서' 등 수만 가지 이유로 자기합리화를 하고 본래 자신의 뜻과는 상반되는 행동을 한다.

"대부분의 사람들이 비현실적으로 사는 거지. 그들은 바깥에 있는 사물들만 현실로 생각해서 자신의 마음속에 있는 세계가 전혀 발언하지 못하게 하기 때문이야. 그러면서 행복할 수는 있겠지. 그러나 한 번 다른 것을 알면 대부분의 사람들이 가는 길을 선택하지는 않지."

- 헤르만 헤세, 『데미안』

생각하는 대로 산다는 것은 자신이 주도적으로 선택하여 살아가는 주체적인 삶이다. 그러기 위해서는 자신의 신념과 자신이 무엇을 원하고 있는지, 어떤 사람이 되고 싶은지, 무슨 일을 하고 싶은지, 자신의 사명은 무엇인지에 대해 명확하게 아는 것이 전제되어야 한다. 인생이란 항로의 선장은 바로 자기 자신이기 때문이다.

"목적이 없는 자는 목적이 있는 자에게 죽임을 당한다."

- 마루야마 켄지

신이 그대에게 무엇이 되라고 명하였는지, 그리고 그대가 인간세계에서 어떤 위치로 차지하고 있는지를 배워야 한다.

- 루소, 『인간불평등론』

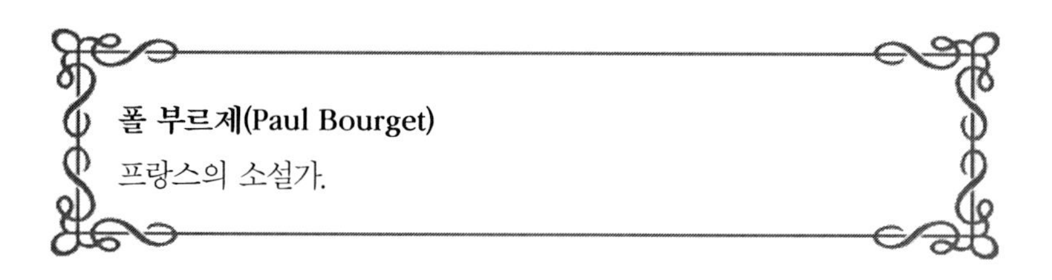

90.

가장 어려운 일은 자기 자신을 아는 것이다

To know one's self is very difficult

– 탈레스 –

다음은 탈레스의 일화 중 애제자와의 문답이다.

제자: 인생에서 가장 어려운 일은 무엇입니까?

탈레스: 자기 자신을 아는 것이다.

제자: 인생에서 가장 쉬운 일은 무엇입니까?

탈레스: 다른 사람에게 충고하는 일이다.

제자: 인생에서 가장 즐거운 일은 무엇입니까?

탈레스: 목적을 달성하는 일이다.

다음은 우리에게 많이 알려진 일화이다.

어느 날 탈레스가 별을 관찰하려고 하다가 도랑에 빠졌다. 그가 도움을 요청하자 그를 도와주던 노파가 말했다. "탈레스, 당신은 자신의 발밑도 알아보지 못하면서 어찌 하늘의 일을 알 수 있다고 생각하는가?"

그리스 철학자들은 인간의 정신이나 사고를 완전하게 이해한다는 것은 불가능하다고 생각했다. 탈레스는 당대의 대표적인 현자로서 다양한 분야에 지식이 많았음에도 불구하고 스스로를 아는 것이 가장 어렵다고 고백하였다. 흔히들 자신만큼 스스로를 잘 아는 사람은 없다고 하지만 객관적으로 스스로를 파악하고 인정하는 것은 난해한 작업이다. 또한 그리스 아폴로 신전에 새겨져 있는 '너 자신을 알라'는 '신 앞에서 당신은 보잘것없는 인간에 지나지 않는다. 신 앞에서 겸손하게 무릎을 꿇어라'라는 의미로 같은 맥락이라 할 수 있다.

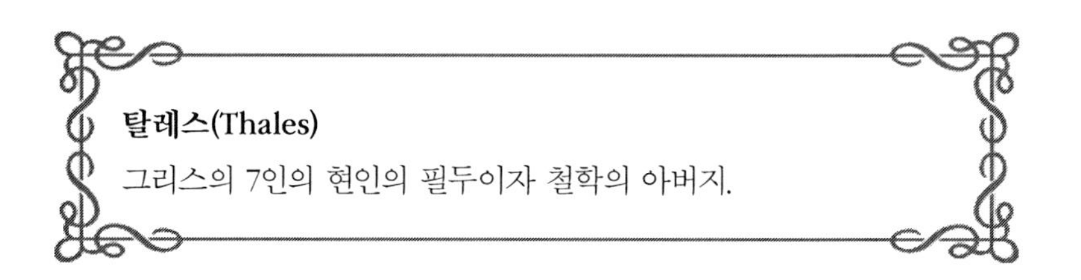

탈레스(Thales)

그리스의 7인의 현인의 필두이자 철학의 아버지.

91.

인간의 자유는 원하지 않는 것을 하지 않는 것이다

Human freedom is the ability not to do what you don't want

- 장 자크 루소 -

"인간의 자유는 원하는 것을 할 수 있는 데 있는 것이 아니라 원하지 않는 것을 하지 않아도 되는 데 있다."

루소는 스위스 제네바 출생으로 주로 프랑스에서 활약한 철학사이자 정치사상가, 교육사상가이다. 그는 18세기 지식인의 선두주자였다. 이 말은 장 자크 루소의 최후의 저작인 『고독한 산책가의 몽상』의 6번째 산책에서 나오는 말이다. 총 10권인데 마지막 10번째 산책은 완성을 보지 못했다. 이 책은 훗날 나오게 되는 도스토옙스키, 베켓, 샐린저 등 고립과 절망을 표현한 소설에 지대한 영향을 미쳤다.

루소는 기계공의 아들로 태어났는데 어머니는 그를 낳고 며칠 뒤 사망했다. 부모의 사랑을 받지 못하고 자란 루소는 어린 시절부터 여러 가지 일(보조)을 전전하다가 귀족의 후원으로 공부할 기회를 잡는다. 이후 10여 년간 지식을 습득하고 축적하는 데 매진한다. 고독을 즐기던 이 시기가 생애에서 가장 행복한 시기였다고 회고하기도 한다. 루소는 30대에 하숙집에서 일하던 여인과 결혼하여 5명의 아이를 낳았지만 모두 고아원에 보내 버렸다. 아이는 어머니가 키워야 한다는 『교육론』으로 사회적으로 큰 반향을 일으켰기에 그의 배치되는 행동은 사회적 지탄을 받았다. 에밀과 『사회계약론』을 쓴 후 프랑스에서 쫓겨나 망명 생활을 보낸 그의 삶은 모순과 갈등의 연속이었다.

이러한 그가 끝까지 잃지 않은 원칙은 바로 '자유'였다. 그에게 자유는 '원하는 것을 하는 게 아니라, 원하지 않는 것을 하지 않는 것'이었다.

그는 자유를 절대적 가치로 끌어올린 최초의 철학자로 '굴종으로 얻는 평화보다 위험한 자유를 선택하겠다'고 선언했다. "자유는 자유로운 인간 마음속에 있다. 자유로운 인간은 어디에서도 자유로우며 악(惡)한 인간은 어디를 가도 노예 상태에 있다"고 말하는 루소에게 자유의 반대는 곧 '악(惡)'이다.

루소는 자유의 원리를 지켜 냄으로써 자기 존재의 모순을 극복했고 불화 속에서 일관성을 찾아 냈으며 패배 속에서 승리하였다.[63]

자신이 원하는 것을 아는 것은 중요하지만 더욱 중요한 것은 무엇을 원하지 않는가 하는 것이다. 당신은 무엇을 원하지 않는지, 원하지 않는 것을 하지 않을 용기와 결단력을 갖고 있는지 곰곰이 생각해 볼 필요가 있다.

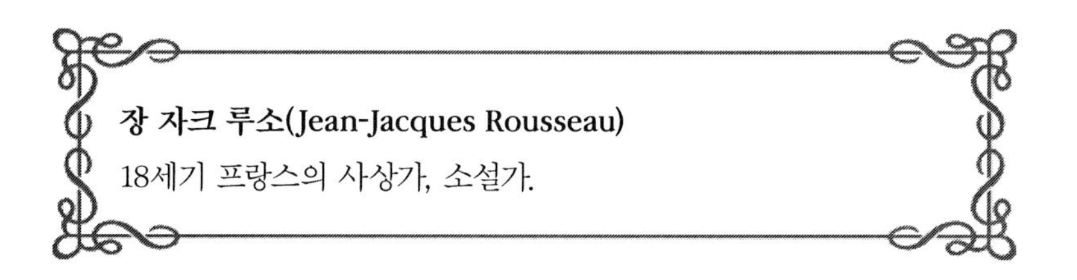

장 자크 루소(Jean-Jacques Rousseau)
18세기 프랑스의 사상가, 소설가.

---

63 고명섭, 『광기와 천재』, 인물과사상사, 2007.

92.

인간이 되고 싶은 사람은 순응하지 않는 사람이 되어야 한다

Those who want to be human should not comply

– 랄프 왈도 에머슨 –

에머슨은 그의 저서 『자기신뢰』에서 사회는 일종의 주식회사라고 하면서 여기에 속한 구성원들은 각 주주에게 배당된 빵을 더 안전하게 확보하는 대가로 빵이 필요한 자유와 문화를 포기하기로 합의한 사람들이라고 했다. 따라서 여기에서 가장 크게 요구되는 덕목은 순종하는 마음이며 독립적 태도는 사회가 가장 싫어하는 덕목임을 강조한다. 그런 세상 속에서 세상의 견해에 순응하며 살아가는 것은 쉬운 일이며 또한 홀로 존재한다면 자신의 견해에 따라 사는 것도 쉬운 일이 될 것이지만 위대한 사람은 군중 속에서도 완벽한 온화함을 유지하며 고독하게 홀로 서는 사람이라고 하면서 다음과 같이 강조한다.

> 인간이 되고 싶은 사람들은 순응하지 않는 사람이 되어야 한다. 영원한 승리를 얻으려는 사람은 '선의'라는 포장에 현혹되지 말고 그것이 정말 선의인지를 탐색해야 한다. 궁극적으로 우리의 진실된 마음 외에 신성한 것은 없다.
>
> - 에머슨, 『자기 신뢰』

에머슨의 말대로 세상은 모름지기 자신들과 보조를 맞추는 것을 강요한다. '우리들이 하는 말에 순종하라, 그렇지 않으면 당신은 불이익을 당할 것이다'라는 식이다. 그는 우리들 개개인의 정신의 성숙함을 찬양하면서 남에게 의지하지 아니하고 독자적으로 행동하는 정신이야말로 성스러운 것이라고 주장한다. 규칙, 규율, 법률, 사회적 의식이 아니라 당신 자신의 마음에 따르는 것이 소중하다고 가르치고 있는 것이다. 또한 우리에게는 본질적으로 사고의 자유가 부여되어 있으므로, 우리가 성스러운 존재가 되는가 그렇지 않은가는 바로 사고의 자유의 유무에 달려 있다고 해도 과언이 아니라고 저서에서 강조한다.

> 소크라테스는 사상적으로 불순한 자를 배제하는 것이 정의라는 국법에 의해 사형당했고 잔 다르크도 인간의 법에 의해 화형에 처해졌다. 수백만의 유대인은 이유도 없이 죽음의 수용소에 갇히고 전 재산을 몰수당했다.
>
> - 웨인 다이어, 『조용한 사람일수록 성공한다』

에머슨은 노예제도가 사회적으로 허용된 시대에 "노예제도에 대해 인간으로서 당연한 진실을 말해야겠다. 악의와 허영이 인간애(人間愛)를 빙자하여 세상에 버젓이 통용되어서야 되겠는가?"라고 공언함으로써 자신의 도덕적 영감으로 자주적인 사고가 가능했다는 것을 보여 주고 있다.

결국 에머슨이 우리에게 알리고자 하는 것은 외적인 이익이나 법에 휘둘리지 말고 자신이 정한 내적 양심과 도덕에 따르라는 것이다. 즉, 법을 위반하라는 뜻이 아닌 자신의 도덕적 감각에 따라 행동하라는 의미로 우리의 내면은 진실을 알고 있기 때문이다. 이렇듯 자신의 신념을 믿는 것은 자기 신뢰가 있을 때만 가능하다. 따라서 우리는 진실의 힘을 믿고 매일의 일상을 전진하는 것에 힘을 기울일 필요가 있다.

우리의 신념은 무엇인지, 우리는 자신을 신뢰하고 있는지, 타인의 충동질에 내면의 신념 — 진실을 외면하고 있지는 않은지 성찰해야 한다. 비록 이 사회나 이 세상에 뚜렷한 자취를 남기는 인생은 아닐지라도 최소한 내면의 진실에 귀를 막고 살고 있지 않는 한 우리는 신성한 존재이다. 어떤 사회적인 명칭으로도 우리를 제약(制弱)할 수 없다.

> 마음속에 있는 신념을 거침없이 말하라. 그러면 언젠가는 보편적인 생각으로 인정받을 것이다. 세상이 못마땅해하더라도 당신 자신이 심장이 말하는 것에 따르라.
>
> - 에머슨, 『자기 신뢰』

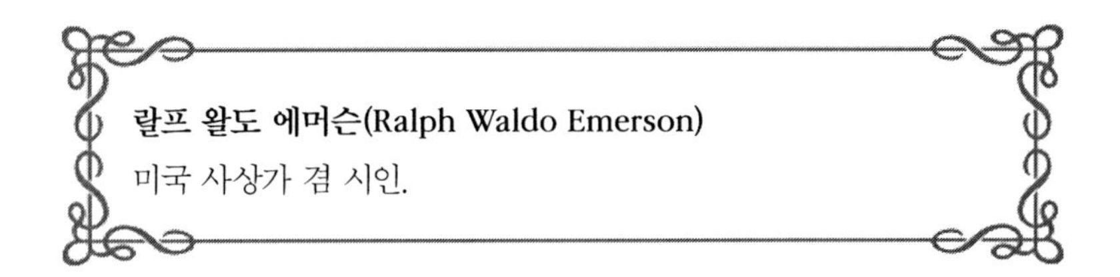

랄프 왈도 에머슨(Ralph Waldo Emerson)
미국 사상가 겸 시인.

93.

이곳과 지금 그리고 개인

Here and now and individual

– 앤 린드버그 –

린드버그의 저서 『바다의 선물』에 나오는 구절이다. 그녀는 이 책을 다섯 아이를 키워 내고 50회 생일을 맞이해 가족과 떨어져 바닷가에서 휴양을 하며 썼다. 조용하면서도 통찰력이 넘치는 내용으로 전 세계 사람들에게 용기를 주었다. 그녀의 인생에서 오후의 출발을 선언하게 된 베스트셀러로 '혼자가 되는 것이 자신을 되돌리기 위해 반드시 필요하다'는 주장을 하였다.

지금 이곳 그리고 섬(島) = 개인

린드버그는 저서에서 "섬이란 얼마나 멋진가!" 하며 본토를 잇는 다리도 없고 전신(電信)도 없고 전화도 없어 섬은 세상과 세상살이로부터 분리되어 있다. 자신의 모처럼의 휴가가 (시간적 의미에서) 그런 섬이나 다름없다고 생각한 그녀는 "과거와 미래와 분리되어 여기(섬)에는 현재밖에 없다"고 말한다.

이곳과 지금밖에 없게 되면 어린아이나 성자(聖者)와 같은 삶을 연상케 되고, 매일이 또 자신이 하는 일 하나하나가 시간과 공간에 씻긴 섬이 되어, 인간도 섬처럼 침착하고 온전하고 평온해진다. 다른 사람들의 고독을 존중하고 그들의 영역을 침범하려 들지 않으며 또 다른 객체 앞에서 한걸음 물러나는 겸손을 지니게 된다. 인간은 섬이 아니라고 영국의 시인 존 던(John Donne)은 설파했지만 내게는 우리 모두가 (떨어져 있는) 섬으로 느껴진다. — 모두 같은 바다에 떠 있는.

우리 모두는 혼자다. … 혼자 있을 때에는 자신 안에 있는 샘이 보인다. 그리하여 예술가는 창조를 위해, 작가는 생각을 정리하기 위해, 음악가는 작곡하기 위해, 성직자는 기도하기 위해, 생활인은 충전하기 위해 혼자가 되어야 한다는 것을 알고 있다.

- 린드버그, 『바다의 선물』

왜 이곳 지금 개인이 중요한가

우리는 미디어 정보 통신의 발달로 집에 앉아서 세상의 정보를 입수할 수 있는 시대에 살고 있다. 지구상의 어떤 사건이든 TV만 틀면 전문가들이 배경부터 자세하게 해설해 주고, 조금이라도 의심나는 점이 있으면 그 자리에서 바로 스마트폰으로 검색해서 알아낼 수 있다. 그 덕택에 시야가 넓어져 세상이 돌아가는 것에 대해 관심이 무척 많아졌고 주변 사람들과의 대화도 나라 걱정, 세상 걱정으로 쏠리고 있다. 결국 지금, 이곳, 그리고 '나'라는 개인에 대한 의식이나 관심은 상대적으로 옅어진 게 현실이다.

린드버그는 『바다의 선물』 마지막 장 '해변을 떠나며'에서 우리들은 다수를 개인으로 다룰 수 없으므로 그 다수를 대중이라는 이름으로 추상화한다. 그리고 우리는 현재의 복합성을 어떻게 처리할 줄 몰라 묵살하고 대신에 단순한 미래의 꿈속에서 살아가려고 한다. 그리고 자신이 있는 장소에서 더 멀리 떨어진 곳에서 일어나는 문제에 흥미를 갖는다. 그리하여 그녀는 밖으로만 향하고 있는 의식을 내면으로 돌리라고 지적한다. 또한 자신의 내면을 들여다보는 시간이 적음을 안타까워한다. 더불어 외부와의 관계를 끊고 고독하게 되어 보라고 권유한다.

그리고 마침내 이곳, 현재, 개인이 미래, 다수보다 큰 실체를 형성하고, 그것은 강을 이루는 물방울처럼 생명 그 자체의 본질임을 깨달아 보라고 주장한다.

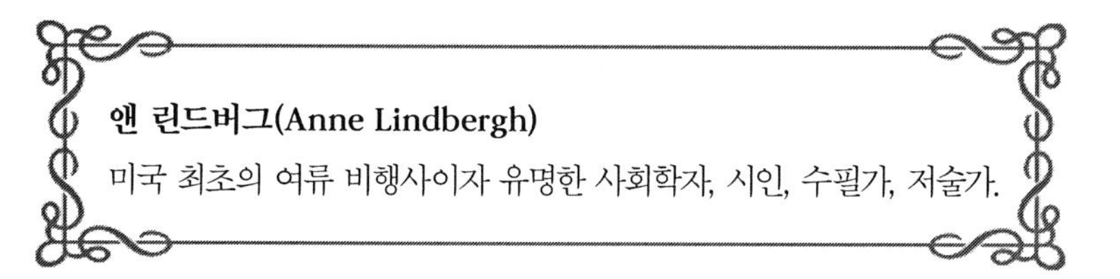

앤 린드버그(Anne Lindbergh)

미국 최초의 여류 비행사이자 유명한 사회학자, 시인, 수필가, 저술가.

94.

당신 아닌 모습으로 사랑받는 것보다 당신 모습 그대로 미움 받는 편이 낫다

It is better to be hated for what you are
than to be loved for what you are not

– 앙드레 지드 –

앙드레 지드는 1889년부터 1951년 파리에서 갑자기 죽을 때까지 일기를 썼다. 그의 일기는 다양한 모순덩어리의 내면과 성실한 자신과의 대화를 기록한 것으로 최고의 작품으로 알려져 있다. "당신 아닌 모습으로 사랑받는 것보다 당신 모습 그대로 미움 받는 편이 낫다"는 그 일기에 나오는 말이다.

그에 의하면, 인간은 자기 자신을 고치거나 꾸미려고 애쓰지 말고, 자기를 있는 그대로 받아들여야 하며, 자신의 과거로부터 해방되기 위해서 과거에 대한 위선적인 해석마저 버려야 한다고 주장한다.

타인으로부터 사랑받기 위해 또는 인정받기 위해 거짓된 자신의 모습을 지속해서 연출하는 것은 자기불일치 상태가 지속되는 결과를 가져온다. 있는 그대로의 본연의 모습과 갈등을 초래하여 결국에는 스스로를 괴롭히게 된다는 것이다. 물론 다른 사람에게 인정받고 사랑받는 편이 바람직한 것은 사실이지만 거짓된 모습의 끝은 파국을 맞을 수밖에 없다. 그러니까 차라리 타인에게 미움을 받더라도 자신의 모습(개성)대로 살아가는 것이 낫다는 그의 주장은 아들러 심리학과도 상통한다.

아들러 심리학에서는 '자유란 타인에게 미움을 받는 것'으로 누군가에게 미움을 받는다는 것은 스스로가 자유롭게 살고 있다는 증거라고 한다. 남이 자신에 대해 무어라고 평가하든 마음에 두지 않으며 남이 나를 싫어해도 두려워하지 않고, 인정받지 못해 초조해하지 않는 한, 자신의 뜻대로 살 수 있는 것이다. 남이 나를 싫어하는가 아닌가는 다른 사람의 과제이지 자신의 과제가 아니므로 자신이 개입할 수 없다. 이처럼 '자유롭게 산다는 것은 남의 의견으로부터 독립되어 산다는 것'이다. 적대적이지 않으면서 분리하는 기술인 셈이다.

이는 쇼펜하우어의 명언과도 뜻하는 바가 같다.

"우리는 다른 사람과 같아지기 위해 삶의 사분의 삼을 빼앗기고 있다."

"내가 아닌 다른 사람과 함께 있는 순간 더 이상 자유로운 자아는 불가능하다."

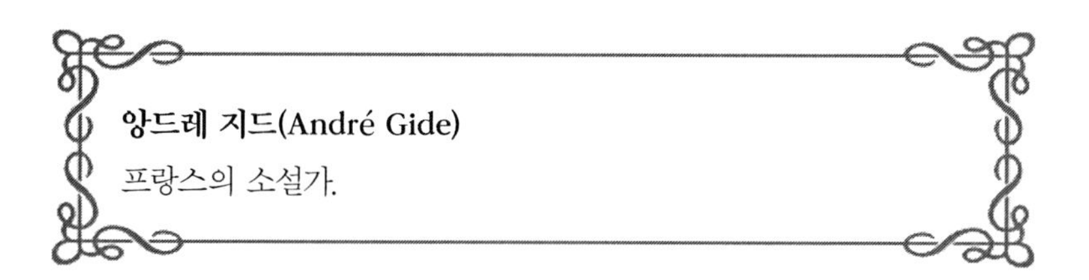

앙드레 지드(André Gide)
프랑스의 소설가.

95.

충고는 거의 도움이 되지 않는다

Advice rarely helps

– 알베르트 아인슈타인 –

우리 주위에는 자기주장이 강한 사람이 종종 있다. 위인도 예외가 아니다. 타인의 의견을 좀처럼 듣지 않는다. 오로지 자신의 생각대로 한다. 주위와 다투는 일이 있어도 생각을 바꾸지 않는다. 상대성 이론을 발견한 아인슈타인도 그런 인물의 전형이었다. 74세 때 기자와의 대화이다.

기자: 과학 연구를 일로 하려는 학생들에게 어떤 충고를 해 주시겠습니까?

아인슈타인: 연구에 의욕을 가진 사람이면 이미 자신의 길을 발견했을 겁니다. 충고는 도움이 안 됩니다. 자기 자신이 해 왔던 것 그리고 격려만이 도움이 됩니다.

그는 이처럼 선배들의 충고 따위는 거의 의미가 없다고 단정한다. 아인슈타인의 독보적인 인생에 비추어 보면 당연하다 할 수 있다.

아인슈타인은 33세에 취리히 공과대학에서 교수가 되고 42세에 노벨상을 수상한다. 천재 물리학자다운 화려한 인생이지만 실제 입시에서는 취리히 공과대학에 떨어졌다. 수학 성적은 우수했지만 외국어, 동물학, 식물학 성적이 너무 낮아서 재수생 신세가 되었다. 게다가 졸업 후에는 취업이 제대로 되지 않았다. 대학에 남아 조수가 되려고 했지만 선발된 사람은 자신의 동기였다. 그 이유에 대해 학과 부장은 아인슈타인에게 이렇게 대답하였다.

"자네는 머리는 좋은데 골치 아픈 결점이 있다. 도대체 남의 말을 들으려고 하지 않아."

아인슈타인은 매뉴얼을 싫어하여 언제나 자신만의 방식으로 생각하고 실행에 옮겼다. 실험실 사용 지시도 잘 따르지 않아 실험 도중 폭발한 경우도 있다. 당연히 이런 인물은 위에서 보면 다루기 힘든 타입이다. 아무리 우수하더라도 조수로 두지 않으려 한다. 아인슈타인은 집에서 보내 주던 송금이 끊어져 금전적으로 곤란한 처지가 됐다. 해서 여러 지역의 물리학자에게 찾아가 일자리를 부탁했지만 소용이 없어 2년 동안 최극빈 생활을 한다. 그 후 친구 소개로 간신히 특허국에 취업하게 된다.

천재의 대명사인 아인슈타인이 이러한 좌절의 시기를 겪은 것이 다소 의외이다. 하지만 자신을 인정하지 않는 현실이 마음을 단련하는 기회였으리라. 아무튼 대학에서 일하지 못하게 된 아인슈타인은 오히려 일은 어디에든 있다고 생각했다. 주변에서는 차라리 포기하고 법학이나 의사의 길로 전향하라는 교수도 있었다. 이때 아인슈타인은 자기 자신이 온통 부정당한 것 같아 큰 충격을 받았다고 후에 술회하였다.

어떠한 불리한 환경에서도 굴복하지 않았던 아인슈타인은 조수는 되지 못했지만 결국 세기의 대발견으로 천재로 등극한 사실은 타인의 충고를 귀담아듣지 않은 결과이기도 하다.

때때로 충고는 상담자의 상황이나 어려움보다는 충고자의 생각이나 인생 경험을 부정하지 않는 선에서 이루어지므로, 충고는 타인 본인의 깨달음이라 하더라도 상담자의 개별적인 상황에 언제나 만능으로 적용되기는 힘들다. 그래서 남에게 충고하는 것은 어려운 것이다.

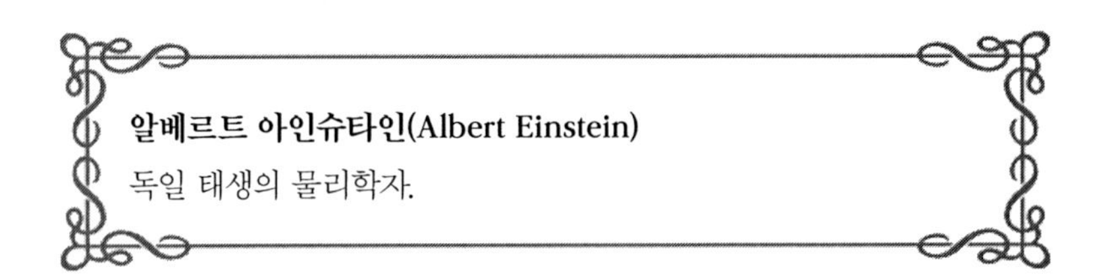

알베르트 아인슈타인(Albert Einstein)
독일 태생의 물리학자.

96.

인간의 운명은 인간의 손 안에 있다

Human destiny is in the human hand

– 장 폴 사르트르 –

사르트르는 행동하는 지식인으로서 운명이라는 것을 받아들이는 자세에 있어 솔직하게 있는 그대로 아무것도 하지 않고 받아들이는 자세를 부정한다. 운명이라 하더라도 인간이 스스로 열 수 있는 것이므로, 자신의 손안에 있고 그것을 어떻게 바꾸어 나갈 것인가는 자신에게 달려 있다는 것이다.

우리는 흔히 운명이란 단어를 '이렇게 되는 것이 나의 운명인가 보다'라는 부정적인 의미로 자주 쓰지만 사르트르에 의하면 그 또한 자신이 선택한 결과라는 것이다. 천성은 선택할 수 없지만 그 후 자신의 길을 열어 나가는 것은 운명이 아니라 스스로의 수많은 자유로운 선택의 결과이다. 그러니 책망한다면 신(神)이 아니라 스스로의 유약함을 탓해야 한다. 운명을 그때그때 자신의 변명의 수단으로 사용해서야 되겠는가.

그가 남긴 명언 중 "모든 답은 나와 있다. 어떻게 살아갈 것인가를 제외하고는"도 같은 맥락이다.

'Mors certa, vita incerta(죽음은 확실, 생은 불확실)'는 라틴어다. 인간의 삶 앞에서 기다리는 것이 죽음이라는 답은 명확하다. 그러나 그 이외에도 우리 인생에는 너무도 많은 답이 있을 수 있다. 학교를 졸업하고 직업 인생을 보내면서 결혼을 하건 취미 생활을 하건 간에 어떻게 살아갈 것인지는 모두 자신이 결정하는 것이다.

그 모든 것이 자유이다. 그래서 그는 "한 사람 한 사람의 인간은 구극(究極)의 자유를 가지고 있다"고 하였다. 어떻게 살고 어떻게 죽든 인간의 자유로운 선택 여부에 달려 있다. 그가 철학자로 알려진 것 또한 그의 자유로운 선택의 결과다. 그래서 그는 "인간은 자유라는 형에 처해져 있다"고 하지 않았는가!

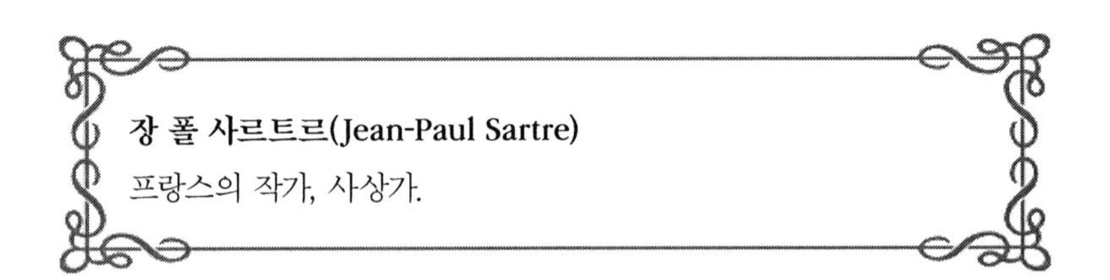

장 폴 사르트르(Jean-Paul Sartre)

프랑스의 작가, 사상가.

97.

나는 당신의 의견에는 반대한다 그러나 그것을 주장하는 권리는 내 목숨을 걸고 지킬 것이다

I disapprove of what you say,
but I will defend to the death your right to say it

– 볼테르 –

자유 민주주의 국가에서 표현의 자유, 언론의 자유를 말할 때 끊임없이 인용되는 명언으로 '관용(똘레랑스)'을 의미한다. 그런데 자주 인용되는 이 명언의 주인공이 볼테르라는 것에 대해서는 이론이 많다. 잠시 소개한다.

실제로 볼테르의 발언이나 저서에서는 이 명언을 찾을 수 없다.

위키피디아는 타렌타이어(Stephen G. Tallentyre, 본명 Evelyn Betrice Hall)의 저서 『볼테르의 친구(The Friends of Voltaire)』(1906)의 부분 번역이라고 소개하고 있다.

> "I disapprove of what you say, but I will defend to the death your right to say it" was his attitude now.

이는 당시 물의를 일으킨 『정신론』과 그 저자인 클로우드 에르베시우스(Aude-Adrien Helvétius)에 대한 볼테르의 태도를 친구인 타렌타이어의 요약으로 볼테르 자신의 한 말은 아니라고 한다. 또 다른 해석으로는 번역가 노버트 구터만(Norbert Guterman)의 『A Book of French Quotations』에서는 이 타렌타이어의 말을 볼테르가 1770년 2월 6일 르 리슈 대주교에 보낸 서간문에 '나는 당신이 쓴 것은 싫지만, 나의 목숨을 걸고 당신이 계속 쓰도록 하고 싶다(Monsieur l'abbé, je déteste ce que vous écrivez, mais je donnerai ma vie pour que vous puissiez continuer à écrire)'에 기초하여 번안한 것이라고 하고 있지만, 실제 리슈에 대한 서간문에는 이 말이 존재하지 않는다고 한다. 일단 프랑스어 위키피디아는 타렌타이어가 이 말을 했다고 전하고 있다. 일설에는 《리더스 다이제스트》에 볼테르의 명언으로 올라 이것이 널리 유포되는 계기가 됐다고 한다.

아무튼 작가의 진위 여부에 이견이 있음에도 후대에 널리 퍼졌다는 것은 그만큼 대중에게 임팩트가 컸다는 것으로 이 명언의 핵심은 '타인의 의견을 존중하되 그것에 흔들리지 않는다'에 있다. 상대방의 의견은 무조건 배척하는 요즈음의 풍토에서 꼭 필요한 명언이 아닐 수 없다. 아래 글은 똘레랑스에 대해 좀 더 선명하게 서술하고 있다.

> 똘레랑스는 역사적으로 앵똘레랑스에 단호히 반대하기 위해서 태어났습니다. 마치 똘레랑스를 나와 다른 남을 용인하는, 그래서 무엇이든지 모두 다 용납하는 것으로 인식할 수 있는데, 전혀 그렇지 않습니다. 똘레랑스는 '칼'이에요. 단호함입니다.
>
> \- 홍세화

우리는 자신의 의견과 다른 경우 잘 받아들이지 않음을 물론 매도하기 일쑤이다. 어느 사회이든 백인백색, 각각의 의견은 있기 마련이고 또 있어야 한다. 우리는 어떤 의견이라도 찬성 혹은 반대할 수 있지만 상대방이 의견을 주장하는 권리는 역시 지켜 주어야 한다. 하나의 주장만이 횡행하는 사회는 건강한 사회가 아니며 더불어 발전을 도모할 수 있는 사회는 더더욱 아니다.

18세기의 명언이 300년 지나 다시 조명되는 것은 다양성을 인정하는 사회, 자신과 다른 어떤 생각이나 의견도 존중해 줄 수 있는 사회에 대한 목마름이 아니겠는가.

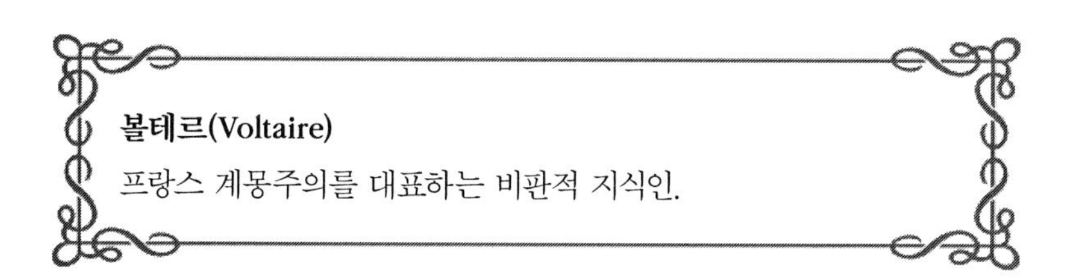

볼테르(Voltaire)

프랑스 계몽주의를 대표하는 비판적 지식인.

98.

죽을 각오가 되어 있으면 자유롭게 살 수 있다

Man lives freely only by his readiness to die

– 마하트마 간디 –

인도의 위인 간디는 비폭력, 불복종 운동을 주창하여 스스로 모범을 보였고 식민지 지배에 놓여 있던 인도를 변화시켰으며, 나아가 영국도 굴복하면서 마침내 그들의 요구를 관철시켰다.

영국의 식민지였던 인도에서는 목숨을 유지하는 데 없어서는 안 되는 소금을 만드는 것이 금지되어 있었다. 그래서 영국에서 고가의 소금을 수입해야만 했다. 이에 간디는 61세에 스스로 소금을 만드는 것으로 영국에 항의하였다. 그는 바다까지 320㎞의 거리를 24일 걸었는데 그동안 간디의 행동에 공감한 민중들이 차례차례로 행진에 가담하면서 수천 명에 이르는 대행진이 되었다. 중도에 경관들이 행진을 저지하려고 곤봉을 휘두르는 등 무력 행사가 있었지만 민중들은 비폭력, 불복종 자세를 견지하였다. 경찰의 폭력에 절대로 맞대응하지 않고 단지 앞으로 진행해 나갈 뿐이었다. 그 결과 간디를 비롯해 체포자가 6만 명에 이르렀다. 그러나 이 시위로 인해 전 세계에서 비난이 빗발치자 영국 정부는 인도에서도 소금을 만들 수 있도록 허가를 내주게 되었다. 명언 그대로 죽기를 결심하면 자유롭게 살 수 있다는 사례이다.

당신의 행동만으로는 충분하지 못할 수도 있다.

그러나 행동하는 것 그 자체가 중요하다.

간디가 등장하기 전, 권력에 대항하는 방법은 군대를 조직하는 수밖에 없었다. 그러나 간디의 대응 방식은 달랐다. 정부의 차별과 탄압에 대해 무저항의 방법을 사용하였다. 복종하지 않고 철저하게 반항하되 절대로 폭력은 행사하지 않았다. 그래서 체포되면 기쁘게 감옥에 갔다. 간디는 처음 2개월 동안 투옥되었을 때도 독서할 시간을 벌었다고 기뻐했고 6년형을 받았을 때도 마찬가지였다. 간디는 28년간 비폭력 저항을 지속했지만 동료들 중에는 폭력을 행사하는 경우도 있었다. 그럴 때마다 단식하며 폭력에 대해 폭력으로 맞서면 폭력은 끊이지 않을 것이라고 동료들의 반성을 촉구하였다. 간디의 인생은 체포와 투옥의 반복적인 생활이었다.

속박이 있어서 비로소 나는 날 수 있다.
슬픔이 있어서 비로소 높이 날아오를 수 있다.
역경이 있어서 비로소 나는 달릴 수 있다.
눈물이 있어서 비로소 나는 앞으로 나아갈 수 있다.
미래는 지금 우리가 무엇을 하는가에 달려 있다.

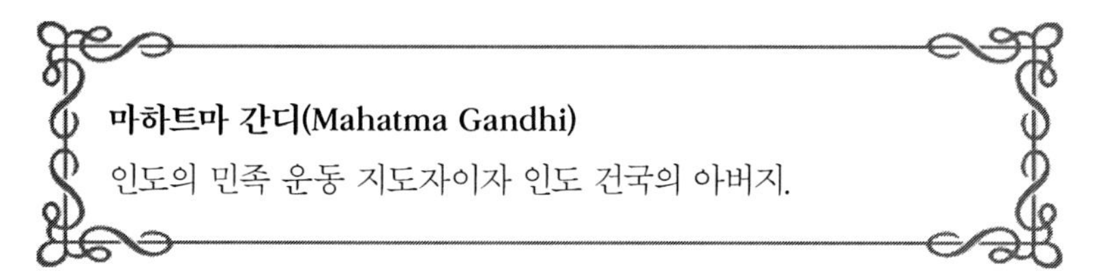
마하트마 간디(Mahatma Gandhi)
인도의 민족 운동 지도자이자 인도 건국의 아버지.

CHAPTER 10.

행복

99.

희망은 사람을 성공으로 이끄는 신앙이다

– 헬렌 켈러 –

헬렌 켈러는 두 살 때 병을 앓고 그 후유증으로 볼 수도 없고, 듣지도 못하고, 나아가 말도 할 수 없게 되었지만 가정교사 앤 설리번(Annie Sullivan)의 사랑과 헌신으로 삼중고를 극복하였다. 그리고 마침내는 세계적으로 유명한 시인, 작가, 연설가로 전 세계 수많은 장애자들에게 커다란 용기를 주었고, 일반 사람들에게도 경이롭고 감동적인 존재로 자리 매김하였다.

헬렌 켈러는 자서전에서 그녀가 어떤 사건 이전의 삶과 그 후의 삶이 엄청난 차이를 가져왔다고 술회하고 있는데 그 사건이 바로 앤 설리번 가정교사가 집에 온 날이며 자신이 7살이 되기 세 달 전인 1887년 3월 3일이었다고 말하고 있다. 그녀는 앤 설리번 교사가 집에 올 당시 자신의 심리 상황을 다음과 같이 묘사하고 있다.

> "빛, 빛을 다오!"가 내 영혼의 소리 없는 아우성이었다. 그런데 바로 그 날 그 시간에 사랑의 빛이 나를 비추었던 것이다. 나는 발걸음을 느꼈다. 엄마라고 생각하면서 손을 뻗었다. 누군가 내 손을 잡았다. 마침내 나는 세상의 모든 사물들을 내게 환하게 보여 주기 위해 아니 무엇보다도 나를 사랑하기 위해 오신 분의 품에 꼭 안겼다.
>
> - 헬렌 켈러, 『꿈과 희망』

그림자가 지는 것은 태양의 반대 방향이다. 태양을 향해 있는 동안에는 그림자는 등 뒤에 있게 된다. 즉, 희망의 빛을 보고 있으면 절망의 그림자는 보이지 않는다는 의미이다. 혹시 당신이 지금 고민에 빠져 있다면 몸을 돌려 태양을 바라보라. 반드시 마음에 평온이 다가올 것이다.

그녀의 칠흑 같은 어둠을 뚫고 나온 희망의 모음은 아래와 같다.

"인생은 한쪽 문이 닫히면 다른 쪽 문이 열린다. 그러나 흔히 우리는 닫혀진 문을 오랫동안 보기 때문에 우리를 위해 열려 있는 문을 보지 못한다."

"나는 나의 역경에 대해 하나님께 감사한다. 왜냐하면 나는 역경 때문에 나 자신 나의 일 그리고 하나님을 발견했기 때문이다."

"세상에서 가장 아름답고 소중한 것은 보이거나 만져지지 않는다. 단지 가슴으로만 느낄 수 있다."

"맹인으로 태어나는 것보다 더 비극적인 일은 앞은 볼 수 있으나 비전이 없는 것이다."

"세상이 고통으로 가득하더라도 그것을 극복하는 힘 또한 가득하다."

"인간의 성격은 편안한 생활 속에서는 발전할 수 없다. 시련과 고생을 통해서 인간의 정신은 단련되고 또한 어떤 일을 똑똑히 판단할 수 있는 힘이 길러진다."

"많은 사람들은 진정한 행복을 가져오는 것에 대해 잘못 생각하고 있다. 진정한 행복은 자기만족에서 얻어지는 것이 아니라 가치 있는 삶의 목적을 위해 충실하게 행동함으로써 얻어진다."

"사흘 동안만 눈을 뜨고 볼 수 있다면 저 동쪽에 떠오르는 태양이 보고 싶다! 서산에 지는 낙조가 보고 싶다! 어머니 품에 안긴 채 젖을 먹는 어린아이의 얼굴이 보고 싶다! 초롱초롱한 눈동자로 책을 읽고 있는 학생들의 눈동자가 보고 싶다!"

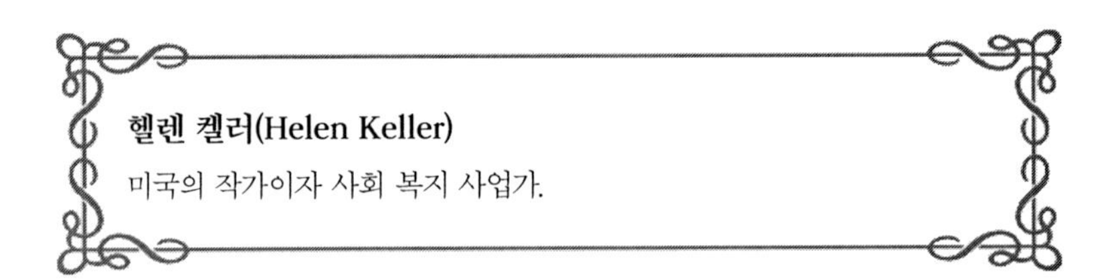

헬렌 켈러(Helen Keller)

미국의 작가이자 사회 복지 사업가.

100.

사랑받는 것이 행복이 아니라 사랑하는 것이야말로 행복이다

It is not happy to be loved, but happy to love

– 헤르만 헤세 –

사랑받는 것이 행복할 것인가, 아니면 사랑하는 것이 행복할 것인가?

인간의 원초적인 욕망은 '사랑받고 싶다'이다. 실제로 한 기관이 조사한 바에 의하면 '사랑하는 것보다 사랑받고 싶다'고 대답한 여성이 79%로 거의 80%의 여성이 '사랑한다'보다 '사랑받는 것'에서 행복을 느낀다고 대답했다. 그 이유는 '사랑받는 것'이 안심감이 들기 때문이라고 한다.

그런데 자연의 섭리는 무엇이든 준 쪽이 받도록 되어 있다. 거울의 법칙에서 보듯, 우리가 타인에게서 보는 모든 것들은 우리의 모습이라는 것이다. 자신이 미소를 지으면 주위로부터 미소를 받는다. 사랑을 전달한 곳에서 사랑을 받게 되어 있는 것처럼 사랑하기 때문에 사랑받는 것이다. 그럼에도 불구하고 내가 누구를 애정하고 보살펴 주는 것보다 누군가 나에게 관심을 가져 주고 보살펴 주기를 바라는 이기심에 '사랑받는 것'을 좋아하는 것 같다.

그런데 주는 것은 능동적이고 받는 것은 수동적이다. 얄궂게도 우리가 할 수 있는 것은 능동적인 행위 즉, 주는 것뿐이다. 어쩌면 자연의 섭리는 '주려거든 아예 통째로 퍼주라'는 뜻일지도 모르지만 남녀 간의 관계에서는 그런 그림을 그리기 어렵다.

예전부터 전해지던 '사랑을 하면 예뻐진다'는 속어를 살펴보자. 그 포인트는 '사랑받는'이 아니라 '사랑하는'에 있다. '사랑받는'에 젖어 있는 사람은 감사함을 모르고 말투에서조차 우월감과 교만이 배어나오는, 남들의 부러움을 즐기는 결코 아름답지도 행복하지도 않은 모습이다. 반면 '사랑하는' 이들의 모습은 아름답고 행복하다. 표정이 밝고 웃음이 많아지며 긍정적이고 무엇보다 눈빛이 반짝거리며 웃고 있어 더욱 아름답다. 태산이라도 옮길 것 같은 힘도 생기고 희생도 기껍다. 보는 이들도 행복해진다. 그래서 주위에 한결 예뻐진 사람이 생기면 '너 사랑하는 사람 생겼구나!' 하고 단번에 알아차리는 것이다. 사랑받는 것이 더 행복할 것 같은 믿음에 일격을 가하는, 그야말로 사랑이라는 위대한 힘의 반증이라 할 수 있다.

사랑이란 '사랑받는 기술'이 아니라, '사랑하는 기술'이다.

- 에리히 프롬

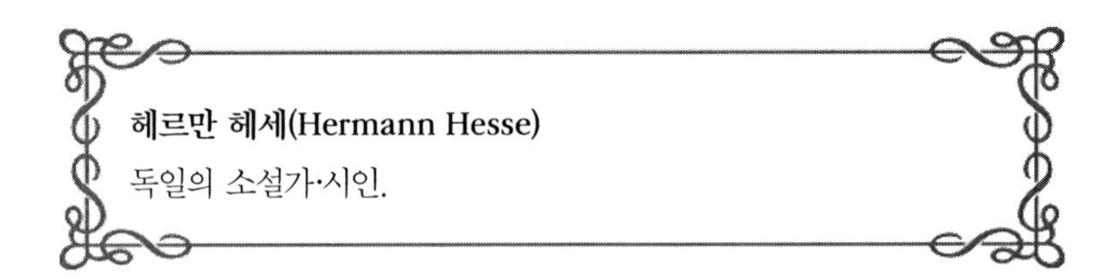

헤르만 헤세(Hermann Hesse)

독일의 소설가·시인.

101.

우리는 모두 행복한 삶을 살고 싶어 한다

We all live with the objective of being happy

– 안네 프랑크 –

전문은 다음과 같다.

우리는 모두 행복한 삶을 살고 싶어 한다. 사는 모습은 달라도 행복해지기를 원하는 것은 누구나 마찬가지다.

We all live with the objective of being happy, our lives are all different and yet the same.

『안네의 일기』는 안네 프랑크가 아버지에게 13세 생일 축하 선물로 받은 일기장에, 2년 동안 숨어 지내면서 일어난 일들을 기록한 것으로 사춘기 소녀의 성장 과정과 곤경 속에서도 꺾이지 않는 용기를 잘 표현하고 있다. 은신처에 버려져 있던 『안네의 일기』는 이들의 은신 생활을 도와주던 지인에 의해 보존되어 가족 중 유일하게 생존한 아버지에게 전해졌다.

부친은 전쟁과 차별이 없는 세상을 꿈꾼 딸의 정신을 알리고자 출판을 결심하는데 『안네의 일기』는 네덜란드어로 출판된 후 전 세계로부터 호응을 얻어 무려 55개국에서 2,500만 부가 판매되는 등 베스트셀러가 되어 많은 사람들에게 감동과 용기를 주었다. 2009년에는 세상에서 가장 많이 읽힌 책 10권 중 하나로 선정되어 세계기록유산으로 등재되었다.

안네는 "생일날 테이블 위에 놓여 있는 당신을 보았다"고 일기장에 적어놓았다. 이처럼 그녀에게 일기장은 자신의 모든 비밀을 털어놓을 수 있는 마음의 안식처이자 살아가는 원동력이 되었다. "당신에게라면 아무에게도 말하지 못한 내 마음속의 비밀들을 다 털어놓을 수 있을 것 같아요. 제발 내 마음의 지주가 되어 나를 격려해 주세요"로 일기장을 '키티'라고 의인화하여 마치 사람에게 편지를 쓰듯 일기를 적어 나갔다. 그녀는 일기에서 은신처의 갑갑한 생활을 하고 있는 자신을 '날개가 부러진 작은 새가 암흑 속에서 파닥파닥거리며 농(籠)에 부딪치는 모습'으로 묘사하였는데 그런 고독한 자신이 누구인가를 탐구하면서 성장해 나간다. 마지막 순간까지 사람을 믿고 희망을 잃지 않았기에 안네는 엄청난 비극적인 환경에서도 심신의 균형을 잃지 않았다.

"나는 이상을 버리지 않는다. 어떤 일이 일어나더라도 사람은 훌륭한 마음을 갖고 있다고 믿기 때문이다."

"오늘 나는 행복한 사람이 될 것을 선택하겠다."

"희망이 있는 곳에 인생도 있다. 희망이 새로운 용기를 불어 일으켜 다시금 마음을 단단하게 해 준다."

"행복한 사람은 누구나 다른 사람을 행복하게 해 준다."

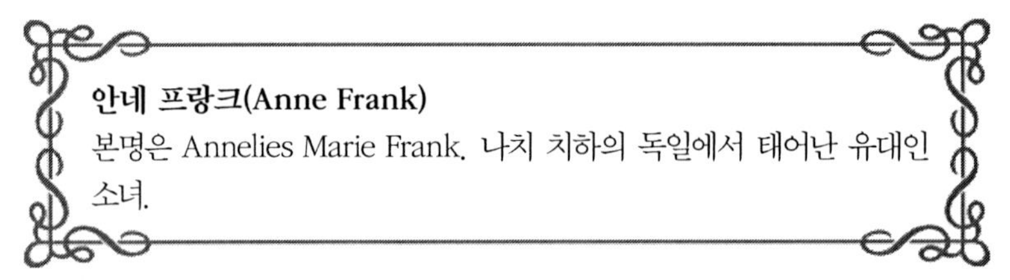

안네 프랑크(Anne Frank)
본명은 Annelies Marie Frank. 나치 치하의 독일에서 태어난 유대인 소녀.

102.

희망은 최대의 무기이다

Hope is the best weapon

– 스티븐 스필버그 –

우리나라에서도 상영된 바 있는 <워 호스(War Horse)>는 제1차 세계대전을 무대로 전쟁에 보내진 말과 소년과의 인연과 희망을 그린 작품으로 1982년에 영국에서 출판된 소설을 원작으로 하였다.

스필버그 감독은 "소년 앨버트가 애마와의 재회를 믿고 비참한 전장으로 향하고 마지막까지 살아남는 모습을 통해, 마치 구름 속에서 한 줄기 빛이 얼굴을 비추는 것처럼 힘든 상황에 직면한 사람들도 반드시 다시 일어서서 꿈을 좇아 앞으로 전진한다는 믿음을 주고 싶었다"고 말했다. 그는 극중에 등장하는 말 '조이'를, 사랑하는 친구이자 주인인 앨버트에게 돌아가려고 고군분투하는 '희망의 상징'으로 그려내어, '아무리 괴로운 시련에 직면하더라도 결코 희망을 버려서는 안 된다'는 메시지를 작품에 담았다.

그리스 신화에서는 인류 최초의 여성인 판도라가 호기심으로 판도라의 상자를 열어 버려, 모든 악한 것들이 밖으로 나온 후 마지막으로 남은 것이 희망이었기에 최후까지 우리 곁에 남아 있는 것은 희망이라고 한다. 세르반테스 역시 "생명이 있는 한 희망은 있는 법이다"라고 돈키호테의 입을 빌려 강조하고 있다.

나는 어느 암 전문의의 책자의 첫 페이지에 스필버그의 이 메시지가 실려 있는 것을 보았다. 암(癌)이라는 인생의 역경에 직면한 환자들에게 전문의가 보내고 싶은 메시지는 바로 희망이었다. '말기 암 의사' 고(故) 이희대 전(前) 강남세브란스 암센터 소장은 대장암 선고를 받아 대장을 절반이나 잘라내는 수술을 하였음에도 "암 4기 상태로 6년 동안 일할 거 다하고 살았다"고 말하였다. 그는 일간지와의 인터뷰에서 "인생의 모든 고난은 동굴이 아니라 터널입니다. 언젠가는 끝이 있고 나가는 출구가 있죠. 그 고행을 이기면 예전보다 더 행복한 삶이 기다리고 있습니다. 그런 희망이 나를 이렇게 버티게 해 줬지요"라고 술회하였다.

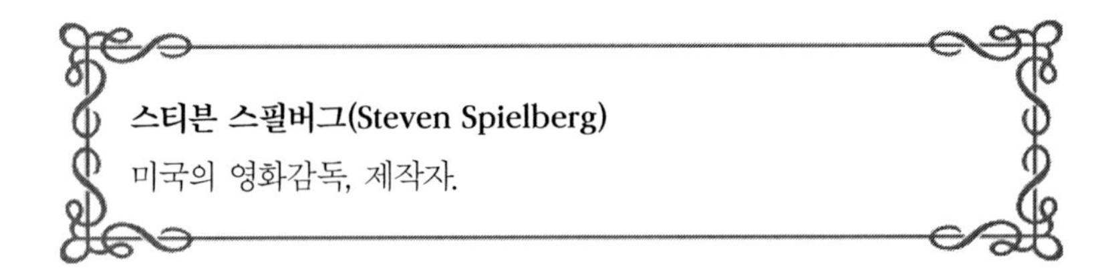

103.

비참한 사람들에겐 희망이 약(藥)이다

The miserable have no other medicine, but only hope

– 윌리엄 셰익스피어 –

"비참한 사람들에게 희망이 약이다(The miserable have no other medicine But only hope)"는 법, 정의, 자비, 권력과 성 상납 등 어둡고 무거운 주제를 다루고 있는 연극 <자에는 자로(Measure for Measure)>에 나오는 대사로 극중에서 사회 기강 잡기의 희생물이 된 클로디오가 말한 내용이다.

공작의 대리인으로 엄격한 법치주의를 주장하는 안젤로는 자신의 약혼녀를 혼전 임신을 시킨 클로디오에게 사형 선고를 내리지만 정작 자신은 오라버니를 용서해 달라는 클로디오의 여동생 예비 수녀 이사벨라에게 목숨을 살려 주는 대가로 성 상납을 요구하는 위법을 저지르는 내용이다.

원래 Measure for Measure란 성경에 나오는 표현으로 "너희가 심판하는 그대로 너희도 심판받고, 너희가 되질하는 바로 그 되로 너희도 받을 것이다"(마태복음 7장 1~5절)에서 따온 제목이다. '함부로 남을 심판하지 마라'는 메시지를 담은 이 구절을 제목으로 삼은 이 연극에서 셰익스피어는 '법'으로 대변되는 정의와 '용서와 화해'를 구현하는 자비의 문제, 권력자의 올바른 자질을 논하며, 인간의 행동에 대한 법적, 도덕적 판단이 갖고 있는 맹점 등의 문제를 다루고 있다.

주제는 '희망'이다.

셰익스피어 극에서 '희망'에 대해 말한 대사는 이번에 소개한 〈자에는 자로〉에 나오는 클로디오의 대사와 〈리처드 3세〉의 "진실된 희망은 제비 날개를 타고 빠르게 간다오. 희망은 왕을 신(神)으로 왕보다 못한 피조물들은 왕으로 만든다오"라고 말하는 리치몬드의 대사 등 두 곳이 있다.

희망학의 대가인 경제학자 겐다 유지(玄田有史)는 저서 『희망을 만드는 방법』의 머리말에서 일찍이 누구나 희망을 전제하던 시대에는 눈앞에 보이는 목표를 이루기 위해 열심히 일하고 새로운 것에 용기를 내어 도전하였지만 희망이라는 전제가 무너져 버린 지금에는 무엇을 위해 무엇을 하면 좋을까 알 수 없게 되었다고 안타까워한다.

일본의 20대에서 60세 미만 2,000명을 대상으로 한 앙케트 조사에서 희망이 없거나 희망이 있어도 실현 가능성이 없다는 사람이 3명 중 1명꼴로 나왔다고 한다. 이들은 경제 불안, 건강 불안, 고독, 수입, 일, 교육, 수명, 건강 문제들을 안고 있어 희망을 잃어버리는 결과를 맞고 있었다. 더욱이 희망은 인간관계에도 영향을 끼쳐 고립되는, 무연(無緣) 사회를 더욱 확대시켜 더욱더 희망을 잃게 되는 악순환을 반복한다.

본래 희망의 의미는 '장래에 대한 기대' 또는 '밝게 내다본다'는 의미로 현재보다 장래가 잘되기를 바랄 때 사용하는 낱말로, 현재와 장래에 대한 기대와 예측을 세우고 그것을 믿는 것을 말한다.

겐다(玄田) 교수는 희망을 '습관화된 사실을 바꾸려고 하는 행위', 즉 'Hope is a Wish for Something to Come True by Action(구체적인 무언가를 행동에 의해 실현하려고 하는 원망)'으로 정의하면서 4가지 축으로 구성되어 있다고 정의한다.

희망은 Wish(기분, 원망) Something(무언가) Come true(실현) Action(행동)의 4가지가 미래로 나아가는 원동력이 되고 있다는 것이다. 인간은 원래 희망을 갖지 않고는 살아갈 수 없는 생물로 희망은 현재 고통스러운 사람일수록 특히 필요하다.

그는 희망은 누군가가 전달해주는 것이 아니라 한 사람 한 사람이 자신의 스토리로 인생을 살아가며 만들어 가는 것이라는 인식이 중요하다고 한다. 실패하고 좌절하더라도 그 경험을 살려 새로운 희망으로 미래와 연결될 수 있도록 유연하게 대응해야 한다고 한다. 아울러 희망은 계획 전략을 치밀하게 세워 목표의 실현을 위해 매진하는 것도 중요하지만, 깊게 생각할수록 답이 나오지 않는 것도 많으므로, 희망은 시간을 들여 지속적으로 원하는 것을 찾을 때 만날 수 있는 것이라는 발상의 전환이 중요하다고 말했다.

희망이라는 전제가 무너져 버린 면에서는 우리나라도 마찬가지다. 그러나 희망을 가지는 것만으로도 인생을 변하게 할 수 있다. 왜냐하면 자신이 무언가(Something)를 바라면(Wish) 그것을 이루기 위해(Can true) 노력과 시간을 아끼지 않는 행동(Action)을 시도하려고 하기 때문이다.

윌리엄 셰익스피어(William Shakespeare)

영국이 낳은 세계 최고 극작가.

104.

우리는 행복해지기 위해서라기보다 행복해 보이기 위해 더욱 애를 쓴다

We try harder to look happy than to be happy

– 프랑수아 드 라 로슈푸코 –

전문은 다음과 같다.

> 남에게 행복하게 보이려고 애쓰지만 않는다면, 스스로 만족하기란 그리 어렵지 않은 일이다. 남에게 행복하게 보이려는 허영심 때문에 자기 앞에 놓여 있는 진짜 행복을 놓치는 수가 참 많다.
>
> -『잠언집』 3-42[64]

행복은 객관적이 아닌 주관적 개념이다. 이를 주관적 안녕감(Subjective Well-being)이라고 하며, 이렇게 정의를 내린 사람은 세계적인 심리학자로 행복학에 있어서 찰스 다윈에 비유되는 일리노이 대학의 에드 디너(Ed Diener) 명예교수이다.

에드 디너는 세계 150개국의 행복지수를 조사했는데 긍정적 감정, 부정적 감정 지수(Affect Balance)에서 한국은 소득상위 40개국 중 39위

64 인간의 갖가지 행위는, 우정도 연애도 사업도 정절(貞節)도 모두가 자기애(自己愛)·이기심(利己心)에서 생기는 것이라고 보는 견해로, 그것이 당시의 문학 살롱에서 유행한 '맥심(maxim)', 즉 잠언이라고 불리는 간결·명확한 형식으로 표현되었으며, 총 650구(句)에 이른다(출처: 네이버 지식백과).

에 해당되었다고 한다. 그는 한국이 낮게 나온 이유로 첫째, 돈을 너무 중시해서 사회적 관계를 희생시키며 둘째, 다른 사람들이 자신을 어떻게 생각하는지에 너무 신경을 쓴다는 데 있다고 하였다. 그만큼 한국인들은 늘 비교하고 경쟁한다는 것이다.

소비자 심리학으로 우리에게 잘 알려진 김난도 교수도 "내가 아무리 많이 가지고 있어도 바로 옆에 나보다 훨씬 많은 소비물을 가지고 있는 사람을 보면 나는 아직 행복하지 않다는 느낌이 들기 때문에 핵심적인 동인은 타인에게 있다"는 것이다. 그래서 "내가 남에게 어떻게 보일까가 굉장히 중요한 요소로, 늘 남은 나를 어떻게 보고 있나 신경 쓰는데 그럼으로써 만성적인 박탈감, 공허감에 시달릴 수 있다"고 경고한다.

> 행복은 취향에 있는 것이지 사물에 있는 것이 아니다. 내가 좋아하는 것을 손에 넣으면 그것으로 행복한 것이지, 다른 사람 눈에 좋아 보이는 것을 손에 넣었다고 행복해지는 것은 아니다.
>
> \- 라 로슈푸코, 『잠언집』 3-1

쇼펜하우어는 그의 『인생론』에서 남이 자기를 판단해 주는 기준에 따라 사는 사람은 결국 이웃의 노예에 불과하다고 하였다. 그는 남의 평가를 중요하게 여기는 관습의 노예에서 벗어나야 한다고 하면서 지나친 인정 욕구, 명예욕은 자신의 불행을 자초한다고 강조한다. 그는 스페인 작가 마테오 알레만의 소설에 이런 대목이 나온다고 소개한다.

"이 못난 죄수들은 영혼을 구제받기 위해 허용된 몇 시간을 단두대의 사다리 위에서 군중들에게 무슨 멋진 말을 하고 죽을까 궁리하는 데에 모두 허비한다."

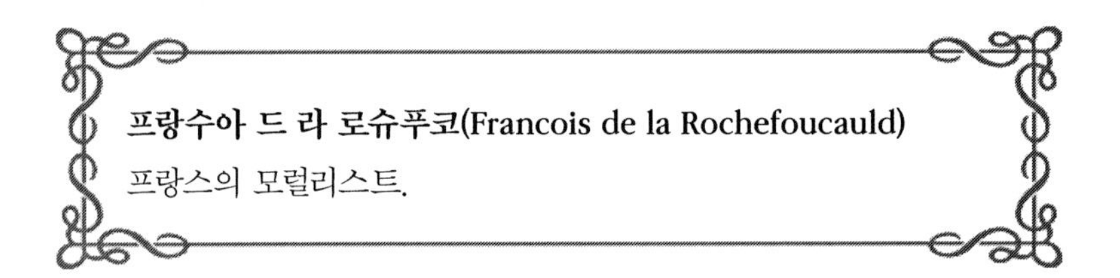
프랑수아 드 라 로슈푸코(Francois de la Rochefoucauld)
프랑스의 모럴리스트.

105.

생각보다 훨씬 많은 행복들이 있다

Happiness is rarely absent

– 모리스 마테를링크 –

전문은 다음과 같다.

세상에는 사람들이 생각하는 것보다 훨씬 많은 행복들이 있거든요. 하지만 대부분의 사람들은 그런 행복을 전혀 알아보지 못해요.

Happiness is rarely absent; it is we that know not of its presence.

희곡 〈파랑새〉 4막 9장 '행복의 정원'에 나오는 대사이다.

틸틸: 저기도 있어요! 저기도 있고! 여기저기서 막 나오네요.

(중략)

빛의 요정: 다이아몬드의 힘이 이 정원에 더 넓게 퍼지면 또 다른 행복들도 볼 수 있어요. 세상에는 사람들이 생각하는 것보다 훨씬 많은 행복들이 있거든요. 하지만 대부분의 사람들은 그런 행복을 전혀 알아보지 못해요.

동화로도 각색되어 널리 알려진 『파랑새』는 오늘날 행복의 대명사, 행복의 상징으로 여겨질 만큼 우리에게 친숙한 작품이다. 마테를링크는 이야기 속에서 아이들이 그토록 찾아 헤매던 파랑새는 바로 '행복'을 뜻하며, 여행을 마친 그들이 결국 자신들의 오두막에 있던 멧비둘기가 바로 파랑새였다는 것을 발견하게 된다는 것을 통해 '행복은 멀리 있지 않고 우리 가까이에 있다'는 것을 아이들에게 들려주고 싶었던 것이다. 환상적인 동화 같기만 한 이 작품에 대해 마테를링크는 의미 있는 말을 남겼다.

> "별것 아닌 것처럼 보이는 이 작품을 제대로 이해하기란 사실 철학서 한 권을 번역하는 것보다 더 어렵다."

실제로 이 작품을 연극으로 무대에 올린 러시아의 거장 스타니 슬랍스키(Konstantin Stanislavsky)조차 밑바탕에 있는 깊은 철학이 담긴 이 작품을 완벽히 재현하지 못했다는 비난을 받기도 하였다. 『파랑새』에는 온갖 상징과 비유가 담겨 있어 추상적 개념들이 의인화되고 인간의 탐욕과 무지에 대해 신랄하게 지적하기 때문이다.

> "해가 높이 떠도 눈을 감고 있으면 어두운 밤과 같습니다. 맑은 날에도 젖은 옷을 입고 있으면 기분은 비 오는 날같이 침침하지요. 사람은 마음의 눈을 뜨지 않으면 언제나 불행하답니다."

『파랑새』에는 우리가 알고 있는 생각의 패러다임을 바꾸어야 한다는 메시지가 많이 등장하고 있다. 1막 1장에서 요술쟁이 할머니가 "무엇이든 새로운 눈으로 본다는 게 중요해! 인간이란 참 묘한 존재들이란다. 요술쟁이들이 죽은 뒤로 인간은 제대로 보질 못해. 게다가 자기 눈이 보이지 않는다는 사실을 의심조차 안 하지"라는 대사는 행복을 권세와 지위, 부 등과 같은 것으로 여기고 열심히 찾아다니고 있는 지금의 세태를 꼬집고 있다.

그는 빛의 요정이 시키는 대로 틸틸이 다이아몬드를 돌리자 '뚱뚱한 행복들'[65]이 도망치고 '작은 행복들'[66]이 나오는 장면을 통해 우리가 지향해야 할 행복에 대해 명쾌히 알려 주면서 빛의 요정의 대사 "도련님의 눈이 바뀐 것뿐이에요. 우린 지금 사물들의 진실을 보고 있어요"를 통해 생각의 패러다임만 바꾸면 얼마든지 진정한 행복을 누릴 수 있음을 보여 주고 있다.

마테를링크가 『파랑새』에서 강조한 대로 자신의 주변에서 얼마든지 찾을 수 있는 행복, '작은 행복들'로 행복에 대한 생각의 패러다임을 바꾼다면 행복은 현재에 있고 오늘 내가 누리고 있는 것에서 얼마든지 행복을 찾을 수 있다는 것을 알 수 있다. 지금의 삶이 버거운 사람들에게 꼭 알려 주고 싶다.

나는 부끄럽게도 이번에 처음으로 『파랑새』를 읽고 그가 말한 행복들 가족의 건강, 맑은 공기, 파란 하늘, 숲과 햇빛, 봄의 행복, 해질 녘, 안개, 비오는 날, 구름, 빗방울 등 주변에 있는 모든 것들이 얼마나 가

---

65 사치스러운 행복(가장 뚱뚱한 행복), 소유하는 행복, 허영심이 충족되는 행복, 목마르지 않아도 마시는 행복, 배고프지 않아도 먹는 행복, 아무것도 알지 못하는 행복, 아무것도 하지 않는 행복, 잠만 자는 행복, 시도 때도 없이 웃는 행복.

66 어린 시절의 행복들(집에 있는 행복들)을 지칭한다. 건강하게 지내는 행복(가장 중요한 행복), 맑은 공기의 행복, 부모를 사랑하는 행복·파란 하늘의 행복, 숲 행복, 햇빛이 비치는 시간의 행복, 봄의 행복, 해 질 녘의 행복, 별을 바라보는 행복, 빗방울의 행복, 겨울 난로의 행복, 천진난만한 생각의 행복.

치 있는 것인지를 새삼 깨닫게 되었다. 그리고 2막 3장 추억의 나라에서 할머니가 "그게 우리의 유일한 즐거움이란다. 네가 우리를 생각해 주기만 하면 이처럼 늘 즐거운 파티를 열 수 있어"의 대목에 이르러서 오랜만에 돌아가신 부모님이 떠올라 그리움이라는 작은 행복에 빠져들었다.

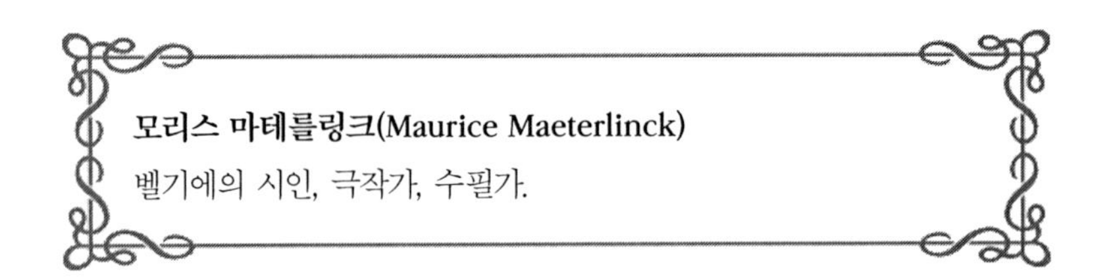

모리스 마테를링크(Maurice Maeterlinck)
벨기에의 시인, 극작가, 수필가.

명언의 반전 5

펜은 칼보다 강하다

The pen is mightier than the sword

– 에드워드 리턴 –

“펜은 칼보다 강하다”는 언론이 가진 힘이나 사회적 중요성을 말할 때 흔히 사용된다. 케임브리지 사전에는 ‘펜은 칼보다 강하다’는 ‘사고나 저술은 무력이나 폭력적 수단을 사용하는 경우보다 더 많이 사람들에게 영향을 준다(Thinking and writing have more influence on people and events than the use of force or violence)’는 의미로 소개되고 있다.

이 명언이 처음 소개된 것은 에드워드 리턴 경(卿)이 쓴 〈추기경 리슐리외(Cardinal Richelieu)〉란 희곡에서이다. 이후 급속히 퍼져 1840년대에는 일반적인 격언으로 통용되었다.

〈추기경 리슐리외〉는 실제 인물인 리슐리외 추기경에 대한 내용인데 프랑스의 정치가이자 귀족이며, 로마 가톨릭의 추기경인 리슐리외는 루이 13세 때 재상을 맡았다. 뒤마의 소설 『삼총사』 때문에 악당으로 알려지기도 했으나 실제로는 유능한 외교가였다고 한다. 리슐리외는 그를 암살하려는 음모가 진행되고 있는 것을 알게 되었지만 성직자인 그는 적대세력에 대해 무력으로 맞서지 않았다. 희곡에서 측근인 프란시스코가 모반 세력이 무기를 갖고 맞서려고 하고 있다고 보고하자, 리슐리외는 “Beneath the rule of men entirely great, the pen is mightier than the sword(위대한 인물이 지배하는 곳에서는 펜은 칼보다 강하다)"라고 대답한다.

> "True, This! ─ Beneath the rule of men entirely great, The pen is mightier than the sword. Behold The arch-enchanters wand! - itself a nothing! ─ But taking sorcery from the master-hand. To paralyse the Caesars, and to strike. The loud earth breathless! - Take away the sword ─ States can be saved without it!"

그는 당시 정치 권력의 중추에 있었으므로 펜보다는 칼에 가까운 인물인데 왜 굳이 펜이 강하다고 했을까? 그렇다! 그의 '펜'은 우리가 알고 있는 '펜'과는 다른 것이다.

그의 '펜'은 '아무리 저항하더라도 체포장이나 사형집행명령에 내가 사인만 하면 얼마든지 간단하게 탄압할 수 있다'고 위협하는 의미의 펜이다. 평소 프랑스를 강대하게 하기 위해서는 그의 신조에 반하는 사람들을 국가의 적으로 간주하고 철저히 탄압하였으며 '신상필벌은 필요 없다. 필벌만이 중요하다'고 한 그가 말한 '펜'은 오히려 '칼'에 가까운 의미였다.

리슐리외 추기경이 정말 그런 말을 했는지 아니면 리턴 경(卿)의 창작인지는 분명하지 않지만 '정의(펜)는 무력(칼)보다 강하다'는 의미로 알고 있는 지금의 해석과는 완전히 다른 의미로 말한 것은 분명하다.

BBC에서 이 격언을 특집으로 다루기도 했는데 BBC 보도 내용에 의하면 '펜은 칼보다 강하다'는 의미의 격언과 유사한 것으로 가장 오래된 격언은 그리스 3대 비극 시인 유리피데스(Euripides)가 말한 "혀는 칼보다 강하다(The tongue is mightier than the blade)"이다. 그런데 이 격언 또한 해석상에 오류가 있다. 곧 그리스에서는 혀를 부정적인 의미로 사용했다는 것을 고려하면 이 격언의 원래의 의미는 혀는 무력보다 효과적이지 않다는 뜻이 올바른 번역이라고 한다.

따라서 오래전 그리스 시대부터 '펜은 무력보다 효과적이지 않다'는 현실적인 생각이 주류였는데, 19세기에 영국에서 '펜은 칼보다 강하다'는 개념으로 와전되면서 지금까지 이어져 온 것으로 보고 있다.

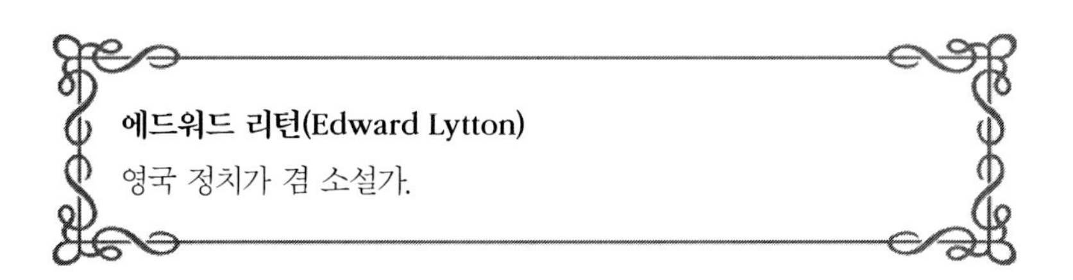

에드워드 리턴(Edward Lytton)
영국 정치가 겸 소설가.